Cynthia Kneen

Shambhala-Training

Der Weg des spirituellen Kriegers
im täglichen Leben

Aus dem Amerikanischen übersetzt
von Michael Schaefer

arbor

Arbor Verlag
Freiamt im Schwarzwald

Für meinen Lehrer, Chögyam Trungpa Rinpoche
und meine Mutter, Dora Fry Kneen

Titel der amerikanischen Originalausgabe:
„Awake Mind, Open Heart –
The Power of Courage and Dignity in Everyday Life"

1 2 3 4 5 Auflage
04 05 06 07 08 Erscheinungsjahr

Titelfoto: © Blickwinkel, 2004 (www.blickwinkel.de)
Lektorat: Eva Bachmann
Gestaltung & Satz: mariposa – Rosalie Schnell
Druck und Bindung: Wilhelm & Adam, Heusenstamm
Dieses Buch wurde auf 100% Altpapier gedruckt und ist alterungsbeständig.
Weitere Informationen über unser Umweltengagement
finden Sie unter www.arbor-verlag.de/umwelt.

www.arbor-verlag.de

ISBN 3-924195-97-8

Inhalt

Teil IV

Teil V

Vorwort

Cynthia Kneen ist immer schon eine Lehrerin für mich gewesen. Ich traf sie zum ersten Mal in den späten Achtzigern, kurz nachdem ich begonnen hatte, den sozial ausgerichteten Shambhala-Buddhismus zu praktizieren. Zu jener Zeit hatte ich sechzehn Jahre Zen hinter mir und das Glück gehabt, viele große Meister aus vielen Traditionen kennen zu lernen. Ich wusste, wie es sich anfühlt, mit ernsthaften Meditierenden und erfahrenen Lehrern in Kontakt zu sein. Cynthias Gelassenheit, Eleganz und Weltgewandtheit beeindruckten mich sofort; aber da war auch noch etwas anderes. Man hatte das Gefühl, dass da jemand echte Arbeit geleistet hatte, dass jemand sich mit klarem Blick geprüft, mit dem Vorgefundenen gearbeitet und sich selbst ohne Kompromisse akzeptiert hatte. Ich glaube, das spürt man sofort, wenn man diese Geschichten liest.

Shambhala-Training ist reich an Lehren über den Weg von Meditation und Tapferkeit, und dennoch sehe ich darin nicht einfach nur ein Buch mit Meditationslehren. Eigentlich ist es eher eine Übersetzung. Vielleicht geht es mir deshalb so, weil ich die letzten acht Jahre in Europa gelebt und mich damit beschäftigt habe, den Shambhala-Buddhismus in die hiesigen Kulturen zu übersetzen. Mein Lehrer Sakyong Mipham Rinpoche* hat neulich bemerkt, die Lehren müssten, wenn sie wirklich in Europa Fuß fassen sollten, in den europäischen Muttersprachen und jeweiligen Kulturen gelehrt, diskutiert und geprüft werden. (Er hatte festgestellt,

* Sakyong Mipham Rinpoche ist der älteste Sohn des Vidyadhara Chögyam Trungpa Rinpoche (1939–1987). Er wuchs in Indien und im Westen auf, wurde 1986 in die USA eingebürgert und übernahm einige Jahre nach dem Tod seines Vaters die Präsidentschaft von Shambhala International, einem weltweiten Netzwerk von Meditationszentren (s. auch „Kontaktadressen").

dass in Deutschland seine deutschen Begleiter immer höflich auf Englisch mit ihm geredet hatten, aber wenn etwas dringend erledigt werden musste, hatten sie miteinander Deutsch gesprochen; dasselbe in Frankreich mit den französischen Begleitern, in Holland mit den Holländern und so weiter.)

Cynthia Kneen spricht und schreibt natürlich ein sehr klares amerikanisches Englisch. Unbestritten ist auch, dass beide Träger der Shambhala-Überlieferungslinie – Vidyadhara Chögyam Trungpa Rinpoche und Sakyong Mipham Rinpoche – in bemerkenswert prägnantem Englisch gelehrt haben und lehren. Mit „Übersetzung" meine ich also nicht Übersetzung aus einer fremden Sprache in amerikanisches Englisch, sondern Übersetzung einer Weisheit, in welchem Land und welcher Zeit und welcher Kultur sie auch immer entstanden sein mag, in unsere Kultur hier und heute. Wir, die Leserinnen und Leser, sind dabei die letzte und intimste Instanz. Wir Leserinnen und Leser sollten uns persönlich angesprochen fühlen.

Anders ausgedrückt: Hier hat eine „normale" Amerikanerin – niemand Besonderes – bei weit fortgeschrittenen asiatischen Meditationsmeistern studiert. Diese Frau hat die Lehren persönlich ausprobiert, sich rückhaltlos auf ihre Tiefgründigkeit eingelassen und hat nun die Großzügigkeit, darüber in alltäglichen Worten zu sprechen. So zu sprechen – in alltäglichen Worten –, wird als schwierigste Art des Lehrens überhaupt angesehen.

Ich sollte an dieser Stelle auch gestehen, dass „Übersetzung" nicht das passende Wort für diesen Vorgang ist. Vollbracht worden ist eigentlich eine Überlieferung: Die Übersendung einer Weisheit aus Indien, Tibet, Japan, China, Shambhala, Nordamerika, Südamerika oder wo auch immer bis vor die eigene Haustür, in unsere Hände.

Gewöhnlich wird von solch einer Überlieferung – dem Vorgang, dass eine meditative Tradition aus einer Kultur Eingang in eine andere findet – gesagt, sie sei so, als halte man eine

Blume an einen Felsen in der Hoffnung, dass die Blume wächst. Dieses Bild ist meist als Trost gemeint (wir spielen in dieser Angelegenheit die Rolle des Felsens, falls das nicht schon klar war) und als Hinweis: Dieses Wachsen dauert natürlich eine Weile, man darf sich nicht entmutigen und deprimieren lassen. Aber Cynthia Kneens Buch ist auch ein Beleg dafür, dass man etwas tun kann. Sie zeigt beispielhaft mit ihrem Leben und mit ihren Worten, wie der Fels zuerst ein wenig bröckelt, wie er aufweicht, Luft und andere Einflüsse aus der Umwelt einsickern lässt und schließlich aufgesprengt wird. Die Tradition hat in ihr dankbare Wurzeln geschlagen. Hier ist eine Blüte von ihrer Blume.

Ein Wort zur Beachtung: Es nützt nichts, durch dieses Buch zu eilen, nur damit man es gelesen hat. Es geht nicht darum, zu wissen, was darin steht; es geht darum, zu leben, was darin steht. Es ist ein reichhaltiger Stoff, und Eile verträgt sich nicht damit. Gehen Sie es langsam an und genießen Sie es.

Tensho David Schneider

Tensho David Schneider begann 1970, Zen zu praktizieren, und wurde 1977 als Zen-Priester ordiniert. Er ist Autor des Buches *Street Zen* (deutsch: *In Tau gekleidet. Issan Dorsey: Drag Queen und Zen-Mönch,* Berlin: Theseus, 1998) und zusammen mit Kazuaki Tanahashi Mitherausgeber des Buches *Essential Zen* (1994). Er lebt in Köln, wo er als Direktor von Shambhala Europa und als Acharya (Lehrbeauftragter) der internationalen Shambhala-Gemeinschaft arbeitet.

Einleitung

Grundlage: Die buddhistischen und die Shambhala-Lehren sind sehr tiefgründig.
Weg: Wenn wir sie uns zu Herzen nehmen, ...
Ergebnis: ... gewinnen wir an Mut und Stolz, unabhängig von äußeren Umständen.

Ich begegnete dem Buddhismus zum ersten Mal, als ich Tassajara besuchte, ein zen-buddhistisches Retreat-Zentrum im kalifornischen Big Sur. Ich war mit Freunden in der High Sierra wandern gewesen, und wir hatten gehört, dass dieses Retreat-Zentrum an der Küste über wunderbare Schwefelbäder verfügte. Baden ist etwas Paradiesisches für einen Wanderer, und so beschlossen wir, für einen kurzen Besuch hinzufahren. Es war gegen Ende eines heißen Sommers, und die Luft war schon herbstlich klar, frisch und strahlend. Ich war auch neugierig auf den Zen-Buddhismus. Als ich in einer dieser Quellen auf dem Privatgrundstück von Tassajara badete, schwebte ein Herbstblatt anmutig vorbei und fiel neben einer Vase zu Boden, die an einer ausgesucht schönen Stelle stand und in der sich eine einzelne Blume befand. Ich erinnere mich, wie ich in diesem Moment dachte: „Wenn das Zen ist, ist es nichts für mich. Dieses Erlebnis ist zu klar, zu dramatisch, zu herzzerreißend schön, zu rein. Ich bin zu emotional und zu wild für so etwas." Nach dem Baden warteten wir auf ein Treffen mit dem Zen-Meister Shunryu Suzuki Roshi, aber er war krank und kam an diesem Tag nicht. Stattdessen ließ er uns ausrichten: „Ihr dürft gerne wiederkommen, oder ihr kommt ins Zen-Zentrum in San Francisco." Und in einer Art Postskriptum hatte er angefügt: „Und in Colorado ist auch ein tibetischer Lehrer, der sehr gut ist."

Bevor wir wieder wegfuhren, nahmen wir an einer Meditation teil, um zu sehen, wie das ist. Die Meditationshalle war dunkel, die Kissen, auf denen wir saßen, waren schwarz, und die Roben der Meditierenden, die als ständige Bewohner in Tassajara lebten, waren ebenfalls schwarz. Eine Person ging während der Meditation mit einem großen Stock herum und schlug mehreren Leuten auf die Schultern, was mich neugierig machte, aber auch in Anspannung versetzte. Dann rezitierten die ständigen Tassajara-Bewohner etwas auf Japanisch, und schließlich war die Meditation vorbei. Ich trat nach draußen, und ein Blatt Papier an einer Anschlagtafel flatterte leicht im Wind. Es stach mir ins Auge, und so las ich es. Es war die englische Übersetzung dessen, was ich gerade auf Japanisch gehört hatte – des Herz-Sutra, eines außergewöhnlichen buddhistischen Textes über die Natur der Realität. Für mich beschrieb er Realität nicht als etwas Fernes, Wissenschaftliches oder Mystisches, sondern als die Sinneswahrnehmungen und Gedanken, die ich genau in diesem Moment hatte. Diesen Text zu lesen hat mein Leben verändert.

Als ich an die Ostküste zurückgekehrt war, fragte ich in Tassajara brieflich um den Text nach und wie ich mit dem Studium des Buddhismus beginnen könne. Eine Bewohnerin schickte mir das Herz-Sutra. Sie sagte aber auch, dass Roshi Krebs habe und im Sterben liege, und so wandte ich mich wieder meinem gewohnten Leben zu. Ich begann, Hatha-Yoga zu praktizieren, um mich psychisch zu entspannen und körperlich biegsamer zu werden. Eines Tages sagte mein Yogalehrer zu mir: „Du musst unbedingt meinen Lehrer kennen lernen, den *hohen* tibetischen Lama, der an der Ostküste gerade auf Vortragstour ist." Er sagte „hohen" mit solchem Nachdruck, dass ich dachte: „Um Himmels willen, was ist denn jetzt los?" Aber der „hohe" tibetische Lama stellte sich als Suzuki Roshis „tibetischer Lehrer aus Colorado" heraus, Chögyam Trungpa.

Bei meinem ersten Einzelgespräch mit Chögyam Trungpa fragte er mich, ob ich wisse, wie man meditiert. Ich sagte: „Eigentlich nicht. Ich sitze, aber ich weiß selber nicht, was ich da mache." Er sagte: „Zeig mir, was du machst." Also ließ ich meinen Geist auf eine einfache, ganz normale Weise ruhen, und er sagte: „Das ist es!" Dann beugte er sich vor und sagte: „Jetzt *mach* es." „Jetzt *mach* es", das habe ich über die Jahre hinweg erfahren, ist der schwerere Teil. Rinpoche (*Rinpoche* ist, wie *roshi* oder *sensei*, ein Ehrentitel für einen fortgeschrittenen Lehrmeister) schickte mich unmittelbar in ein dreitägiges Einzel-Retreat, wo es mir miserabel ging – ich war ruhelos, fühlte mich wie begraben unter einer Lawine von Gedanken. Das markierte eine neue Phase in meinem Leben. Ich begann, ernsthaft Buddhismus zu studieren und zu praktizieren. Chögyam Trungpa wurde mein „Wurzel-Lehrmeister". So wird im Buddhismus ein Lehrer genannt, der in einer ungebrochenen Überlieferungslinie praktischer Erfahrung steht, die seit der Zeit des Buddha weitergegeben worden ist, und der wiederum seine Erfahrung persönlich mit einem teilt.

Was ich in diesem Buch präsentiere, beruht auf meinem Studium und meiner Praxis des Buddhismus und später der sozialen Shambhala-Vision, wie sie beide von Chögyam Trungpa und seinem Sohn Sakyong Mipham, dem gegenwärtigen Träger der Überlieferungslinie, gelehrt worden sind. Das Studium des Kyudo (des Zen-Bogenschießens) mit Kanjuro Shibata XX, dem kaiserlichen Bogenmacher am japanischen Hof, der den Titel eines „lebenden japanischen Nationalschatzes" trägt, vertiefte mein Verständnis ebenso wie die Kameradschaft vieler Freunde, meine Experimente im Geschäftsleben, die Shambhala-Training-Seminare, die ich jahrelang gegeben habe, und die Entwicklung meines Lebens an sich. Ich hoffe, ich kann mein Verständnis von Trungpa Rinpoches ursprünglichen Lehren über Buddhismus und vor allem Shambhala auf eine Weise mitteilen, die Ihnen, den Leserinnen und Lesern, erlaubt, eine eigene persönliche Beziehung dazu herzustellen.

Die Lehre des Buddha ist tiefgründig und grenzenlos. Seit Buddha vor 2500 Jahren in Indien lehrte, ist sie in ganz Asien in großem Maßstab studiert und praktiziert worden. Shambhala, eine soziale Vision, die auf individueller Tapferkeit und der Überzeugung beruht, dass menschliche Wesen von jeher gut sind, wird im Gegensatz dazu erst seit kurzem in größerem Umfang gelehrt. Buddhismus ist also etwas Altehrwürdiges, während Shambhala relativ neu erscheint. Und doch nimmt man an, dass Shambhala als eine Tradition erleuchteter sozialer Beziehungen und erleuchteter Tapferkeit schon vor der Zeit Buddhas in Asien gedieh. Viele Wissenschaftler sind der Meinung, dass Buddha seine höchsten Lehren in einem asiatischen Königreich namens Shambhala weitergab, das nördlich von Indien lag. Als der Buddhismus sich von Indien aus nach Tibet verbreitete und dort vom neunten Jahrhundert bis zur chinesischen Invasion in den Fünfzigern florierte, wurden die Lehren der sozialen Shambhala-Vision innerhalb der buddhistischen Klostergemeinschaften lebendig erhalten, allerdings nur an eine ausgewählte Elite weitergegeben. 1959 flüchtete Trungpa Rinpoche, ein bedeutender junger buddhistischer Abt, zusammen mit einer kleinen Schar von Begleitern vor der chinesischen Invasion über den Himalaya nach Indien. Die bemerkenswerte Geschichte dieser Flucht hat er in seinem Buch *Ich komme aus Tibet* erzählt. Die Gruppe musste eines Nachts hastig aufbrechen, und Chögyam Trungpa ließ vieles an persönlichem und an Klosterbesitz zurück, darunter einige wichtige Shambhala-Texte. In der Folge studierte Trungpa Rinpoche in England und lehrte in Schottland und Nordamerika Buddhismus. Ich traf ihn ziemlich bald, nachdem er nach Nordamerika gekommen war, und in den Siebzigern begann ich unter seiner Anleitung die buddhistische Tradition zu studieren. Obwohl Trungpa Rinpoche durch die Art und Weise, wie er die vollständigen buddhistischen Lehren für den Westen zugänglich machte, bereits als außergewöhnlicher Übersetzer und Überlieferer galt, begann er mit einer unerwartet plötzlichen Intensität Shambhala-Meditationstexte zu übersetzen und zu lehren. Also begann auch ich diese Tradition zu studieren. Als Chögyam Trungpa dann 1987 starb, sagte Dilgo Khyentse Rinpoche, einer der hochgeachtetsten buddhistischen Lehrer des zwanzigsten Jahrhunderts, in einem privaten Gespräch, der ganze Sinn von Trungpa Rinpoches Leben sei gewesen, die Shambhala-Lehren in die Welt zu bringen, diese uralten sozialen Lehren, die innerhalb des tibetischen Buddhismus lebendig erhalten und nur an wenige weitergegeben worden waren. Wenn das der ganze Sinn seines Lebens war, dann ist es wichtig, dieses Wissen weiterzugeben, damit es in der Welt aufblühen kann.

Alles in allem ist die Beziehung zu einem Meister nicht einfach. Über die Jahre hinweg kam es mir beispielsweise so vor, als würde Rinpoche anderen immer beibringen, bescheiden zu sein, mir aber sagte er, ich solle brüllen wie ein Löwe. Wenn er zu anderen sagte: „Stürz dich hinein! Hab Selbstvertrauen, du hast einiges gelernt, du wirst deinen Freund schon nicht töten", sagte er zu mir: „Nur nichts überstürzen!" Das war verwirrend. Wie stets voll tiefen Mitgefühls, knurrte er mir einmal einen Moment lang, der ewig zu dauern schien, ins Gesicht: „Los, werd wild! Werd wild, werd richtig wild! Werd wütend!! Grrrrrrrrrr!! Grrrrrrrrrrr!!" Ein anderes Mal sagte ich etwas, und mit einem wilden tibetischen Grinsen fünf Zentimeter vor meinem Gesicht fletschte er die Zähne, knurrte und klapperte mit dem Unterkiefer: „Das ist gut, das ist gut, das ist sehr gut! Zeig dich! Werd wütend! Grrrrrrrrr!!" Das sind ziemlich typische persönliche Begegnungen mit einem Meister. Man studiert und praktiziert intensiv, und dadurch dringen die Hinweise, die sie einem persönlich geben, bis ins Herz vor, zu den eigenen Blockaden und der eigenen Weisheit. Ihre Großmut ist wie ein Blitz, der wegbrennt, was im Weg steht. Gleichzeitig hat man Schichten und Schichten und immer neue Schichten von Begriffsstutzigkeit in sich, und es ist schwierig, die Anweisungen in die Praxis umzusetzen. Das ist dann der Augenblick, wo die eigene Entwicklung zu einer Reise wird.

Zur Zeit, während ich an meine Erfahrungen zurückdenke und dieses Buch schreibe, haben wir im Westen der USA eine schwere Dürre. Während einer Dürre wird das Land und alles, was es trägt, schwer beansprucht. Pferde beginnen zu lahmen, weil die Erde, auf der sie stehen, hart wie Fels ist. Bäume verkümmern und lassen ihre welkenden Blätter hängen. Bei einem Baum ist es so, dass er seine Blätter opfert, um im Kern am Leben zu bleiben; sein Leben ist an seiner äußeren Gestalt nicht mehr abzulesen. Er gibt sie auf. Ganz ähnlich ist es mir in den neunziger Jahren ergangen. Ich durchlebte eine lange Reihe von Schocks, Verlusten, Krankheiten und Verletzungen. Obwohl ich viele Jahre mehr oder weniger enthusiastisch Buddhismus und Shambhala studiert und gelehrt hatte, musste ich bemerken, dass ich immer weniger über die Lehren zu sagen hatte und schließlich gar nichts mehr.

In der Rückschau glaube ich, dass ich wie ein Baum in einer Dürre war und mein äußeres Erscheinungsbild opferte, um das Leben im Kern zu bewahren. In vielerlei Hinsicht bedeutet dieses Buch für mich, dass ich mich jetzt wieder zu äußern beginne. In Laufe dieses Prozesses habe ich gelernt, dass ein Weg, auf dem man Mut und Würde entwickelt, immer chaotisch ist, genauso wie das Leben immer chaotisch ist. In der buddhistischen und der Shambhala-Tradition versucht man nicht, Nabelschau zu treiben oder mystische Transzendenz zu erlangen, sondern eine innere Autorität, damit man in der Welt voll präsent sein kann. Deshalb beinhaltet die Reise der eigenen Entwicklung alles, was man erlebt, erleben kann, erleben wird. Es gibt Erfolge, Niederlagen, blaue Flecken, Freude, tiefe Löcher, in die man fällt und aus denen man wieder herausklettert, und grenzenlose Betätigungsfelder für mitfühlende Aktivität und Kommunikation. Es ist halt, wie man so sagt, wie im richtigen Leben. Deprimiert und geschlagen zu sein, bedeutet nicht, dass man sich nicht entwickelt. Eine Freundin sagte neulich zu mir: „Es sind die gebrochenen Menschen, die jetzt lehren müssen, nicht die, die immer obenauf sind. In unserer heutigen Welt ist das Gebrochensein eine Position der Kraft, weil man seinem Herzen folgen muss statt äußeren Gegebenheiten.“ Der eigene persönliche Weg und die Details des eigenen Lebens sind nie voneinander getrennt.

Nur weil man am Boden zerstört ist, kann man noch lange nicht der Notwendigkeit ausweichen, mutig zu sein. Nur weil man erfolgreich ist, kann man noch lange nicht der eigenen Angst entgehen. Und auch wenn man Angst hat, kann man nirgendwohin flüchten. Was will man tun? Wohin will man gehen? Sogar wenn man wegläuft, ist man bei sich. Mut und Würde sind immer pünktlich.

Obwohl ich genau sagen kann, wann ich bestimmten Lehren begegnet bin, bin ich bereits auf einem Entwicklungsweg, solange ich denken kann. Ich glaube, das trifft auf jeden zu, weil es die Natur des Menschen ist, auf einem Weg zu sein. Deshalb ist jede Lehre, die Sie oder ich uns zu Herzen nehmen, egal, wo und wie wir sie empfangen haben, nicht einfach eine Hand voll Ideen, die wir wie Kleider an- und ausziehen können. Das liegt daran, dass wir die Sehnsucht, die Intelligenz und das Bedürfnis nach Sinn, das wir unseren Lebenszweck, unsere Integrität, unsere Seele, unser Innerstes nennen, nicht einfach an- und ausziehen können. Ein persönlicher Weg hat eigentlich keinen Anfang, genausowenig wie er ein Ende hat. Für mich war und ist der Versuch, den buddhistischen und den Shambhala-Weg zu praktizieren, etwas Kostbares, Beglückendes, Chaotisches und manchmal schlichtweg Furchteinflößendes. Ich bin äußerst dankbar und gleichzeitig schwer von Begriff. Beispielsweise erkannte ich erst, als Trungpa Rinpoche krank war und im Sterben lag, dass ich ihn, ganz simpel und unkompliziert, liebte und dass seine Lehren, ganz simpel und unkompliziert, ein Geschenk der Liebe waren.

Als Titel für das englische Original dieses Buches habe ich aus verschiedenen Gründen *Awake Mind, Open Heart* gewählt. Was im Englischen normalerweise *mind** genannt wird, ist sehr reichhaltig und komplex in seinen Ausdrucksformen. Es be-

* Im Deutschen gewöhnlich „Geist“, obwohl diesem Wort in heutigen postmodernen Zeiten etwas Antiquiertes anhaftet. Es ist jedoch besser, da umfassender als das technischere „Psyche“ und neutraler als das gänzlich veraltete „Gemüt“. (Anm. d. Übers.)

inhaltet Aspekte des Bewusstseins und des Unterbewusstseins, es umfasst Gedanken, Gewahrsein, Sinneswahrnehmungen, Erinnerungen, Hochgefühl, Niedergeschlagenheit und vieles mehr. Dennoch ist „mind", „Geist", in seiner Essenz ziemlich einfach. In der buddhistischen und der Shambhala-Tradition ist die Essenz des Geistes eine Kombination aus Offenheit und Klarheit, oder Offenheit, die nicht getrennt werden kann von der Fähigkeit zu wissen. Er ist von Natur aus wissbegierig und zärtlich oder warmherzig. Deshalb benutze ich den Begriff des „erwachten Geistes", um anzudeuten, dass dieser Geist, den Sie oder ich haben, allgemein gesprochen nicht so offen, klar, wissbegierig und wohlwollend ist, wie er es sein könnte. Er scheint irgendwie nicht so ganz „erwacht" und auf der Höhe zu sein. Stattdessen ist dieser Geist, den Sie und ich haben, oft hektisch, emotional und geschwätzig, im einen Moment viel zu berechen- und im nächsten viel zu unberechenbar. Manchmal ist er wild und manchmal völlig blockiert. Betrachtet man ihn ganz genau, erkennt man, dass er angefüllt ist mit Gedanken, die oft wenig Sinn ergeben. Oder er ist so träge, dass man die simpelsten Dinge nicht mitbekommt, die mit einem oder um einen herum passieren. Und doch tut er, wenn man ihn direkt betrachtet, gar nichts. Und im nächsten Moment ist er wieder brillant, und Ihre Sinne sind geschärft und klar. Allgemein gesagt, dieser Geist tut nicht das, was er soll! Im Gegensatz dazu bezeichnet der Begriff „erwachter Geist" einen Geist, der offen und freundlich ist und somit klar sehen kann, was Sache ist. Einen Geist, der auf ganz simple Weise vollständig erhellt, was er wahrnimmt. In diesem Sinne ist Geist wie ein Werkzeug, und dieses Werkzeug sollte tun, was man von ihm verlangt. Es sollte die ganze Zeit klar, brillant, scharf und kraftvoll sein.

„Open Heart", „offenes Herz", habe ich gewählt, um eine Art angeborene Sympathie für die Welt anzudeuten, Mut und Würde. Wenn wir sagen, wir hätten etwas „mit ganzem Herzen" getan oder seien „mit dem Herzen dabei gewesen", meinen wir, dass wir uns ohne Zögern und ohne Zurückhaltung eingebracht haben. Wir waren in der Lage, uns vollständig einzulassen. „Herz“ ist also eine Art Mut, sich zu öffnen und auf etwas zuzugehen, Dinge umfassend und gründlich wahrzunehmen, sich Herausforderungen zu stellen und zu lernen. Es ist der Wille, sich einzulassen und etwas dann auch zu tun. Alles, was man tut, kann aus ganzem Herzen oder halbherzig geschehen: einen Pfirsich probieren, sich kratzen, mit einem Freund sprechen. Man ist entweder voll bei der Sache oder nicht. „Offenes Herz“ heißt, dass die eigene Essenz mit im Spiel ist, und das ist der Weg, wie man ein Gefühl der Würde gewinnt. Mit Würde meine ich die vollständige oder authentische Präsenz in der Welt, die darauf beruht, dass man eine innerliche Entwicklung durchgemacht hat. Man ist fähig, die Welt aus einer umfassenderen Perspektive zu sehen, weil man nicht mehr ausschließlich mit sich selbst beschäftigt ist. Man ist fähig, sich von der Welt berühren zu lassen und sie zu berühren und zu beeinflussen, weil man eine persönliche Reise des Sich-Öffnens und Sich-Einlassens hinter sich hat. Ein offenes Herz ist weitreichender als ein erwachter Geist. Es erfordert mehr Kraft und Energie, weil die Energien der Welt mächtig sind. Deshalb sind Mut und Würde im alltäglichen Leben die Hauptsache.

Ich habe mein Buch in fünf Teile gegliedert, die grob die Phasen der persönlichen Entwicklung reflektieren: von der Entdeckung, dass es etwas bedingungslos Gutes, Offenes, Zärtliches, ja sogar Heroisches in einem selbst gibt, über die Kultivierung eines erwachten Geistes und eines offenen Herzens inmitten der Details und der Herausforderungen des Alltags bis zu der Phase, wo man beginnt, anderen von Nutzen zu sein, nachdem man sich selbst nützlich war.

Teil I, „Grundlegendes Gutsein“, handelt von der grundlegenden Ausstattung, die wir als menschliche Wesen haben. Hier werden die Begriffe Kriegerschaft und grundlegendes Gutsein eingeführt, die sowohl im Buddhismus wie auch in Shambhala wichtig sind. Der Entwicklungsweg des Kriegers beruht darauf, das Bewusstsein vom grundlegenden Gutsein im Alltag auf kreative und mitfühlende Weise zu nutzen. Teil II, „Bei sich selbst zu Hause sein“, legt die Grundlagen, wie man tatsächlich sanft und tapfer wird. In der Schulung, die ich kennen gelernt habe, ist hierzu Meditation erforderlich, weshalb ich eine Meditationsanleitung beigefügt habe und Hinweise, wie man geschickt mit Angst umgehen kann. Teil III, „Mut im Alltag“, befasst sich mit den Möglichkeiten, die wir haben, um im Alltag sanft und furchtlos zu sein. Wie jeder selbst erleben kann, sind alle Arten von Chaos, potentiellem Chaos und Erfolg möglich, wenn man offen, sanft und furchtlos ist. Es ist, als hätte man eine Schicht Haut entfernt und wäre nun empfindlicher für den schönen Schein der Welt, ihre Energien, ihre Tricks, ihre Macht. Dieser Teil umfasst deshalb die Unterweisung in einer Kriegerpraxis, mit der man *Zuversicht* oder die *Energie des Windpferdes* verstärkt. Diese Praxis, die nach allgemeiner Auffassung auf die großen Stämme der alten Mongolen und Chinesen zurückgeht, steigert die individuelle Begeisterung und visionäre Kraft, so dass man sich intensiver auf die einzigartigen Ereignisse im eigenen Leben einlassen kann. Das Resultat davon ist eine Präsenz in der Welt, die überzeugend, wohlwollend und würdevoll ist. Teil IV, „Die Welt als Freund“, stellt die Ideen von heiliger Welt und Traditionslinie vor und untersucht ausführlich, was Stolz und Würde bedeuten. Teil V schließlich, „Die Reihe ist an uns“, enthält Gedanken zu den Themen Menschenführung und Wandel und gibt der Überzeugung Ausdruck, dass es tatsächlich an uns ist, dieser Welt zu helfen, die unsere Hilfe auch braucht. Die Teile IV und V sind wie Wasser in einem Brunnen. Wasser erfüllt viele Zwecke, aber Wasser in einem Brunnen erfüllt so lange keinen Zweck, bis man eine Schöpfkelle hineinsenkt, Wasser schöpft und es seinem Gebrauch zuführt. Ich spreche über das Wasser im Brunnen, die Auswahl der Schöpfkelle überlasse ich jedoch Ihnen. Ich bringe ein paar eigene Erfahrungen ein, habe jedoch die spezifischen Anwendungsmöglichkeiten für die Leserinnen und Leser offen gehalten.

Am Anfang und am Ende jedes Kapitels wird man eine dreizeilige Strophe bemerken. Im Buddhismus wird oft eine dreiteilige Struktur verwendet, um die Logik eines Themas zu entwickeln. Diese logische Struktur wird manchmal *Grundlage, Weg und Ergebnis* genannt. Zum Beispiel ist (1) Wasser (2) nass und (3) bewässert deshalb Felder und löscht den Durst. (1) Indem wir ein Ticket kaufen und (2) ins Flugzeug steigen, (3) gelangen wir schließlich an unseren Zielort. Oder, wie in dieser Einleitung: (1) Die buddhistischen und die Shambhala-Lehren sind sehr tiefgründig, (2) wenn wir sie uns zu Herzen nehmen, (3) gewinnen wir an Mut und Stolz, unabhängig von äußeren Umständen.

Der Gebrauch dieser dreifachen Logik als analytisches Werkzeug kann sehr viel bewirken. Chögyam Trungpa lehrte seine Schüler, wenn sie kein Gefühl für diese drei Dinge hätten, wenn eines oder zwei fehlten oder sie sie nicht unterscheiden könnten, könnte das zu Verwirrung in unserer Erfahrung führen, im Verständnis unserer Erfahrung oder in beidem. Ich habe die dreistufige Logik jedes Kapitels explizit formuliert, nicht weil sie besonders elegant wäre, sondern um eine Methode vorzustellen, die andere vielleicht nützlich finden. Man kann sie benutzen, um die eigene Arbeit zu steuern, mit seinen Kindern zu reden, etwas Rätselhaftes zu durchdenken, mit dem Automechaniker zu verhandeln oder was auch immer. Dreifache Logik ist vor allem ein Weg, einen Vorgang umfassend zu beleuchten und dadurch ein Wissen zu gewinnen, das nicht abgetrennt ist von der eigenen Intuition und realen Erfahrung.

Über die Jahre hinweg bin ich auch, zusätzlich zu meinem Studium des Buddhismus und der Shambhala-Lehren, im Geschäftsleben aktiv gewesen und habe mit einigem Erfolg und Einfluss verschiedene Tätigkeiten in untergeordneter, mittlerer und höherer Position ausgeübt. Mittlerweile berate ich Firmen zum Thema Führungsqualifikation, datengestützte Entscheidungsprozesse und effektive Innovations- und Anpassungsstrategien. Obwohl meine Meditationspraxis alles beeinflusst, was ich tue, habe ich im Berufsleben meine buddhistischen und Shambhala-Interessen immer als Privatsache behandelt. Mittlerweile scheint jedoch die Zeit gekommen, diese Lehren in größerem Maßstab mit anderen zu teilen. Wenn wir uns umschauen, leben wir offensichtlich in einer Ehrfurcht gebietenden und machtvollen Welt. Gleichzeitig scheint sie aber in einem schrecklichen Zustand zu sein. Jeder von uns kann so viel tun, um dieser Welt zu helfen.

Ich habe dieses Buch geschrieben, um einige buddhistische und Shambhala-Themen zu beleuchten, die mir etwas bedeuten, weil ich glaube, dass diese Themen unserer Zeit Sinn und Hoffnung bringen können. Ich hoffe, Sie fühlen sich ermutigt, Meditation und *Windpferd*-Praktiken im täglichen Leben auszuprobieren und anzuwenden. Wenn Sie so meditieren können, dass von den Myriaden Gedanken, die Sie haben, einer oder zwei sinnvolle erhalten bleiben, dann ist das gut, nicht schlecht. Wenn Sie auch nur eine Tat in Ihrem Leben vollbringen, die anderen auf geschickte Weise nützt, dann ist auch das sehr gut.

Shambala-Training ist weder eine philosophische Abhandlung noch ein Praxishandbuch. Es ersetzt nicht die ursprünglichen Lehren von Chögyam Trungpa, der die beiden unterschiedlichen Traditionen des Buddhismus und der Shambhala-Lehren weitergab, während er im Westen lebte und lehrte (in den Siebzigern und Achtzigern). Stattdessen präsentiere ich persönliche Gedanken zu einzelnen Aspekten dieser Lehren, die für mich als jemanden, der sie studiert und praktiziert hat, bedeutungsvoll waren und sind. Es sind die Lehren von Chögyam Trungpa, wie er sie öffentlich, privat oder in kleinen Gruppen gab, die ich hier wiederhole oder auf verschiedene Weise wiedergebe. Das ist persönlich in dem Sinn, dass ich persönliche Geschichten und Erfahrungen benutze, um bestimmte Themen zu artikulieren. Insbesondere habe ich versucht, diejenigen Aspekte des Buddhismus und der sozialen Vision von Shambhala zu präsentieren, die Leserinnen und Leser, die mit diesen Traditionen nicht vertraut sind, spannend und fürs tägliche Leben nützlich finden könnten.

In vielerlei Hinsicht ist die eigentliche Botschaft von Shambhala und Buddhismus simpel. Sie lautet, dass unsere alltägliche Welt in vollem Umfang brauchbar und unproblematisch ist.* Vielleicht sind Sie völlig von der Rolle, oder die Leute um Sie herum sind von der Rolle, aber es lässt sich trotzdem damit arbeiten. Das liegt daran, dass es in menschlichen Wesen, ohne Ausnahme, etwas bedingungslos Gutes gibt. Würde, Mut, Schlichtheit, Mitgefühl – das ist unser Erbe, einfach nur, weil wir Menschen sind. Sie sind auch Ihr Potential. Das Hauptthema im Zusammenhang mit Mut ist, als Individuum so tapfer zu sein, dass man das eigene Potential entdecken, es wertschätzen, ins Alltagsleben integrieren und damit von praktischem Nutzen sein kann. Ich hoffe, dieses Buch gibt Ihnen eine authentische, wenn auch etwas parteiische Einführung in den Buddhismus und die Shambhala-Lehren. Vor allem aber möchte ich Sie ermutigen, heute Ihre ganz persönliche Reise anzutreten, ohne den Mut zu verlieren. Ich wünsche mir, dass Sie sich auf diese unsere Welt einlassen und Freude an ihr haben.

Ob Sie allein auf einer einsamen Insel leben, in Einzelhaft sitzen, auf der Autobahn in Ihrem Auto eingeschlossen sind oder für sich sind mit Ihren Gedanken und Wünschen, Sie haben immer noch Ihre Welt. Wir leben immer in einer Welt. *Wie* wir in ihr leben, ist entscheidend.

Alles in allem liegt der einzige Zweck dieser buddhistischen und Shambhala-Lehren darin, Ihren Mut und Ihre Würde unter welchen äußeren Umständen auch immer hervortreten zu lassen. Es ist meine Hoffnung, dass dieses Buch Sie dabei zu unterstützen vermag, Ihr Leben zu bejahen und ohne falsche Scham und ohne Entschuldigung mitzuhelfen, diese Welt lebenswerter zu machen.

* Im Original das nahezu unübersetzbare „workable“, das vor Nuancen schillert und vor allem besagt, dass es kein Problem gibt, das ein unüberwindliches Hindernis darstellen könnte. (Anm. d. Übers.)

Teil I

Grundlegendes Gutsein

1

Die Bedeutung von Shambhala

Grundlage:	Die soziale Vision von Shambhala hat viele Bedeutungen, und eine davon ist persönlich.
Weg:	Wenn wir ihre Bedeutung in unserer Erfahrung finden, ...
Ergebnis:	... können wir uns und die Gesellschaft zu Höherem inspirieren.

Als die Shambhala-Meditationstexte durch Trungpa Rinpoche zum ersten Mal vorgestellt wurden, sagten die Leute: „Das ist kein Buddhismus. Was macht Trungpa da?" Die Texte handeln von Kriegerschaft, Würde, sinnlicher Fülle, wie man seine Welt beherrscht – keine typisch buddhistischen Texte. Ganz ähnlich ging es Mipham Rinpoche, einem großen tibetisch-buddhistischen Meister im neunzehnten Jahrhundert: Als er über Zuversichts-Meditationen sprach und sagte, er müsse nach seinem Tod ins nördliche Land Shambhala gehen, weil er dort gebraucht werde, dachten die Leute, er sei senil geworden. Sie dachten: „Das ist kein Buddhismus. Was macht Mipham da?"

Auf den ersten Blick ist Shambhala auf keine Weise irgendwie buddhistisch. Es beruft sich nicht ausdrücklich auf die Lehren des historischen Buddha Shakyamuni. Es betont nicht wie der Buddhismus die Lehren von der Vergänglichkeit und gegenseitigen Abhängigkeit der Phänomene. Stattdessen wird der Blick direkt auf die Wärme und die Kraft gerichtet, die in unseren alltäglichen Sinneswahrnehmungen liegen. Shambhala lehrt nicht mit Hilfe logischer Schlussfolgerungen, dass unsere Ideen von gut und schlecht, dir und mir, Baum, Erde, Himmel, Vogel, Schreibtisch, Auto, Job, Schule, Land, gestern, heute und so weiter frei sind von irgendeiner beständigen Identität. Stattdessen zielt es direkt auf die Erfahrung des „grundlegenden Gutseins“, einer ungreifbaren Energie, die jeder im jetzigen Moment, in sich und seiner Umgebung, erfahren kann und die im Fluss der Ereignisse ständig präsent ist. Jeder kann diese Lehren sehen und gebrauchen, ohne sich auf gelehrte Studien stützen zu müssen. In dieser Hinsicht sind die Shambhala-Lehren bodenständig und weltlich. Dennoch ist das Herz des Buddhismus ebenfalls die persönliche Erfahrung, hängt die Quelle der Shambhala-Lehren eng mit dem buddhistischen *Vajrakilaya* zusammen, liegen die Shambhala-Lehren von grundlegendem Gutsein sehr nahe am buddhistischen Begriff der Buddha-Natur, und die Erfahrung der heiligen Welt im Shambhala-Kontext ist sehr nahe an den buddhistischen Lehren über reine Wahrnehmung. Menschen im Westen haben den Eindruck, dass der Buddhismus ziemlich öde ist, Shambhala jedoch nicht. Und trotzdem sagte Buddha, als er Erleuchtung erlangte, nicht: „Weh mir!“ Er sagte: „Wunder über Wunder.“ Der gesamte buddhistische Weg beruht auf der Entdeckung von Egolosigkeit und der reifenden Einsicht, die daraus entsteht. Er reicht von der Entdeckung der „Vier edlen Wahrheiten“ (Leiden, wie Leiden entsteht, die wahre Natur der Dinge und welches Verhalten uns zum Ende des Leidens führt) bis zu dem Punkt, wo wir das Leben und seine Energien feiern. Obwohl in Shambhala nicht viel von Egolosigkeit gesprochen wird, ist die zentrale Erfahrung des grundlegenden Gutseins doch die Erfahrung von offenem Raum, Nicht-Ego, dem Prinzip, dass die Dinge frei sind von jeglicher Gespaltenheit. Ein Krieger gewinnt seine echte Würde, indem diese Einsicht in ihm reift. Und beide großen Traditionen richten ihren Blick sehr genau auf unsere individuelle Erfahrung, ohne vor dem Negativen zurückzuschrecken, und ziehen Schlüsse, die im Hinblick auf ein anständiges Leben und eine gute Gesellschaft optimistisch, mitfühlend und sehr praktisch sind.

Letztendlich und für Praktizierende wie mich liegen die Traditionen von Shambhala und Buddhismus nicht weit auseinander. Sie sind wie zwei Augen, die zusammen ein hervorragendes Sehvermögen schaffen. Jede handelt davon, wie wir unsere Sichtweise der Dinge verändern können und damit fähig werden, die ausschließliche Sorge um unsere eigenen Interessen hinter uns zu lassen. In Shambhala wird dies der Weg der Kriegerschaft genannt, im Buddhismus der Weg heroischen Mitgefühls. Als Resultat beider Traditionen steigert sich die Fähigkeit, Ereignisse um einen herum zu beeinflussen, und es stellen sich grenzenloses Mitgefühl, überzeugende Präsenz und eine erleuchtete Freude an der Welt ein. In beiden Fällen beschäftigt sich die kreative Energie der Lehre nicht nur mit der persönlichen Entwicklung. Beide besitzen auch eine außergewöhnlich positive soziale Vision.

Die Shambhala-Traditionslinie ist von meinem Lehrer, Chögyam Trungpa, präsentiert worden. Aber Shambhala und auch der Buddhismus wurden nicht einfach heute erfunden. Im Lauf der Geschichte und in anderen Kulturen hat es viele Methoden gegeben, die versuchten, uns bei der Kultivierung unserer Natur und unserer Eigenschaften als individuelle und soziale menschliche Wesen zu helfen. Dies sind sehr alte Lehren, wie man ein tapferes, starkes und edles Herz entwickelt. Shambhala entstammt einer asiatischen Kriegertradition, die der Ausbreitung des Buddhismus vorausging, aber es gehört nicht nur zu Asien. In ihm schwingen Traditionen aus anderen Kulturen überall auf der Welt und aus der ganzen menschlichen Geschichte mit. Es gab und gibt Shambhala-Nischen rund um den Globus – in Südamerika, Nordamerika, Lateinamerika, im Amerika der Ureinwohner, in Persien, Afrika, Europa, Korea, Japan, Neuseeland und anderswo. Die Bedeutung von Shambhala begleitet uns, wohnt in uns schon lange. Shambhala nutzt die Lehren über Achtsamkeit und Bewusstheit, die im Buddhismus entwickelt wurden und die in Teil II besprochen werden, Achtsamkeit und Bewusstheit sind jedoch so alt wie der Mensch. Die Shambhala-Lehren über die Selbstvertrauen und Zuversicht steigernde *Windpferd*-Praxis, die in Teil III präsentiert werden, wurzeln im alten China und der Mongolei, aber jede Kultur versucht, die Energie und den Überschwang des Lebens irgendwie einzufangen und nutzbar zu machen.

Shambhala ist eine Tradition von Lehren von Menschen für Menschen, von Lehren darüber, wie wir Kraft und Würde im alltäglichen Leben manifestieren und Gehirn, Augen, Ohren, Emotionen und alles, was wir haben, nutzen können, um das allesdurchdringende grundlegende Gutsein zu erkennen und zu verwirklichen. Meditation, unbedingte Zuversicht, natürlicher Reichtum, *Windpferd*-Energie – menschliche Wesen besitzen diese Dinge von Natur aus. Sie sind ein Teil von uns. Wir besitzen sie schon lange. Aufgrund bestimmter Tendenzen in uns selbst und der Gesellschaft haben wir das vergessen, so dass diese volle Verwirklichung unserer Natur und unserer Eigenschaften als menschliche Wesen plötzlich etwas ist, was man erarbeiten muss.

Die Herausforderung liegt für uns darin, das Erbe unseres Menschseins persönlich zu nehmen. Besonders in unserer heutigen zerrissenen und sektiererischen Zeit brauchen wir etwas, das für alle echten Traditionen Platz hat, die auf die Entwicklung des Menschen abzielen, damit wir eine Gesellschaft aufbauen können, die auf Sanftmut, Furchtlosigkeit und einem vernünftigen Lebensstil beruht. Im Grunde genommen ist Shambhala eine nichtsektiererische Sichtweise, die unsere Erfahrung direkt in Augenschein nimmt, um die Prinzipien zu finden, nach denen man die Gesellschaft organisieren kann. Das ist nicht leicht, aber die Menschen haben es früher schon geschafft, und deshalb können auch wir es schaffen. Voraussetzung dafür ist, dass wir im Bedingungslosen heimisch werden, uns am Leben freuen und wirklich niemals uns selbst oder jemanden anderen im Stich lassen.

Im Buddhismus wird oft von der *äußeren*, der *inneren* und der *geheimen* Bedeutung einer Lehre gesprochen. Wir können sagen, die *äußere* Bedeutung ist die wörtliche oder äußerliche; die *innere* ist die psychologische Bedeutung, die, die Sie und ich einfach deshalb gemeinsam haben, weil wir Menschen sind; und *geheim* heißt „von sich aus geheim“, ist die intime Bedeutung, die Sie in Ihrer einzigartigen Erfahrung finden und ich in meiner. Die geheime Bedeutung ist weder gut noch schlecht. Sie ist einfach völlig, was sie ist und wie sie ist, aber auf der Ebene der persönlichen Erfahrung. Wir können diese Begriffe der äußeren, inneren und geheimen Bedeutung auch auf die Shambhala-Lehren selbst anwenden. Eigentlich sind diese Begriffe drei Aspekte oder Phasen in jedem Prozess, in dem sich die Bedeutung einer Lehre erschließt. Die Lehre selbst ändert sich nicht. Die Bedeutung wird subtiler, und *man selbst* verändert sich. Jede Stufe dringt tiefer zum eigenen Herzen vor, dringt durch Mark und Bein. Was man versteht, wird immer persönlicher.

Beispielsweise besteht die äußere oder äußerliche Bedeutung von Shambhala in der Idee einer wirklichen guten oder erleuchteten menschlichen Gesellschaft hier auf dieser Erde, ob in Zukunft, Vergangenheit oder Gegenwart. In dieser Bedeutung ist Shambhala eine säkulare Gesellschaft, die tatsächlich existiert, in der die Menschen lange, friedlich und produktiv leben, wo die Organisation der sozialen Beziehungen auf einer Überzeugung von menschlicher Würde und etwas umfassend Gutem beruht. Manche Wissenschaftler nehmen an, dass zu Lebzeiten Buddhas in Zentralasien, wahrscheinlich in der Mongolei oder dem heutigen Pakistan oder Afghanistan, ein Königreich namens Shambhala existierte. Trungpa Rinpoche soll ein Experte darin gewesen sein, in einem Spiegel oder einfach nur in seiner Handfläche das Königreich Shambhala buchstäblich zu sehen und in allen Einzelheiten zu beschreiben. Trotzdem sagte er über diese Fähigkeit manchmal: „Die Leute sind eben höflich.“ Es existieren immer noch konkrete Texte und Landkarten, wie man nach Shambhala gelangen soll, und sogar wenn Leute sagen, Buddha habe dort gelehrt, so gehen sie doch davon aus, dass das Gute an dieser Gesellschaft aus mehr bestand als lediglich einer religiösen Einstellung. Diese äußere Bedeutung von Shambhala inspiriert Weltenbummler, Forschungsreisende,

Anthropologen und Historiker seit Jahrhunderten. Sie hat Filme wie *Lost Horizon* inspiriert und ist wahrscheinlich die Basis unserer Vorstellung hier im Westen von „Shangri-La“, einem Paradies im Osten.

Die innere Bedeutung von Shambhala besteht darin, dass die Vision einer erleuchteten Gesellschaft ein natürlicher Teil der menschlichen Psychologie ist. Eine Vision oder ein Archetyp von einer guten Gesellschaft existiert in jedem, ob solch eine Gesellschaft historisch jemals existiert hat oder existieren wird oder nicht. Diese Vision findet sich in der Philosophie, in Studien über Menschenführung, in Weisheitslehren, Kindergeschichten, Ritualen und in den Mythen und Legenden aller Kulturen. Regierungen kommen und gehen, aber die Menschen haben einen Begriff von Shambhala, der die besten und schlimmsten Momente der menschlichen Geschichte überdauert hat. Das Tagebuch von Anne Frank gibt diesem Glauben an das Gute im Menschen Ausdruck. Eine musikalische Komposition, eine mathematische Gleichung, plötzlich aufblitzende Freundlichkeit von jemandem auf der Straße kann Ausdruck dieser Überzeugung von menschlichem Gutsein und einer guten Gesellschaft sein.

Ich habe zu Hause etwas, was ich „Kühlschrank-Kunst“ nenne, Zeitungsartikel und Fotos, die mich inspirieren und die ich mit Magneten an der Kühlschranktür befestigt habe: einen Artikel über eine Dame, die allein in einem winzigen Apartment zur Miete wohnte und, als sie starb, ein Vermögen für karitative und soziale Zwecke hinterließ; das Foto einer Chirurgin, die in der Notaufnahme die Mitglieder von Gangs operierte, wenn sie sich eine Schießerei geliefert hatten, und die ihnen in ihrer Freizeit beibrachte, wie man mit Konflikten umgeht; ein Rezept, das mein Internist mir ausstellte, als ich sehr viel trauerte: „Achtmal täglich in den Arm genommen werden.“ Fotos, Kunst, Artikel – alles, was mich inspirierte, kam an die Kühlschranktür. Ich dachte: „Der Mut und die Vision von anderen, wie man helfen kann, können auch mir Mut machen.“ In Tibet gibt es Gemälde, die verschiedene

Könige von Shambhala darstellen. Nicholas Roerich, ein Künstler und Forschungsreisender des zwanzigsten Jahrhunderts, beschwor die Idee von Shambhala, als er während des Ersten Weltkrieges einen Staatenbund zum Schutz von Kulturdenkmälern gründete. Im Laufe der bisherigen Geschichte haben die Menschen eine Vision oder eine Sehnsucht nach einer guten menschlichen Gesellschaft auf dieser Erde gehabt, und heute ist es genauso. Diese Sehnsucht nach einem sinnvollen Leben ist etwas Natürliches. Sie und ich benutzen sie wie den Polarstern, um auf das zuzugehen, was wir als gut und exzellent ansehen – manchmal auch, um uns davon wegzubewegen. Alle Menschen haben eine angeborene Vorstellung davon, was das positive menschliche Potential ist.

Die *geheime* Bedeutung von Shambhala sieht ein wenig anders aus. Hier muss jeder von uns die Essenz seiner individuellen Existenz einbringen, um ihre Bedeutung zu finden und mit ihrer Realität umzugehen. In dieser Bedeutung existiert Shambhala bereits jetzt in der eigenen Erfahrung. Es ist ohne Einschränkung zugänglich und verfügbar – es ist Sache der eigenen, persönlichen Bravour, es zu finden und stärker zu verkörpern. Diese in sich geheime Bedeutung von Shambhala ist da, wenn man sich für die Weite einer einzigen Sinneswahrnehmung öffnet, im eigenen Instinkt für Mut und Würde oder einfach im Verlangen nach Kommunikation. Ich glaube, Trungpa Rinpoches größtes Anliegen war es, diese geheime Bedeutung zu lehren und weiterzugeben, weil sie direkt auf unser Herz und unsere heutigen Schwierigkeiten zielt.

Es mag unerhört erscheinen, so etwas zu verkünden, weil man sich oft nicht so fühlt, aber die geheime Bedeutung von Shambhala ist eine unschuldige, gesunde und kraftvolle, aber nicht naive Überzeugung, dass das Leben gut ist. In diesem Sinn ist Shambhala ein Muster von Energien, die reich sind an visionärer Kraft, die pragmatisch sind, realistisch und befriedigend, und die direkt unter der Oberfläche unseres alltäglichen Bewusstseins liegen. Diese Energien sind wie eine Goldmine, als existierte da etwas in der eigenen Erfahrung, das einem helfen könnte, das aber momentan dem Blick entzogen ist. In diesem Vergleich sind Sie der Jäger des verlorenen Schatzes und gleichzeitig das Grabungsgebiet. Sie sind der- oder diejenige, der tiefer graben und die körperliche Arbeit verrichten muss, um Shambhala zutage zu fördern, weil seine erleuchteten Energien Ihrem Blick entzogen sind. Vielleicht muss irgendetwas geschehen, das Sie dazu bringt, auf dieser Suche Ihre eigene Erfahrung genauer zu untersuchen. Das könnte ein Autounfall sein, die Geburt eines Kindes, ein Traum, eine unerwartete Enttäuschung, ein unerwarteter Erfolg oder eine Begegnung mit jemandem, der etwas Gutes oder Heiliges am Leben zu erfahren scheint, das Sie nicht sehen. Vielleicht haben Sie bis zu diesem Moment gar nichts besonders Bedeutsames in Ihrem Leben gesucht, oder Sie haben zu angestrengt gesucht oder an der falschen Stelle oder mit der falschen Methode. Vielleicht schauen Sie gar nicht hin, oder Ihre Ziele sind unklar, oder es ist zu schwierig, hinzuschauen, oder Sie sind mit etwas anderem beschäftigt. Und dann ändern Sie wegen irgendetwas die Richtung und betrachten Ihre Erfahrung etwas genauer als gewöhnlich, etwas tiefer. Und das verändert alles.

Die geheime oder „von sich aus geheime" Bedeutung ist, dass Shambhala ein subtiler Aspekt der alltäglichen Erfahrung ist und man seine Einstellung nur ein klein wenig verändern muss, um ihn zu entdecken. Der Vergleich mit der Goldmine besagt, dass Shambhala wertvoll ist und zugänglich, man es aber nicht sehen kann. Irgendetwas ist im Weg, und was immer es auch ist – ein Missverständnis, Fremdartigkeit, Faulheit, Mutlosigkeit –, muss weggeräumt werden. Wie bei Gold, Juwelen oder Erdöl, die in der Erde verborgen und eigentlich direkt bei der Hand sind, existiert der Wert von sich aus. Aber wenn man das nicht bemerkt, ist es so, als existierten sie nicht. Man schaut sich um und sieht nichts Inspirierendes, also sieht es so aus, als ob der Schatz nicht vorhanden sei. Man denkt: „Hmmm, ich erlebe irgendwie nichts Besonderes." Dann, wenn man den Schatz entdeckt hat, sagt man: „Oh. Er war die ganze Zeit da. Er war versteckt. Ich habe ihn nicht gesehen. Ich habe nicht gesehen, was vor meiner Nase lag!" Wenn man den Schatz sieht, hat sich nichts geändert, nur man selbst hat sich geöffnet. Die eigene Perspektive hat sich verlagert. Jetzt sieht man, was dem Blick verborgen war. Und wenn man es gesehen hat, ist man auch von seinem Wert überzeugt. „Ich dachte, die Bedeutung sei nicht wichtig." – „Jetzt sehe ich ihren Wert." Wenn man einmal die Bedeutung von Shambhala in sich entdeckt hat, weiß man, wie sie zu gebrauchen und was zu tun ist.

An der Universität von Kalifornien in Santa Cruz unterrichtete einmal ein berühmter Gärtner namens Alan Chadwick. Sein Gärtnern bestand darin, dass er Erdreich für den Garten- und Ackerbau produzierte, und was er unter Erdreich verstand, war nicht diese Erd-Oberfläche, die wir gewöhnlich meinen. Ich glaube, er meinte wohl eine Kraft im Universum, die durch das Gärtnern konzentriert werden könnte, um kosmische Magie einzufangen. Chadwick ließ Erdreich reifen und pflanzte Samen, indem er die Beziehungen zwischen der Erde, ihrem Mond, der Sonne und den anderen Planeten als Grundlage nahm, das Wetter, die Art und Weise, wie die Tauben an einem Ort gurrten, Nebel in den Bäumen und alles, was man sich nur vorstellen kann. Wenn der Winter sehr trist war, pflegte er über die Energien unter der Erdoberfläche Lieder zu singen. „Die Samen drunten in der Erde sind voller Leben. Leben! Jetzt im Moment wachen die Samen auf! Sie keimen, der Sonne entgegen! Die Tauben gurren, gurr, gurr! Leben! Leben!" Einmal ging Chadwick mit einer Klasse auf einen Schrottplatz, der übersät war mit verrosteten Autos, Scherben, Betonbrocken, Sand und sonstigem Müll. Er fragte den Besitzer, ob er und seine Klasse auf einem Teil des Geländes versuchsweise Blumen und Gemüse anpflanzen dürften. Der Besitzer sagte: „Sicher, aber Sie spinnen. Dieser Boden ist tot." Dieser Garten wurde später berühmt für sein außergewöhnlich köstliches Gemüse und seine prächtigen Blumen.

Die geheime Bedeutung von Shambhala ist so ähnlich. Sie ist ein offenes Geheimnis. Man selbst ist der inspirierte Gärtner, der Müll, die Erde, die Samen und auch der Besitzer des Schrottplatzes. Für den inspirierten Gärtner in Ihnen existiert in Ihrer alltäglichen Erfahrung ein natürlicher Reichtum und eine natürliche Weisheit, die Sie für gewöhnlich ignorieren, die jedoch nur „ent-deckt" und dargeboten werden muss. Dazu braucht es Energie, Anstrengung und Mut, aber es nützt Ihnen und allen anderen. Den Schrottplatzbesitzer in Ihnen mutet das unpraktisch an, aber der Gärtner ist fasziniert, also macht der Schrottplatzbesitzer mit. Man ist willens, zu prüfen und zu schauen, was sich dabei lernen lässt.

Ich lebte einmal in einem kleinen buddhistischen Meditationszentrum im Norden des US-Staates Vermont. Ich hatte verschiedene Positionen inne: Chefköchin, Praxis-Koordinatorin, Arbeits-Koordinatorin, Kassenprüferin und weitere. Es war hart – die meisten Praktizierenden waren Männer, dazu ein paar Frauen, die alle in einem alten Bauernhaus mit zugigen Fenstern wohnten. Wir hatten nur wenig Geld, im Winter hatte es manchmal 30 bis 40 Grad unter Null, und im Sommer entfernten wir von den Kohlköpfen in unserem Garten von Hand die Raupen. Es reichte gerade eben, um unsere Autos und unsere Beziehungen am Laufen zu halten.

Alles, was wir taten, war durch Meditation und regelmäßiges Studium miteinander verbunden. Wir studierten Buddhismus bei Trungpa Rinpoche, der sich gewöhnlich mit jedem Einzelnen traf und öffentliche Vorträge und Seminare abhielt. Die Shambhala-Texte mit ihrer sozialen Vision waren noch nicht vorgestellt worden. Bei einem Treffen aller Hausbewohner zeigte Rinpoche einmal Dias, die er fotografiert hatte. Unsere kleine Gruppe saß im Wohnzimmer des Bauernhauses, und er zeigte eine Großaufnahme eines schönen blühenden Busches mit prachtvollen rosa Blüten. Es war atemberaubend. Ich sagte: „Oh, wie schön!" Es schien so weit weg. „Wo haben Sie das aufgenommen?" Es war ein Foto von einem Busch im Hof des Meditationszentrums. Ich schaute eben nicht auf eine Art in die Welt, dass ich gesehen hätte, was direkt vor meiner Nase lag.

Jahre später gehörte ich zu einem Team im gehobenen Management einer großen Firma, und dort machte ich dieselbe Erfahrung. Ich erkannte, dass unser Team buchstäblich blind war für die internen Blockaden, die den Erfolg der Firma verhinderten. Andere im Team erkannten das ebenfalls. Wir schauten nicht in einer Weise auf die Sache, die uns die Strukturen unserer Kommunikation oder der Kommunikationen innerhalb der Firma gezeigt hätte. Zu viele gewohnheitsmäßige Erwartungen und Glaubenssätze standen uns im Weg. Irgendwann kamen wir zu dem Schluss, dass wir zunächst uns selbst verändern mussten, wenn wir die Organisation verändern wollten.

Die geheime Bedeutung von Shambhala in der eigenen Erfahrung zu finden ist eine persönliche Entdeckungsreise, die Energie und Anstrengung erfordert. Genauso, wie wenn man Gold, Edelsteine oder Erdöl finden will, muss man arbeiten, um diese Bedeutung zu finden und sie sich anzueignen. Was bedeutet Shambhala für *mich* ? Was kann *ich* damit anfangen? Während man es sich aneignet, versteht man es immer müheloser, weil man im Prozess des Verstehens sein Herz mit einbringt. Das Herz mit einzubringen erfordert Mut. Deshalb wird Shambhala manchmal auch eine *Kriegertradition* genannt, weil ihm die Vorstellung zugrunde liegt, ein mutiger Mensch zu sein. Der Krieger oder die Kriegerin bringt in einem einzigen Moment, an einem einzigen Punkt, Geist, Körper und Herz zusammen und öffnet sich der Welt. Das braucht Übung und Erfahrung, und es braucht auch Mut.

Als Krieger oder Kriegerin kann man Beamter sein, Rettungssanitäter, eine Mutter in den Wehen oder jemand, der in einem Konflikt steht. Was den Shambhala-Krieger, die Shambhala-Kriegerin ausmacht, ist nicht, dass er oder sie mit Bomben und Schusswaffen kämpft. Vielleicht sind Sie auch ein Soldat, aber das ist nicht das Tapfere an Ihnen. Ihre Tapferkeit besteht darin, dass Sie die Essenz Ihrer individuellen Menschlichkeit in das einbringen, was Sie tun – während Sie ein Taxi steuern, einen Vermerk schreiben, ein Kind gebären oder einen Konflikt austragen. Ihre Tapferkeit ist persönlich. Sie vertrauen auf Ihre Menschlichkeit und Ihre eigene Art von Intelligenz. Sie haben Sympathie und Mitgefühl für Ihre Erfahrung und die von anderen gewonnen. Das ist ein Indiz für Ihren Mut, ein menschliches Wesen zu sein. Und so wird man als eine bestimmte Art von Krieger oder Kriegerin bekannt, als Mensch mit einer positiven sozialen Vision, als Mensch mit einem edlen Herzen.

Bei Ihrer Tapferkeit geht es nicht so sehr darum, das zu verändern, was Sie tun. Es geht darum, die Art und Weise zu verändern, wie man etwas tut, und das hat Auswirkungen auf das Umfeld und einen selbst. Immer noch isst man, schläft, liebt sich, redet mit seinen Kindern, sucht nach dem Ausweg aus einer Zwickmühle, fährt Auto, geht die Straße entlang, nimmt ein Bad, wäscht seine Wäsche, betrachtet den Sonnenuntergang, hört Nachrichten, beteiligt sich an einem Konflikt und gießt die Blumen. Der Unterschied ist, dass man als Krieger oder Kriegerin ein edles Herz entwickelt hat, um das Leben zu würdigen. Man versucht in allem, was man tut, die Energie des Lebens hervorzurufen, zu schützen und zu fördern. Und man ist darüber hinaus, lediglich für sich allein zu sorgen, und kümmert sich auch um das Wohlergehen von anderen. Das ist nicht einfach, aber trotzdem wird die Herzenswärme, für andere zu sorgen, im Buddhismus und in Shambhala als etwas für Menschen Natürliches angesehen.

Es gibt eine subtile Qualität in unserer alltäglichen Wirklichkeit, über die normalerweise nicht gesprochen wird, und dennoch lautet die von sich aus geheime Bedeutung von Shambhala, dass diese subtile Qualität das Fundament für mutige und mitfühlende Beziehungen ist. Um sie zu erforschen, muss man sich anschauen, was an einem selbst elementar oder wesentlich ist, was in einem selbst ursprünglich ist und nicht künstlich erzeugt – jene natürliche Essenz, die angeboren, ganz gewöhnlich und immer vorhanden ist. Wenn etwas natürlich ist, ist es nicht ausgedacht, und es geht auch nicht weg. Es ist so, wie die Dinge eben sind. Man kann nicht einmal sagen, dass es grundlegend oder nicht grundlegend wäre – es ist einfach. Um Tapferkeit und eine positive soziale Vision in uns selbst zu finden, brauchen wir eine Methode, die uns hilft, diese Essenz unserer selbst in den Blick zu nehmen und zu enthüllen, und wir brauchen Ermutigung. Die großen humanistischen Traditionen geben uns beides. In Shambhala und im Buddhismus ist die Methode weitgehend phänomenologisch. Es beginnt mit dem, was einem am nächsten liegt, nämlich mit der eigenen Erfahrung. Ohne zu urteilen, beobachtet man sich selbst, um herauszufinden, was dieses Wesentliche an den menschlichen Wesen ist. Man erforscht seine alltägliche Wirklichkeit ganz direkt, ohne die üblichen Etiketten von gut und schlecht, richtig und falsch. Direkt heißt unmittelbar, heißt, den gegenwärtigen Moment zu untersuchen mit so wenig Interpretation wie möglich.

Während Sie am Schreibtisch sitzen, während Sie dem vorbeirauschenden Verkehr zuhören – gibt es jetzt in Ihrem Wesen etwas, das einen ursprünglichen Wert hat, der als Fundament dienen könnte für Integrität, menschenwürdige Beziehungen, ein gutes Familienleben, gute Organisationen, gute Institutionen und eine gute Gesellschaft? Wenn Sie in Ihrer unverfälschten Existenz etwas von unveränderlichem Wert finden, dann können Sie, mit ein wenig Anstrengung und Mut, eine kleine Wendung einleiten, um es ans Licht zu bringen und zu stabilisieren, damit es Sie von nun an begleitet. Sie können es benutzen, um sich und ihre Umgebung zu Höherem zu inspirieren, und damit für sich und alle anderen von Nutzen sein.

Um Zugang zur geheimen Bedeutung von Shambhala zu finden, fragen Sie sich: Gibt es jetzt in meiner Existenz, so wie sie ist, etwas, das ursprünglichen, eigenständigen Wert hat, das ich nicht sehe? Etwas von Natur aus Gegebenes, das nicht davon abhängt, wie ich erzogen wurde, das nichts zu tun hat mit meinem IQ, meiner Persönlichkeit, meiner Rasse, meinem Geschlecht, meiner Nationalität oder ethnischen Zugehörigkeit? Etwas, das von Natur aus wertvoll ist, für mich persönlich und als Fundament für gute Beziehungen und eine gute Gesellschaft?

2

Grundlegendes Gutsein

Grundlage:	Es gibt etwas bedingungslos Gutes in uns.
Weg:	Wenn wir unser weiches Herz fühlen, ahnen wir eine größere Welt.
Ergebnis:	Diese Ahnungen können wir nutzen, um einen Weg des Mutes zu entdecken.

Das allererste Prinzip der Shambhala-Lehren, die Grundlage für individuelle Tapferkeit und eine soziale Vision, besteht in der Erkenntnis, dass es etwas bedingungslos Gutes in uns gibt. *Bedingungslos gut* heißt: etwas Gutes, das natürlich ist und nicht erzeugt, nicht menschengemacht. Es hängt nicht von Bedingungen oder Umständen ab, etwa von Bildung, Geld oder glücklichen Zufällen. Es existiert vor all den Bedingungen, auf die man im Leben stößt. *Bedingungslos* heißt, es ist immer da: Es ist nichts Fabriziertes, und es geht nicht weg.

Wenn Sie jetzt im Augenblick Ihre Erfahrung untersuchen, wenn Sie ein wenig hinter die Fassade Ihrer alltäglichen Angelegenheiten schauen, können Sie eine ungeheure Weichheit entdecken, die Ihr gesamtes Lebensgefühl durchdringt. Da ist etwas in Ihnen, das berührt wird von dem, was Sie erleben, egal was es ist. Vielleicht hören Sie einen Hund bellen, eine Grille zirpen, Autos auf der Straße, den Wind in den Bäumen, den Fernseher im Nebenzimmer, Stimmen, einen brummenden Kühlschrank. Sie fühlen den Stoff Ihres Hemdes auf der Haut, Ihre Brille auf dem Nasenrücken. Sie hören, wie jemand Ihren Namen ruft. Ganz simples Erleben. Unter dem Erleben liegt eine enorme Weichheit oder Offenheit, die ungreifbar und gleichzeitig überall ist und die Ihnen erlaubt, diese Dinge zu erleben. In Shambhala ist das Ihr grundlegendes Wesen, Ihre Natur. Es ist ursprünglich oder fundamental, und es ist immer da. Es ist simpel, klar und offen wie der Himmel. Und wie der Himmel ist diese Offenheit außergewöhnlich gewöhnlich, machtvoll und zuverlässig. Ihre Sensibilität befähigt einen, Energie auf eine ungekünstelte Art zu akzeptieren und zu integrieren, egal was man erlebt. Ursprüngliche Offenheit ist da, ob Sie im Auto sitzen, in der Küche, über eine Wiese gehen, schlafen, mit Ihrem Partner oder Ihrer Partnerin streiten oder Bus fahren. Es ist egal, ob Sie Mann sind oder Frau, Australier oder Afrikaner, groß oder klein, jung oder alt, dick oder dünn, Krimineller oder Heiliger. Es hat nichts zu tun mit Ihren Überzeugungen oder Ihrer Religion. Es ist fundamentaler. Es ist eine grundlegende Natur, eine vorurteilslose Offenheit, eine Fähigkeit, die man besitzt: seine eigene persönliche Erfahrung zu haben.

Der Gedanke einer natürlichen Unvoreingenommenheit ist sehr wichtig. Wenn man nur ein wenig hinter die Fassade der eigenen Überzeugungen und Erwartungen schaut, kann man bemerken, dass alle Situationen sehr flüchtig sind, dass im Leben immer irgendeine Art von Energie im Gange ist und man sie nicht kontrolliert. Die Welt präsentiert sich einfach jeden Moment ohne Filter, und man öffnet sich und nimmt die Energien ohne Filter auf, und so erlebt man. So lernt man. Dieses Fehlen eines Filters ist natürliche Unvoreingenommenheit. Etwas passiert, und man hat eine gewisse Sanftheit, eine Sensibilität, die das gegenwärtige Geschehen aufnimmt und die machtvoll und vorurteilslos ist wie ein Spiegel. Dieses vollständige Annehmen spielt sich auf der vorgedanklichen Ebene Ihrer Erfahrung ab. Es ist ein langer Weg bis zu dem Punkt, wo man Dinge als angenehm oder unangenehm, richtig oder falsch, gut oder schlecht einstuft. Die Welt präsentiert das, was immer sie im Moment präsentiert, und die grundlegende Sensibilität in einem selbst reflektiert, was immer geschieht, und gibt ihm wie ein Spiegel spontan Raum, ohne es zu verändern.

Trungpa Rinpoche nannte diese Offenheit *soft spot*, „weiche Stelle“, denn sie ist ein wenig wie eine Wunde, die so empfindlich ist, dass man etwas spürt, wenn man dort berührt wird. In der Shambhala-Tradition ist das Ihre Menschlichkeit. Ihre verwundbare Stelle, Ihr weiches Herz erlaubt Ihnen, die Wärme der Sonne zu erleben, die Wanderung eines kleinen Käfers über die Fensterscheibe, Ihre schmerzende Schulter oder was auch immer. Ohne das wären Sie kein Mensch, würden Sie nicht leben. Ohne diese fundamentale Weichheit oder Offenheit könnten Sie keinen Baum und keine Wolke sehen, könnten morgens den Müllwagen nicht hören, könnten nicht lachen, niesen oder Tränen vergießen. Sie wären kein Mensch. Sie wären ein Klotz. Aber Sie sind eben ein menschliches Wesen.

Wenn man Sie fragen würde: „Was ist das Menschliche an Ihnen?“, dann wäre Ihnen das wahrscheinlich unangenehm. Sie würden vielleicht sagen: „Dasselbe wie bei Ihnen. Wieso fragen Sie überhaupt?“ Und trotzdem, wenn wir direkt hinschauen, sehen wir, dass es dieses große weiche und sensible Herz ist, was uns zu Menschen macht. Wir betrachten es vielleicht als selbstverständlich. Wir müssen vielleicht hart arbeiten, um unsere Konzepte von gut und schlecht fallen zu lassen und es zu entdecken, aber es ist jeden Moment auf schlichte und unkomplizierte Weise da. Es steht zu Diensten. Die Welt präsentiert sich, und unter der Oberfläche von Gedanken und Handlungen akzeptieren Sie, was die Welt präsentiert. Unter der Oberfläche Ihrer bewussten Aktivitäten geben Sie dem, was die Welt präsentiert, Raum und reflektieren es ohne Filter. Auf diese Weise haben Sie eine direkte Verbindung zur Realität.

Diese ursprüngliche Offenheit hat in verschiedenen Kulturen verschiedene Namen gefunden. Es gibt eine Geschichte aus den peruanischen Anden über einen jungen Krieger, der immer eine Maske trug, sogar wenn er schlief. Eine junge Frau aus dem Q'ero-Dorf war hingerissen von ihm. Eines Nachts, als der Krieger schlief, schlich sie zu ihm und öffnete das Visier seiner Maske, um sein Gesicht zu sehen. Hinter der Maske war nichts als ein endloser, strahlend blauer Himmel. In der Symbolik dieser Geschichte ist *Ihre* Wesensnatur wie ein endloser, strahlend blauer Himmel. Wie dieser junge peruanische Krieger hinter seiner Maske sind *Sie* diese Klarheit und Offenheit. Buddhisten nennen diesen offenen Zustand „Buddha-Natur". Ein Zen-Meister nennt ihn „großer Geist". Quäker nennen ihn „Gott in dir". Die Indianer aus dem Q'ero-Dorf sagen wahrscheinlich, dass der Himmel und die Sterne am Nachthimmel sich nur scheinbar in der Außenwelt befinden; in Wirklichkeit sind sie in einem. Wovon diese Traditionen sprechen, ist die gigantische Fähigkeit eines jeden von uns, berührt zu werden, persönliche Erfahrung zu haben, ja überhaupt etwas zu erfahren. Obwohl es in verschiedenen Kulturen verschiedene Namen hat, kann jeder es sehen. Es ist unser offenes Geheimnis als menschliche Wesen.

Diese verwundbare Stelle ist die Quelle unserer Menschlichkeit und auch unserer Kreativität. Sie erlaubt uns zu funktionieren und unser Leben zu leben. Es liegt an diesem grundlegenden spiegelartigen Aufnehmen in uns, dass wir Klänge und Farben genießen oder ablehnen, Soldat oder Künstler werden wollen, Pizza backen oder Suppe kochen, Meinungen über das Wetter haben, uns das Knie aufschürfen, ein Seelenleben haben oder die Welt um uns herum zu gestalten versuchen. Fundamentale Offenheit ist in unserem alltäglichen Leben die ganze Zeit am Werk, wie sehr wir sie auch als selbstverständlich betrachten mögen. „Mmmmh, guter Scotch, angebrannter Hamburger, blaue Krawatte, sonniger Tag" sind möglich, weil wir dieses spiegelartige Aufnehmen in uns haben. Wir *haben* die Freiheit, unsere Erfahrung zu erschaffen und zu interpretieren, weil wir die Freiheit *sind*, so wie der peruanische Krieger ein Krieger *sein* kann, weil er der offene Himmel *ist*. Wir *sind* Offenheit, deshalb können wir im Alltag offen *sein*.

In Shambhala wird diese grundlegende Fähigkeit *grundlegendes Gutsein* genannt. Es ist das, was an Ihnen gut ist – bedingungslos gut, denn es ist gut ohne den Gegensatz von schlecht. Es ist gut, weil es natürlich ist. Es ist *einfach so*. Es gibt eine akzeptierende Energie in Ihnen, die keinerlei Kampf oder Aggression enthält. Sie ist unvoreingenommen und wie ein Spiegel, und sie ist gut, weil sie funktioniert und damit eine einzigartige persönliche Erfahrung schafft, was auch immer diese Erfahrung sein mag.

Es ist schwer, den Gedanken von etwas Gutem zu akzeptieren, das nicht im Gegensatz zu „schlecht" steht. Früher habe ich mir oft gewünscht, grundlegendes Gutsein hätte irgendwie einen anderen Namen. Aber wie sollten wir es nennen? *Grundlegendes Gutsein* ist *grundlegend*, weil es immer da ist, so wie die Erde, der Himmel und die Elemente immer da sind. Und es ist gut, weil es gut funktioniert. Unsere Erfahrung besitzt eine gewisse Brauchbarkeit, eine fundamentale Vertrauenswürdigkeit, die einfach existiert und uns erlaubt, unsere Welt zu erfahren. Dieser Aspekt der Brauchbarkeit oder Vertrauenswürdigkeit ist das Gute. Trungpa Rinpoche sagte: „Im Grunde unseres Herzens jammern wir nicht darüber, dass es Sonne und Mond gibt, Tag und Nacht, Bäume, die Farben Rot und Gelb oder den Wind. Diese Dinge sind natürlich. Sie sind so sehr ein Teil unseres Alltags, dass sie jedes Jammern weit hinter sich lassen." Vielleicht ist *dieses Rot* zu schreiend, oder diese Bäume da versperren uns die Aussicht. Aber im Grunde unseres Herzens vertrauen wir der Rotheit des Rot und der Präsenz und der Macht der Bäume. Wir haben in Wirklichkeit nichts gegen das Funktionieren der natürlichen Dinge. Die Logik dabei ist, dass das grundlegende Gutsein das Fehlen von etwas Schlechtem ist, weil damit nichts *schief läuft*. Es hat für alles Platz. Es leistet uns Dienste. Es ist gut.

Das grundlegende Gutsein in einem selbst wird in Shambhala „weiches Herz" genannt. Auf einer absoluten Ebene ist grundlegendes Gutsein jedoch das Prinzip von Nicht-Dualität oder offenem Raum, das immer im Hintergrund steht, ob es sich nun zeigt oder nicht. Rinpoche nannte es diamantgleich oder unzerstörbar, weil grundlegendes Gutsein von sich aus keinerlei Vorliebe für gut oder schlecht hat und man es deshalb nicht zerstören kann. Es ist unerschütterlich.

Man kann es nicht verwunden oder aufschlitzen. Man kann es nicht zerstören. Ob man es erkennt oder nicht, verändert es nicht. Grundlegendes Gutsein ist in Ihnen und im Kosmos. Es ist nicht besonders mystisch. Wenn man es greifen will, ist es simpel und offen. Es ist ungreifbar, aber es ist da. Sucht man nach einer Ursache oder dem Anfang von grundlegendem Gutsein, findet man nichts, weil es keine Grenzen im üblichen Sinne hat. Man kann es nicht messen, weil es kein normales Objekt der Außenwelt ist. Es übersteigt eine normale Beweisführung. Man kann grundlegendes Gutsein ignorieren, aber es geht niemals weg. Es ist riesig und endlos, und doch ist es überhaupt nichts, wenn man danach zu greifen versucht. Versucht man, darüber zu sprechen, so gibt man irgendwann dumpfe Laute von sich: „Himmel, Haus, Baum, du, ich, blau, rot, Gefühle, Gedanken, Existenz – es funktioniert." Unsere Existenz ist gut, weil sie ist, weil sie *so* ist.

Wir können grundlegendes Gutsein in der simplen Erfahrung des Jetzt entdecken. Ich lebte einmal in einem Landhaus im sonnigen Kalifornien. Das Haus hatte hohe Terrassentüren, Holzdielenboden, hohe Gewölbedecken und viele offene Fenster mit Blick auf den Garten, und so lebten auch viele Spinnen bei mir. Ich hatte lange Haare, und weil ich zu der Zeit viel zu tun hatte, machte ich nicht oft sauber. Manche dieser kleinen Spinnen hatten sehr lange Beine. Oft verirrte sich eines meiner ausgefallenen Haare in eine Ritze zwischen den Fußbodendielen, wo sich Flusen und Staub angesammelt hatten. Und immer mal wieder verfing sich eine Spinne mit ihren langen Beinen darin. Wenn das passierte, musste die Spinne sich mühsam aus ihrer misslichen Lage befreien, und die mit den langen Beinen gingen dabei besonders vorsichtig zu Werke. Manchmal, wenn ich eine dieser kleinen Spinnen dabei beobachtete, wie sie in geduldiger Arbeit ihre Beine aus Haaren und Flusen befreite, hatte ich eine schlagartige Erfahrung von „Jetztheit". Wenn ich den langbeinigen Spinnen bei ihrem Tun zuschaute, hatte ich das Gefühl, dass etwas Reales passierte, dass die Spinne in einer Notlage war, ich ebenfalls, und wir auf eine Art verbunden waren, die einzigartig und kraftvoll war. Diese Erfahrung ist alltäglich. Es liegt keinerlei Dualität oder Zeitgefühl darin. Stattdessen ist da ein Gefühl von etwas allgegenwärtig Gutem, das seine Berechtigung in sich selbst hat, rein von Sinneswahrnehmungen inspiriert, ohne Befangenheit, Hoffnungen und Ängste, in diesem Fall ohne Hoffnungen und Ängste gegenüber der Spinne, mir selbst oder unser beider Leben und Tod.

Normalerweise ignorieren wir Erfahrungen von grundlegendem Gutsein, weil wir nicht wissen, wie wir sie verarbeiten sollen oder wozu sie gut sind. Diese Erfahrungen sind in sich vollständig, ganz simpel und direkt, ohne irgendeine Dualität. Sie sind die ultimative Nicht-Aggression. Fallender Schnee präsentiert Ihnen seine Einzigartigkeit und seine Kraft, ohne zu sagen: „Schneeschippen!" Eine Spinne, die ihre Beine aus einem Knäuel Haare und Flusen befreit, zeigt ihre Eleganz, ohne zu sagen: „Hilf mir" oder „Fotografier mich". Ein Lächeln blitzt auf, ohne zu sagen: „Lern mich kennen, find mich nett." Was man wahrnimmt, ist eine vollständige Botschaft, und die Botschaft macht einen aufmerksam auf das Gute und die Schönheit der Dinge. Es macht einen aufmerksam auf die Verbindung zwischen der eigenen Weisheit und der Weisheit in der Welt um einen herum. Wenn man die Dinge vollständig erfährt, ohne zu kämpfen, dann hat diese Erfahrung die Qualität von Freude und Wohlbefinden. Sie ist vollständig. Sie bezieht sich nicht auf irgendetwas anderes. Man kann sich daran freuen. Man fühlt sich auf natürliche Weise elegant, genauso wie der Schnee, die Spinne oder ein plötzliches Lächeln auf natürliche Weise elegant sind. Man weiß zu schätzen, dass man ein menschliches Wesen mit Sinnesorganen ist, in einer Welt aus fünf Elementen lebt, mit einem Geist, der reagiert und fähig ist, Dinge wahrzunehmen und zu würdigen.

Es ist peinlich, über grundlegendes Gutsein zu reden. Dieses Gute ist zu simpel, zu offensichtlich, zu hervorragend, zu nahe liegend. Was bringt es, davon zu reden? Es ist so grundlegend, dass es kein Wunder ist, wenn wir es vergessen. Und wozu soll dieses Gutsein denn gut sein? Außerdem fühlen wir uns vielleicht ein bisschen einsam, wenn wir das grundlegende Gutsein akzeptieren. Die Erfahrung ist zu persönlich, zu verwirrend und provokativ, zu unverhüllt. Es ist keine religiöse oder mystische Erfahrung. Sie ist nicht ästhetisch oder philosophisch. Sie ist nicht einmal logisch oder unlogisch. Sie ist etwas, was man ohne Bezug auf irgendwelche besonderen Umstände erlebt. Man kann nicht vorhersagen, wann sie auftritt. Und die simple, unvorhersehbare Erfahrung des Gutseins wird auch nicht von irgendetwas Besonderem verursacht. Man kann nicht planen, eine Erfahrung von grundlegendem Gutsein zu haben, obwohl man sein Leben auf eine Weise gestalten kann, dass man sie bewusster erlebt, wenn sie geschieht.

Letztendlich ist grundlegendes Gutsein das Prinzip der Nicht-Dualität. Von der Wahrnehmung her erlebt man das als Fehlen einer Trennung zwischen einem selbst und dem, was man wahrnimmt. Es zeigt sich als ein Gefühl von Vertrauenswürdigkeit und Brauchbarkeit in der eigenen Erfahrung, ein Gefühl, dass man fähig ist, mit der Weisheit in den Erscheinungen um einen herum eine Beziehung zu haben. Diese realen Erfahrungen des Gutseins passieren. Man kann eine reale Erfahrung von grundlegendem Gutsein haben, wenn man gerade eine erfrischende Dusche genommen hat, wenn man das Gewicht eines Werkzeugs in der Hand fühlt oder ein schlafendes Kind betrachtet. Wenn der eigene Geist entspannt ist und ganz naiv mit den Dingen mitgeht, kann es sein, dass wir auf eine plötzliche Klarheit und Offenheit stoßen. Man erlebt eine Lücke im Gedankenprozess. Der Geist ist neutral, unschuldig und ohne Programm, und einen Moment lang erlebt man ganz deutlich, genau und bewusst grundlegendes Gutsein. Diese Erfahrungen sind unvorhersehbar und unplanbar – und sie passieren. Vielleicht ziehen Sie gerade morgens die Bettlaken glatt, und aus heiterem Himmel nehmen Sie die Farben und Texturen der Dinge bewusst wahr – die Farben des Stoffes, die Falten in den Laken, die Brise frischer Luft, die Sie einatmen, das Morgenlicht, die Berührung des Stoffes mit Ihren Händen, diesen friedlichen Moment. In diesem Moment ahnt man eine größere Welt, die nicht mehr eingeteilt ist in brauchbar und nutzlos, sauber und schmutzig, gut und schlecht. Ihre Energie ist empfänglich und respektvoll, frei von Kampf oder Aggression, und damit erleben Sie Ihre Intelligenz und Ihre Sinneswahrnehmungen als hervorragende Arbeitsgrundlage aus einem Guss.

In einem selbst manifestiert sich diese gute, vertrauenswürdige Arbeitsgrundlage als ein sanftes, sensibles, zartes, riesiges, starkes weiches Herz, das man erlebt, wenn es in der eigenen Wahrnehmung keinen Streit gibt. Dieses mächtige weiche Herz lässt Sie angerührt sein von einer Krawatte, die Sie gern tragen würden, einem drohenden Blick, dem Schmerz von jemandem in den Nachrichten, einem Lächeln oder dem morgendlichen Bettenmachen. Und es zeigt sich auch als Funke Neugier, als Hunger nach Erfahrung. Neugier, Forscherdrang, Intelligenz und die Bereitschaft, sich Herausforderungen zu stellen – auch das sind Anzeichen für das grundlegende Gutsein in Ihnen.

Als ich zum ersten Mal allein in ein Retreat ging, hatte ich Angst. Ich wusste nicht, wie ich mit der Dunkelheit zurechtkommen sollte. Die Hütte war sehr klein und abgelegen, und ich hatte diese hartnäckige Vorstellung, dass irgendwelche Mörder aus dem Wald kommen, mich in Stücke hacken und die Teile dann in ein Schließfach auf dem Busbahnhof irgendeiner unbekannten Kleinstadt packen würden. Niemand würde mich je wieder finden. Also legte ich jede Nacht die Axt, die ich zum Holzmachen benutzte, und eine Taschenlampe neben mich. Ich übte, mit der Hand an der Axt zu schlafen. Mein Retreat verlief zunächst ohne besondere Vorkommnisse, und eines Nachts geschah es dann. Ein Mörder kam, um mich zu holen. Ich konnte ihn in der dunklen Hütte deutlich hören. Es kam mir wie eine Ewigkeit vor, bis meine Hand die Taschenlampe erreicht hatte. Dann schaltete ich die Taschenlampe an und holte mit der Axt aus. Der Mörder war eine winzige Feldmaus mit braunem Fell. Wenn Sie jemals eine Feldmaus gesehen haben, dann wissen Sie, dass sie wirklich sehr, sehr klein sind. Ihr Herz klopfte so stark in ihrer Brust, dass ihr ganzer Körper bebte. Für einen langen Moment waren wir miteinander verknüpft, mit klopfendem Herzen, und dann war der Moment vorüber.

Diese kleine Feldmaus hat mich eine Menge gelehrt. Jeder von uns glaubte an eine Phantasie. Die Maus dachte nicht, was ich dachte, und ich dachte nicht, was die Maus dachte. Sie sah keinen Schlafanzug, keinen Schlafsack, keine Töpfe und Pfannen, und ich sah den Reichtum nicht, den eine kleine Maus riechen, essen oder einsammeln konnte. Und doch hatten unsere Wege sich gekreuzt. Wir waren beide neugierig, wir waren beide bereit, ein Risiko einzugehen, und wir hatten beide Angst. Was war wirklich wirklich? Eine Weile dachte ich, die reale Situation sei das friedliche nördliche Vermont, Sommer, ein menschliches Wesen, eine Holzhütte, drumherum ein Feld mit winzigen Mäusen. Dann dachte ich, die Realität sei in Wirklichkeit, dass die Maus und ich beide mutig waren. Aber jetzt denke ich, die Wirklichkeit war das grundlegende Gutsein, das die Felder trug und versorgte, die Wälder, das Retreat-Zentrum, Busbahnhöfe, Mörder, die Sonne, den Mond, Mut, Angst, die Phantasie der Feldmaus und meine Phantasie. Die kleine Feldmaus und ich hatten beide ein weiches Herz, und wir hatten uns beide eine Phantasie zusammengesponnen, wussten aber nicht, dass es eine Phantasie war. Wirklich war das grundlegende Gutsein, das sich zeigte, als unsere Wege sich kreuzten.

Diese kleine Maus half mir, mit grundlegendem Gutsein in Berührung zu kommen. Auf dem Weg eines Shambhala-Kriegers ist der einzige Bezugspunkt grundlegendes Gutsein, und das lernen wir zuversichtlich in allem, was wir tun, zu verkörpern. Aber weder die kleine Maus noch ich hatten, was man braucht, um grundlegendes Gutsein mit Zuversicht zu verkörpern. Und doch kamen wir vielleicht auf natürliche, tastende Weise damit in Berührung. Ich spürte, dass die kleine Feldmaus ein weiches Herz hatte und ich auch, und dass eigentlich kein Unterschied zwischen uns war. Es war nicht so, dass mein weiches Herz größer gewesen wäre und die Maus in ihrem kleinen Körperchen eine kleineres weiches Herz gehabt hätte. Ein weiches Herz ist nicht messbar, weil ein weiches Herz nicht ein bisschen grenzenlos hier und sehr viel grenzenloser woanders ist. Ich konnte sehen, dass die Neugier der winzigen Maus in diesem Moment genauso riesig und endlos war wie meine, und ihre Zartheit war genauso riesig und endlos. Grundlegendes Gutsein war in mir, in der kleinen Maus und gleichermaßen in der Taschenlampe, der Axt, den Töpfen und Pfannen, dem Feld, den Essensvorräten, den Bergen im nördlichen Vermont, der Busstation an der Straße und dem nahe gelegenen Kanada.

Alle Details unseres täglichen Lebens bilden Bezugspunkte. Alles, was man tut, ist aus Bezugspunkten gemacht. Während man Tee trinkt, mit den Zähnen knirscht, weint, den Rasen recht, einen Freund bewundert, den Fernseher einschaltet, Lippenstift auflegt, Auto fährt und die Haare bürstet, sind Milliarden von Details im Spiel. Wenn man als einzigen Bezugspunkt grundlegendes Gutsein hat, heißt das nicht, dass nichts mehr klappt. Es ist eher so, dass der Weg frei ist, damit es klappt. Sie sind fähig, sich geistig zu entspannen, und so ist Ihr ganzes Wesen offen, im Fluss und nicht auf irgendetwas fixiert. Ein Schüler fragte Trungpa Rinpoche einmal: „Aber wie soll denn da noch irgendetwas klappen?" Er sagte: „Oh, es klappt alles viel besser! Ein Mensch, der das grundlegende Gutsein spürt, kann viel besser die Straße hinuntergehen, Kaugummi kauen und den richtigen Bus nehmen als ein anderer!" Ein Mensch oder eine kleine Feldmaus, der oder die grundlegendes Gutsein spürt, ist nicht festgelegt oder fixiert auf irgendetwas Künstliches, sondern ist offen und wohlwollend, während er oder sie tut, was zu tun ist.

Wenn grundlegendes Gutsein blockiert ist, hat man Platzangst oder fühlt sich lustlos, psychisch und spirituell in die

Enge getrieben, unterschwellig leidend, in der Falle. Und dennoch: Wenn Sie akzeptieren, dass Sie grundlegendes Gutsein tatsächlich erfahren, sehen Sie sich in der Lage – auch wenn Ihre äußeren Umstände sich nicht geändert haben –, das zu akzeptieren, zu würdigen und zu verarbeiten, was die Welt Ihnen bietet. Nichts ist erschreckend oder bedrohlich, weil alles, was geschieht, nicht abgetrennt ist von einem selbst, wenn man sich des grundlegenden Gutseins bewusst ist. Der Moment hat eine fließende und gleichzeitig hervorragend stabile und stetige Qualität. Man fühlt sich zugehörig. Körper und Geist sind im Gleichklang. Man fühlt, dass man Möglichkeiten hat, dass man in Wirklichkeit nie, nie in der Falle sitzt. Aber grundlegendes Gutsein hat sich nicht geändert – man selber hat sich geändert.

Der ganze Weg des Mutes besteht darin, sich grundlegendes Gutsein als Bezugspunkt immer mehr zu Eigen zu machen, damit man leben kann, ohne in starren Schubladen festzustecken oder psychisch und spirituell dunkle Ecken zu haben, die Konflikte in die Wahrnehmung bringen. Der eigene Kopf ist einfach klar und stark, weil man sich auf das grundlegende Gutsein in einem selbst, in den anderen, in den eigenen Erlebnissen und im Kosmos eingelassen hat. Dann kann man mit allen Situationen dieser relativen Welt elegant und mühelos umgehen.

Grundlegendes Gutsein ist die ungehinderte Energie in allem. Sie ist in uns und um uns. Sie erlaubt uns zu funktionieren und zu kommunizieren. Aus ihm heraus kann man Feindseligkeit oder Humor, Liebe oder Krieg erzeugen. Es ist Ihre persönliche Fähigkeit, zu weinen, furchtlos zu sein, das Blau im Blau zu sehen, die vier Jahreszeiten zu erleben, Liebe oder Zorn zu spüren oder was auch immer. Diese Fähigkeit oder Kraft, echte, reale Erfahrungen zu haben, ist sehr mächtig und monumental, und sie wohnt in Ihrem Herzen, ob dieses Herz nun furchtsam oder tapfer ist. In Shambhala ist dieses sanfte, weiche Herz, dieses grundlegende Gutsein das, was wir miteinander gemeinsam haben.

Es gibt grundlegendes Gutsein, das Erlebnis grundlegenden Gutseins, das Bewusstsein davon, grundlegendes Gutsein zu erleben, und schließlich den Gebrauch, den wir vom bewussten Erleben des grundlegenden Gutseins machen, während wir tun, was zu tun ist. Letztendlich versucht man auf dem Weg des Mutes, das Letztere zu stärken. Dazu braucht es Energie und Zuversicht. Aber auch einfach dadurch, dass man immer öfter eine Ahnung davon hat, beginnt man, etwas für die Menschlichkeit der anderen zu tun. Sobald man das kann, ist man bereit für den Weg des Kriegers.

3

Echt und wahrhaftig sein

Grundlage: Wenn wir zu uns selbst freundlich sind, ...
Weg: ... sind wir echt und wahrhaftig.
Ergebnis: Dadurch strahlen wir Harmonie aus.

Der erste Schritt, um Mut zu gewinnen, ist die Erkenntnis, dass man ein weiches Herz hat und dass man grundlegendes Gutsein erlebt. Es steckt grundlegendes Gutsein in der eigenen Erfahrung, wie auch immer sie aussieht. Der nächste Schritt ist, sich selbst gegenüber sanfter zu werden und echt und wahrhaftig zu sein, wahrhaftig im Sinne von „real". Man versucht als Erstes, mit der Realität in Kontakt zu bleiben, die bei einem selbst vor sich geht. Dazu bringt man zunächst einmal den Fluss und die Qualität der eigenen Energie ans Licht. Wie fühlt es sich an, wenn Sie deprimiert sind, Angst haben, in Hochstimmung oder gelangweilt sind? Welche Eigenschaften hat das? Welche Intelligenz steckt darin? Ihr Interesse an sich selbst ist simpel, sanft und direkt. Auf diese Weise die Qualitäten der eigenen Energie aufmerksam und wohlwollend zu betrachten heißt, freundlich zu sich selbst zu sein und Sympathie für die eigene Erfahrung zu haben. Es ist intelligent, das zu tun. Es ist ein elementarer erster Schritt Richtung Mut, wie auch immer die eigene Erfahrung aussieht.

Die Basis einer Freundschaft, mit sich selbst oder irgendjemandem, besteht nicht darin, eine Pflicht zu erledigen. Wir fordern von unseren Freunden keine Rechtfertigung dafür, dass sie in unserem Leben auftauchen. Nein, wenn wir sie sehen, werden wir sanft und öffnen uns. „Hey! Wie läuft's? Wie geht's dir? Was machst du so?" Man liebt sie und ist wohlwollend, wie auch immer es ihnen gerade geht. Also, was auch immer Sie gerade erleben, seien Sie zuerst einmal freundlich zu sich selbst. Lassen Sie sich viel Raum. Öffnen Sie sich, akzeptieren und respektieren Sie sich. Wenn Ihnen langweilig ist, lassen Sie es langweilig sein. Wie fühlt die Langeweile sich an? Wenn Sie Panik haben, lassen Sie sie wirkliche und wahrhaftige Panik sein. Wie ist es, so in Panik zu geraten? Wenn Sie traurig sind, lassen Sie Ihre Trauer sich ausbreiten, statt „Kopf hoch!" zu sagen. Schauen Sie, wohin die Trauer Sie tragen will. Sogar wenn Sie Angst haben, versuchen Sie nicht, die Erfahrung zu verändern. Versuchen Sie nicht, sie zu verbessern, zu ignorieren, nicht einmal, sie zu verstehen. Seien Sie als Allererstes echt. Lassen Sie einfach die Qualität und den Fluss Ihrer momentanen Erfahrung hervortreten, ob es nun Langeweile, Panik, Mutlosigkeit oder irgendetwas anderes ist.

Grundlegendes Gutsein liegt in Freude, in Depression, in Wut, in einem Niesen. Grundlegendes Gutsein liegt in Erfolg und in Niederlage. Unter der Oberfläche liegt immer ein weiches Herz, gehen Sie sich also als Allererstes nicht selbst auf die Nerven. Wenn Sie Traurigkeit oder Wut fühlen, lassen Sie es so sein. Sind Sie froh? Deprimiert? Super. Sie verstehen irgendetwas nicht? Das ist gut – es bedeutet, Sie *könnten* es verstehen. Sterben Sie? Leben Sie? Bringen Sie Bewusstheit in das, was Sie erleben, ohne sich zu verurteilen. Das ist das Netteste und Realistischste, was Sie tun können – die Erfahrung, die Sie gerade machen, zu akzeptieren und zu respektieren. Sie führen die erste Handlung eines Shambhala-Kriegers aus, indem Sie mit sich selbst in Kontakt bleiben.

Das ist nicht leicht. Es ist schwierig, uns selbst diesen großen Raum zu geben. Genau in diesem Moment läuft in unserem Kopf etwas schief. Wir verhärten uns. „Es ist zu riskant, sanft zu sein." „Ich habe keine Zeit." „Was soll das bringen?" „Es macht mich bloß einsam und depressiv." „Es wird mich umbringen." „Meine schmerzhaften Erfahrungen richtig fühlen? Das ist zu viel verlangt."

Genau da müssen wir etwas lernen. Es ist so, als hätte unser Geist niemals einen wirklichen Freund besessen. Er hat nicht viel Vertrauen, also macht er natürlich auch nicht, was wir von ihm wollen. Er ist ruhelos, nervös und hat nicht viel Vertrauen. Wenn wir uns öffnen und uns in unsere Erfahrung entspannen, wird er sofort sprunghaft, wenn die Sache etwas intensiver wird. Es muss nicht so dramatisch sein wie im Falle von Schmerz oder Trauer. Angenommen, man schaut in den blauen Himmel. In dem Moment, wo das Blau zu einem durchdringt, beginnt der Geist nach etwas anderem Ausschau zu halten – einem Flugzeug, einer Wolke, der Sonne, dem Horizont, irgendetwas. Es ist fast so, als würde er sagen: „Okay, okay, blauer Himmel, na und? Komm, mach voran." Allgemein gesagt, möchte der Geist fast immer einen anderen Inhalt als den, den er gerade hat. Er hält Ausschau nach einem Ersatz für das, was gerade geschieht. Das mag besonders für schmerzhafte Erlebnisse zutreffen, aber auch bei angenehmen Erlebnissen ist der Geist sprunghaft.

Allgemein gesprochen ist es so, dass man erlebt, was man erlebt, und dann hat man dazu irgendwelche Ideen, und diese zwei Dinge sind nicht im Einklang. Die Erfahrung und die Gedanken zu dieser Erfahrung sind nicht in Harmonie. Wenn man in den blauen Himmel schaut, dann durchmischen sich die Wahrnehmungen des Blau und die Gedanken über das Flugzeug, die Wolken, die Sonne und einen selbst nicht richtig. Man rückt von seiner Erfahrung ein wenig ab, und dieses Abrücken wird sehr schnell größer. Was man jetzt auf andere ausstrahlt, ist ebenfalls nicht harmonisch, weil man irritiert ist von dem, was man erlebt und was man erreichen will. Die Gedanken gehen in die eine Richtung und die Wahrnehmung in die andere. Man will auf das reagieren, was die anderen heute über den blauen Himmel, die Sonne und die Flugzeuge denken, sogar wenn diese anderen, auf die man sich da bezieht, imaginär sind und künstlich, schlichtweg im eigenen Kopf ausgedacht. Wenn sich in dem Moment, wo man sich auf den blauen Himmel einlassen will, die geschilderte Irritation ankündigt, dann blockt man seine Gedanken ab und springt zu irgendetwas anderem, statt wirklich *irritiert* zu sein. Man hat das Gefühl, man müsste irgendwie etwas anderes erleben als das, was man erlebt, und jemand anders sein als der, der man ist.

Nicht nur ist der Geist im Allgemeinen ziemlich ruhelos und Freundlichkeit nicht gewohnt. Die Art, wie wir die Dinge angehen, verhärtet unser Herz. Wir beurteilen, wer wir sind, was wir sind, wie wir sind, wo wir sind, warum wir sind und was wir erleben, und deshalb ist es schwierig, Mitgefühl für uns selbst zu haben. In unserem Kopf läuft eine Gerichtsverhandlung ab. Wenn der Richter hereinkommt, stehen wir respektvoll auf. „Was mache ich da, Euer Ehren? Gute Frage! Jawohl, mein Herr! Ich muss wieder an die Arbeit, oder ich sollte mehr Spaß haben! Wie Sie wünschen!" Wir haben die Tendenz, uns auf ein winziges Pünktchen aus Ernsthaftigkeit und Zweckmäßigkeit zu reduzieren. „Ich muss an meiner Beziehung zu meinem Partner etwas ändern." „Dieser Dreck auf dem Fußboden, diese Lebensmittel im Kühlschrank – weg damit." Wir machen das mit allem. „Ich muss härter werden." „Ich muss sanfter werden." „Ich muss in den blauen Himmel schauen." „Ich muss wegschauen." Der urteilende Geist neigt dazu, sein Ziel unnötig einzuengen. Das isoliert uns von unserer Erfahrung.

All das summiert sich zu einer großen Irritation und Entfremdung. Wenn wir bei der Arbeit sind, möchten wir im Urlaub sein. Wenn wir im Urlaub sind, möchten wir bei der Arbeit sein. Wir springen schnell von einem Gedanken zum nächsten, bis wir das Gefühl dafür verlieren, was wir sagen oder erreichen wollen. Wir spüren die Situation nicht mehr. Es gibt Lücken, wo wir nicht wissen, was vor sich geht, und statt diese Lücken zu erleben, produzieren wir noch mehr Gedanken, noch mehr Interpretationen, noch mehr Trugschlüsse. Das ist es, was wir ausstrahlen, und die Welt reflektiert es.

Sie streiten mit jemandem. In einem Moment der Offenheit entspannen Sie sich und sehen die rosigen Wangen ihres Gegenübers, wie jung er ist, seinen Schnurrbart. Er hat Humor. Er ist witzig! Und statt den Humor wirken zu lassen, statt die Kommunikation auf ihre eigene Art sich entwickeln zu lassen, springt der Geist herum, um seine alte Fährte zu finden. „Moment mal – wo ist meine Wut? Auf welcher Seite stehe ich überhaupt?" Nachdem Sie Ihre eigene Spur verloren haben, verlieren Sie nun auch die Ihres Gegenübers. „Was denkt er? Worauf will er hinaus? Was bedeutet das?" Also, der erste Akt der Tapferkeit besteht darin, sanft und man selbst zu sein. Sie versuchen, Ihre eigene Weisheit zu entdecken, und das beginnt bei Ihnen.

Wenn Sie es schaffen, in dieser Weise echt zu sein, dann passiert etwas. Man fühlt sich sanft und hellwach. Als ich als junges Mädchen lernte, hohe Absätze zu tragen, lernte ich zuerst, auf hohen Absätzen durchs Wohnzimmer zu gehen. Dann lernte ich, von oben die Treppe hinab ins Wohnzimmer zu gehen. Dann lernte ich, die Treppe so hinabzugehen, dass die Knie seitwärts und zusammen blieben, damit ich fraulich aussah. Dann übte ich, die Treppe hinabzugehen, Knie zusammen, fraulich, innerlich stark, mit dem Gedanken: „Nicht zeigen, wie schwer das ist." Dann übte ich, die Treppe hinabzugehen, Knie seitwärts, fraulich, innerlich stark, entspannt, und stellte mir einen Jungen aus meiner achten Klasse am Fuß der Treppe vor. „Hallo." Dann übte ich ... und immer so weiter. Ich fühle mich zärtlich und tapfer, echt; ein junges Mädchen, das versuchte, sanft und hellwach zu sein, gleichzeitig sanft und fest.

In Shambhala ist das die ideale Echtheit: gleichzeitig sanft und hellwach, sanft und fest zu sein. Eigentlich liegt die Festigkeit gerade in der Sanftheit. Seien Sie *echt*! Das macht alle Ihre Beziehungen sanfter, einschließlich der zu sich selbst. Sanftheit *ist* Stärke. Menschen *sollten* sich sanft und gut fühlen. Statt nach anderen Erfahrungen Ausschau zu halten oder zu beurteilen, was man gerade erlebt, ist der erste Ratschlag, der unseren Mut weckt, um jeden Preis sich selbst zu sein. Ich habe eine Freundin, die mich auffordert: „Sei du selbst, um jeden Preis." Alles, was an Menschen großartig ist – Würde, Mut, Sanftheit, Integrität, Humor, Intelligenz – beginnt damit, dass wir *echt* sind.

Trungpa Rinpoche benutzte den Vergleich, Echtsein sei so, als halte man einen massiven Goldbarren in der Hand. Kein vierzehnkarätiges Gold, sondern einen Barren hundertprozentig pures Gold. Wenn Sie einen Barren massives Gold in der Hand halten, dann fühlen Sie sich voll, reich, wirklich und echt. „Das ist massives Gold. Es ist echt." Genauso hat man, wenn man echt ist, ein Gefühl, dass es keine Hindernisse gibt. Man fühlt sich von Grund auf gesund, aus einem Guss, erfüllt mit etwas Wesentlichem, erfüllt mit etwas wirklich Geschehendem. „Hier bin ich, traurig." „Ich fühl mich beschissen." „Ich fühl mich klasse." „Ich liebe dich, bin im siebten Himmel." „Ich bin durcheinander. Aber echt." Weil Sie wirklich und echt sind, fühlen Sie sich auch voller Kraft und voller Möglichkeiten und wissen, dass Sie Ihr Leben auf die bestmögliche Weise leben. Niemand kann Ihnen Ihre Echtheit ausreden. Wenn andere um Sie herum falsch und unecht wirken, dann ist es eben so. So sei es. Sie sind echt, so wie Sie sind, und auch das ist Realität.

Es gibt eine Geschichte über Buddhas Erleuchtung. Nach Jahren der Anstrengung und Askese, um zu verstehen, wer er war, was er erlebte und wie sein Geist und sein Körper funktionierten, beschloss dieser junge indische Prinz schließlich, die Sache ganz anders anzugehen. Weil nichts funktioniert hatte, beschloss er, sich hinzusetzen und so zu sein, wie er war, ohne zu kämpfen, und nicht wieder aufzustehen, bis er etwas erkannt hätte. Dieser junge Prinz aß dann zum ersten Mal seit langem wieder etwas Nahrhaftes und setzte sich in einer einfachen Haltung unter einen Bodhi-Baum im nördlichen Indien. In der Nacht begann sich seine Erkenntnis zu entfalten, und der junge Prinz wurde zum Buddha, zum Erleuchteten dieser Welt. Als seine Erkenntnis sich zu entfalten begann, wurde Buddha von Zweifeln gequält – Dämonen und Halluzinationen, Angst einflößenden Projektionen, Angst einflößenden Gedanken. Er versuchte nicht, diese Erfahrung abzublocken, sondern unterließ einfach weiterhin jeden Anstrengung, sich zu ändern. Schließlich, im Morgengrauen, wurde er von einer wütenden Projektion der damals in Indien herrschenden kulturellen Normen bestürmt und gefragt: „Wer bist du, dass du mir widerstehst? Wer sagt, dass du erleuchtet bist? Wer sagt, dass du erwacht bist?“ Und Buddha – Buddha bedeutet auf Sanskrit „erwacht“ – sagte nichts. Stattdessen berührte er mit der Hand die Erde, in einer Geste vollkommener geistiger Klarheit und absoluter Aufrichtigkeit.

Diese Geste sagte: „Die Erde ist mein Zeuge. Meine Erfahrung ist real. Sie geht über Gedanken und gewöhnliche Beweise hinaus. Diese Erfahrung ist hundertprozentig echt und wahr. Sie entfaltet sich unaufhörlich.“ Deshalb gilt Buddha als ein vollkommen gereifter, wahrhaft menschlicher Mensch – ein echtes, wahrhaftiges und deshalb übermenschliches Wesen.

Die Erfahrung des Echtseins stellt sich immer ein, wenn man harmonisiert ist, wenn Körper und Geist harmonisiert sind, weil man sich entspannt und gut zu sich selbst ist. Wenn man mit sich selbst in Berührung ist, wenn die Erfahrung und die Ideen über die Erfahrung gleich sind, dann ist das, was man erlebt und nach außen ausstrahlt, kraftvoll, gesund, aus einem Guss – etwas Wahrhaftiges. Man ist bei sich zu Hause. Man zeigt sich als eine einzige Einheit, geschlossen, ohne Komplikationen. Die eigene Energie strahlt aus; sie fließt natürlich und ohne Unterbrechung. „Es war großartig. Ich habe mich entspannt und war ich selbst.“ Wenn Sie lachen und dabei echt sind, lacht Ihr Körper und Ihr Geist, also ist alles im Gleichklang. Es ist ein Gefühl des Fließens, der Wärme, der Unbesiegbarkeit und Wahrhaftigkeit. Sie sind bedingungslos sie selbst.

Nun kann Ihre Energie sich auf natürliche Weise weiterentwickeln. Wenn Sie echt und wahrhaftig sind, dann sind Ihr Körper und Ihr Geist am selben Ort, ob Sie nun ein Vorstellungsgespräch haben, Liebe machen, mit Ihren Kollegen über Politik sprechen, allein im Garten arbeiten oder mit einem Kunden verhandeln. Es ist ein Gefühl, dass die Welt freundlich ist, dass man den nächsten Schritt machen kann.

„Ich habe aufgehört, mich zu sträuben, und dann lief alles gut." Sie haben echte Möglichkeiten. Das ist das Schöne am grundlegenden Gutsein. Vielleicht ist es etwas sehr Triviales, was Sie machen. Sie müssen husten, das ist alles. Oder Sie sagen Ihrem Kind oder Ihrem Haustier etwas Liebes. Die Dimension Ihrer Aktivität spielt keine Rolle. Ob Sie sich nun über den Zaun hinweg mit Ihrem Nachbarn unterhalten oder mit Ihren Kollegen in der UNO, wenn Sie echt sind, herrscht da das Gefühl, dass die Beziehung offen ist und funktioniert. Die soziale Kommunikation wird aufrichtig sein. Sie können so, wie Sie sind, auf andere zugehen. Und weil Sie in sich Harmonie haben, strahlen Sie das auch auf andere aus. Sie strahlen eine gesunde Energie aus, und sie bringt Kompetenz, Wärme und Wohlbefinden in Ihre Welt. Wie auch immer die äußeren Umstände sind, das ist die Art und Weise, wie wir mit dem Aufbau einer guten und gesunden Gesellschaft beginnen.

Als ich aufwuchs, hatte ich einen Freundschaftsring. Er war mit kleinen Edelsteinsplittern besetzt, und einer dieser kleinen Splitter fehlte. Ich trug diesen Ring jahrelang. Mal zeigte sich der kleine Fehler, wenn ich ihn anschaute, mal nicht. Es war nicht vorhersehbar, ob der Fehler sich zeigte oder nicht, und es überraschte mich immer. Immer wenn ich hinsah, erinnerte es mich an irgendetwas, aber ich wusste nicht, was. Damit kam ich immer wieder auf mich selbst zurück, wenn ich den Fehler oder Nicht-Fehler sah. So ein Spiel, das ein Teenager spielt, wenn er versucht, erwachsen zu werden. Ich hatte das Gefühl, es sei wichtig, zu mir selbst zurückzukommen, obwohl ich nicht wusste, zu *was genau* ich da zurückkam. Genauso ist es, wenn man sich auf seine Echtheit zurückbesinnt. Man kann sich wieder und wieder auf seine Echtheit besinnen, jeden Moment. Es ist eine simple Praxis, und eine sehr eindringliche.

Um eine anständige Gesellschaft zu schaffen, müssen wir als Allerersten unsere Erfahrung anständig behandeln. Das ist für uns alle am schwersten, und es ist am allerschwersten, es jeden einzelnen Moment zu tun. Aber eine gute Gesellschaft muss mit so etwas Einfachem anfangen. Wenn Sie sich selbst Freundlichkeit, Sympathie und Mitgefühl entgegenbringen, dann strahlen Sie Harmonie aus. Wenn Anstand bei Ihnen nicht spürbar wird, wird er auch nirgendwo anders etwas bedeuten.

4

Ein fröhliches und trauriges Herz

Grundlage:	Wenn wir unsere Erfahrung voll annehmen, ...
Weg:	... ist unser Herz fröhlich und traurig.
Ergebnis:	Wir kommen zu der Überzeugung, dass ein fröhlich-trauriges Herz natürlich und gut ist.

Wenn wir bedingungsloses Gutsein erleben, wissen wir vielleicht nicht, was wir damit anstellen sollen, aber die Erfahrung berührt und weckt unser Herz ein wenig. Das macht Freude, weil es einfach Freude macht, diese Wärme im Herzen zu spüren. Diese Freude kommt in uns vielleicht dann auf, wenn wir gärtnern, dem Regen lauschen, der aufs Dach trommelt, oder mit jemandem zusammen sind, den wir lieben, aber diese Herzensfreude ist nicht an irgendeine Ursache oder Bedingung gebunden. Sie steigt immer auf, wenn man sich entspannt und gegenüber der eigenen Erfahrung sanft und wohlwollend ist. Unsere Energie wird freigelassen und fließt. Sie ist ungehindert, und das wärmt das Herz.

Wenn wir sagen, ein Mensch habe Herz, dann meinen wir nicht, er sei schwächlich und sentimental. Wir meinen, dass er bereit ist, sich zu stellen, bereit, sich ganz nackt von der Welt berühren zu lassen. Solche Menschen sind stark genug, ohne Rüstung auszukommen. Sie haben keine Angst vor dem, was sie erleben. In diesem Sinne ist Herz dieses Hundertprozentige der Erfahrung. Es ist eine Stärke und Fülle in Ihnen, die daher rühren, dass Sie Ihre Bewusstheit in das legen, was Sie gerade erleben. Das trifft auch auf negative Erfahrungen zu. Mit einem starken Herzen sind Sie in der Lage, gegenüber allen Erfahrungen sanft und wohlwollend zu sein, nicht nur gegenüber den angenehmen.

Das ist nicht leicht. Normalerweise haben wir etwas gegen negative Erfahrungen und sehen sie als unerwünschte Invasoren in unserem psychologischen Reich. In finsteren Zeiten denken wir: „Das Leben sollte nicht so deprimierend und hoffnungslos sein." Oder wenn wir „echt wütend" sind, meinen wir nicht wirklich, dass wir aus tiefstem Herzen wütend waren. Wir meinen: „Ich war so zornig, dass ich alles aufbieten musste, um zu ignorieren, was mit mir los war." Wir sind im Konflikt mit unserer Erfahrung, und dabei wird einer gewinnen, die Erfahrung oder wir. Aber eine „herz-hafte" Erfahrung von Wut, Kummer, Traurigkeit, Freude, Angst, Langeweile oder Begehren hat nichts von dieser Abwehr, diesem Widerstand. Wenn man gegenüber seiner eigenen Erfahrung sanft und wohlwollend ist, dann versucht man weder, sie zu unterdrücken, noch sie dadurch loszuwerden, dass man sie abreagiert. Es ist eher so: Wenn Sie mit Ihrer Bewusstheit ganz bei der Erfahrung sind, gibt es außer ihr nichts mehr zum Festhalten. Sie sind einfach mit der Fülle des Geschehens allein. Sie sind mit der Energie allein. Sie haben eine direkte und volle Erfahrung des Geschehens und machen nicht einen Versuch, die verschiedenen Elemente eines Konflikts zu managen – sich selbst, das Objekt Ihrer Emotion und die Emotion an sich.

In ebenjenem Moment haben Sie vielleicht nicht den Eindruck, aber je mehr Bewusstheit Sie in die Erfahrung legen, desto stärker werden Ihr Herz und Ihre Intelligenz. Das ist das Schöne daran, ein menschliches Wesen zu sein. Aus ganzem Herzen sich seiner Erfahrung bewusst zu sein vertieft das Verständnis für die Dinge, ob es nun der Duft einer Blume ist, Ihr Faible für Ihre Lieblingsohrringe, die Wut auf einen anderen Autofahrer, der Wunsch nach einer bestimmten Sorte Eis, Trauer oder was auch immer. Die Stärke und Fülle Ihres Herzens bringt in diesem Moment Wärme mit sich, die sich natürlich ausbreitet. Das Schöne dabei ist, dass Sie Ihr Herz ausschütten möchten. Sie würden Ihre Echtheit gerne teilen. Sie würden gerne Ihre Grenzen hinter sich lassen. Sie würden

Ihre Erfahrung gerne mitteilen, wie auch immer sie aussieht. Das ist ein natürlicher Prozess, ein natürlicher Wunsch. Als menschliches Wesen möchten Sie die Fülle Ihrer Erfahrung teilen – und dann merken Sie, dass es nicht geht. Das ist eine zentrale Einsicht in der sozialen Vision von Shambhala. Sie werden Ihre Erfahrung jemand anderem niemals ganz mitteilen können. Das ist kein *Mangel* am Menschsein. Es *ist* das Menschsein, und die unerfüllte Sehnsucht danach, Ihre Erfahrung mit anderen zu teilen, bringt eine subtile Freude mit sich, die etwas Trauriges hat. Sie bringt Freude, weil Sie, wenn die Erfahrung aus tiefstem Herzen kommt, nichts aus den Fingern saugen, anders zurechtlegen oder manipulieren. Sie sind authentisch Sie selbst. In Ihrer Erfahrung des Echtseins liegt Sehnsucht nach Kommunikation, weil Sie fühlen, dass in Ihnen etwas Positives ist, und weil es sehr positiv ist, ist es fröhlich und zärtlich. Und doch merken Sie, wenn Sie es versuchen, dass Sie Ihre Erfahrung nie ganz mitteilen können. Sie versuchen, Ihr weiches Herz ganz mit jemand anderem zu teilen, aber Ihr weiches Herz ist monumental, riesig und unauslotbar. Beim Versuch, es einzufangen, verwandelt es sich. Sie können Ihr weiches Herz nie ganz einfangen und mit anderen teilen, und deshalb ist die Freude über das Echtsein immer ein wenig traurig.

Die Shambhala-Tradition spricht von dieser Erfahrung, ein fröhliches und trauriges Herz zu haben, als der Entdeckung des *lauteren Herzens der Traurigkeit.* Und die Fähigkeit, mit dem fröhlich-traurigen Herzen ständig in Berührung zu sein, macht es möglich, sich zu einem anständigen menschlichen Wesen zu entwickeln. Man muss ein wenig traurig sein, um sein weiches Herz zu spüren; deshalb ist ein Mensch mit einem noblen Herzen, ein Krieger oder eine Kriegerin, der oder die mit seiner oder ihrer Menschlichkeit in Verbindung ist, der Mensch mit einem unbeirrbaren Glauben an das Gute im Menschen, immer fröhlich-traurig.

Während einer Sendung über Brustkrebs im National Public Radio wurde einmal eine junge allein erziehende

Mutter zweier Mädchen interviewt. Sie war vor Jahren schon einmal operiert worden und hatte Bestrahlungen bekommen, und nun hatte ein neuer Bluttest gezeigt, dass der Krebs in die Knochen, die Leber, den Kopf und andere Körperteile gestreut hatte. Sie machte sich Sorgen um ihre Töchter. „Weiß die Große, wie man den Wäschetrockner bedient? Wer hilft der Kleinen, Fahrrad fahren zu lernen?“ Sie sagte: „Ich war sehr deprimiert. Ich spürte so eine große Last auf mir.“ Ihre Nachbarn beschlossen, sich zusammenzutun und für sie zu beten. An einem Montagabend gingen sie zu ihr und beteten, und wer etwas sagen wollte, konnte es tun. „Ich sagte der Gruppe, dass es mir vor allem darum ging, meine Einstellung zu ändern. Ich kann mit dieser Düsternis und dieser schweren Last nicht leben.“ Das war ihr Gebet.

Im Interview beschrieb sie, wie am nächsten Morgen, als sie aufwachte, „die Sonne durchs Fenster strömte. Sie floss herein, und es schien so schön. Ich setzte mich auf und schaute über die Straße zum Haus meiner Nachbarn, und die Narzissen waren goldgelb. Sie waren nicht einfach nur hellgelb. Sie strahlten. Sie leuchteten. Ich konnte es nicht erwarten, meiner Familie zu sagen, was passiert war.“ Sie fügte hinzu: „Jetzt weiß ich, dass mir nichts passieren kann. Auch wenn mir etwas passiert, wird mir nichts passieren, falls das irgendwie einen Sinn ergibt.“ Etwa fünf Monate später starb sie. Ich glaube, sie starb mit einem tapferen und fröhlich-traurigen Herzen.

Sanft und realistisch zu sein wie diese junge Mutter, das ist die einzigartige Erfahrung der Mischung von Freude und Traurigkeit. Freude und Trauer gleichermaßen zu spüren bedeutet paradoxerweise, dass man fähig ist zu lächeln. Aus der Erfahrung des grundlegenden Gutseins, aus der Mischung von Freude und Traurigkeit, entsteht eine pragmatische Zärtlichkeit, die eigene Situation zu würdigen und wohlwollend zu betrachten, das grundlegende Gutsein genau *dieser* Welt zu sehen, die die Ihre ist, *diese* Schwierigkeiten, *diese* Einsamkeit, die Sie spüren, *dieses* leuchtende Gelb, *dieses* Kind vor Ihnen, *diese* Freude, *diesen* Schmerz, *diese* Liebe, *diese* Angst vor dem Sterben, *diese* Angst vor dem Leben, *diese* Erfahrung.

Gemäß der sozialen Vision von Shambhala sollte man immer fröhlich-traurig sein, weil es einen mit dem grundlegenden Gutsein in Berührung bringt; wenn man mit dem grundlegenden Gutsein nicht in Berührung ist, kann man nicht echt und wahrhaftig sein. Für den Krieger in spe ist Traurigkeit entscheidend, weil sie einen anfälliger dafür macht, Dinge ganz zu fühlen. Sie hilft einem, Mitgefühl zu haben und mit den wirklichen Energien in Kontakt zu bleiben, die in einer Situation und in einem selbst mitspielen. Sie macht einen wohlwollend gegenüber den Farben der Welt, den Energien um einen herum, und der Erfahrung eines anderen. Ohne Traurigkeit verliert man sein Gefühl für das Hier und Jetzt. Man beginnt statt des Jetzt, das man hat, ein anderes Jetzt zu fabrizieren, und Sie und ich rutschen in eine subtile Heuchelei, wo wir von der Gegenwart abgeschnitten sind und unsere Erfahrung uns irgendwie korrumpiert oder gekünstelt vorkommt. Wenn Sie also ein lauteres Herz der Traurigkeit haben, zeigt das, dass Sie Ihre Menschlichkeit nicht korrumpiert haben, indem Sie versuchten, jemand anders zu sein, woanders zu sein oder da zu sein ohne diese Sehnsucht im Herzen.

Kanjuro Shibata XX Sensei, Bogenmacher am japanischen Kaiserhof und einer meiner Lehrer, sagte einmal am Ende einer Kyudo-(Bogenschieß-)Stunde in gebrochenem Englisch: „Hallo heißt auf Wiedersehen. Meine Hoffnung, wieder Hallo.“ Ich dachte, er hat Recht. Hallo heißt wirklich auf Wiedersehen. Alles ist vergänglich, nichts bleibt bestehen. Eigentlich sollten wir „Auf Wiedersehen“ sagen, wenn wir uns die Hand geben und „Hallo“ sagen. Aber dann sagte Sensei auch „meine Hoffnung“, und auch das stimmt. Ich glaube, er teilte sein lauteres Herz der Traurigkeit mit uns. Wenn man tapfer ist und ein offenes Herz hat, hat man Zuneigung zu dieser Welt – diesem Sonnenlicht, diesem anderen menschlichen Wesen, dieser Erfahrung. Man erlebt es nackt, und wenn es das Herz berührt, erkennt man, dass diese Welt sehr flüchtig ist. Also ist es perfekt, „Hallo heißt auf Wiedersehen" zu sagen, genauso wie „Meine Hoffnung, wieder Hallo." Einfach dadurch, dass wir unsere Erfahrung offen erleben, werden wir fröhlich-traurig.

Irgendwie läuft alles, wenn man offen bleibt und sein Herz fühlt, ohne zuzumachen, während man an dem Flieder im Garten riecht, den Regen auf dem Dach hört, das Gelb der Narzissen sieht, der Tochter beim Fahrradfahren zuschaut oder über den Tod nachdenkt, auf Freude und Trauer hinaus. Und diese zwei zusammen zu erleben, Freude und Trauer, baut etwas Gutes und Anständiges in einem auf.

Jetzt wird echte Kommunikation mit anderen möglich, weil Sie dadurch, dass Sie Ihr Herz öffnen, auf andere zugehen und gleichzeitig sich selbst gegenüber menschlich sind. Ein traditioneller buddhistischer Vergleich dafür ist die Strahlung ohne Strahlungsquelle, wie Wärme ohne eine Wärmequelle. Diese Art Strahlung ist ein endloser Vorrat an Wärme, die wir einfach deshalb haben, weil wir menschliche Wesen sind. Sie wird stimuliert, wenn man echt ist. Ein anderer Funke oder Brennstoff ist nicht nötig. Man muss einfach nur man selbst sein, um natürliche Wärme freizusetzen, man muss also weniger machen, nicht mehr. Öffnen Sie zuallererst Ihr Herz. Wenn Ihr Herz offen ist, dann bringt die Wärme, die dadurch frei wird, Sie mit den wirklichen Energien der Welt besser in Verbindung, und das beeinflusst Ihr Herz wieder stärker, wodurch mehr Energie frei wird, was wiederum die Welt einen stärker berühren lässt, was das Herz weiter anregt. Es ist wie eine kleine Kernspaltung. Sie haben eine Quelle endloser, sich erneuernder, bedingungsloser Wärme einfach dadurch, dass Sie Sie selbst sind. Es ist keine Wärme, die irgendetwas in Ordnung bringen, erobern oder sonst etwas tun will, sie ist also, wenn sie frei wird, ungelenkt und ohne Richtung. Sie geht überall hin.

Gemäß den buddhistischen und den Shambhala-Lehren wärmt diese „herz-hafte" Energie Ihre Welt desto mehr, je mehr Sie sie frei lassen. Je mehr Sie sich für sich selbst öffnen, desto mehr sehen Sie, was Sie mit anderen gemeinsam haben. Das bringt Sie in eine echte Kommunikation mit anderen menschlichen Wesen, und aus dieser Wärme entsteht wohlbedachte Aktivität. Man sieht, dass man nicht allein ist, dass man diese Welt mit anderen teilt, die sind wie man selbst, die dieselben Hoffnungen, Traurigkeiten und Sehnsüchte haben. Sie sorgen sich um ihre Jungen, verteidigen ihr Zuhause, gehen auf andere zu, um ihnen zu helfen, und möchten ein anständiges Leben so wie Sie. Jetzt wissen Sie, was andere fühlen. Das macht Freude. Gleichzeitig, je mehr Sie sehen, was Sie mit anderen gemeinsam haben, erkennen Sie auch immer mehr, dass jeder Mensch ohne Ausnahme individuell und einzigartig ist, dass jeder letztendlich immer allein ist und jeder von uns immer wieder den Kontakt mit dem grundlegenden Gutsein verliert. Und das ist traurig.

Die Mischung von Freude und Trauer ist entscheidend für echte soziale Bindungen. Ihren natürlichen Rhythmen überlassen, entwickelt sich die Wärme unseres Herzens auf natürliche Weise zu angemessener Kommunikation. Doch leider bleibt die Wärme unseres Herzens nicht ihren eigenen Rhythmen überlassen. Und obwohl ein fröhliches und trauriges Herz etwas Natürliches ist, erfordert es Geduld, Übung und Tapferkeit, das offene Herz als Basis für Kommunikation und die Gesellschaft zu nutzen. Es ist schwierig, unsere Grenzen zu überwinden, puren Eigennutz hinter sich zu lassen. Es ist nicht leicht, weich zu werden und eine sanfte Wertschätzung für das Leben, was auch immer es bringt, zu haben. Trotzdem, wenn man fähig ist, sanft zu werden, hat man auf natürliche Weise Sympathie für sich selbst und auch für andere. Man kann erkennen, dass sie gleich sind, mit den gleichen Problemen und dem gleichen Potential. Man ist sich selbst ein Mensch, und dann weiß man auch, wie man für den anderen ein Mensch ist. Man redet mit dem anderen vielleicht über eine Zapfsäule, über Politik, das Wetter. Man lacht vielleicht mit dem anderen, begegnet sich beim Einkaufen oder ist völlig verschiedener Meinung. Aber wenn Ihr Herz fröhlich und ein wenig traurig ist, ist das Band zwischen Ihnen und den anderen immer da.

Chögyam Trungpa sagte: Egal welche Tradition man auch studiert, wenn man auf einem Weg mit Herz ist, dann ist man auf einer endlosen Reise, auf der man sowohl die ganz persönliche Einsamkeit entdeckt als auch sich in die Welt verliebt. In Shambhala entsteht Mitgefühl auf natürliche Weise, wenn man gleichzeitig mit der eigenen Freude und Trauer in Berührung ist. Das macht einen fähig, auf echte und wahrhaftige Weise zu kommunizieren. Damit verschafft einem ein fröhlich-trauriges Herz die Energie, nach vorn zu schauen. Der Vergleich, den Chögyam Trungpa benutzte, war der von einem Drachen mit einem Haken am Ende der Schnur. Der Wind, der den Drachen bewegt, steht für die Energien der Welt. Der Drachen ist der eigene Wunsch nach Kommunikation. Und der Haken im Herzen ist die Wertschätzung für diese Welt. Je höher der Drachen segelt, je mehr er sich im Wind bewegt, desto mehr spürt man sein Herz. Das steigert unsere Sehnsucht, ist aber keine Hiobsbotschaft, kein Kummer, keine Klage. Die Bewegung der Welt-Energien lässt unser Herz höher schlagen. Die Schönheit der Welt baut uns auf, deshalb ist diese Traurigkeit kein Kummer. Sie ist nicht sentimental. Sie ist nicht einmal sehr traurig – nur ein bisschen traurig, als wenn die Energien der Welt einen direkt berührten, und es tut ein wenig weh. Das macht einen zärtlich. In allen Traditionen, die das Gute im Menschen zum Inhalt haben, wird diese Zärtlichkeit nicht als Mangel betrachtet. Sie ist im Gegenteil genau das Richtige für Menschen.

Ironischerweise werden Sie, je vertrauter Sie mit dieser Mischung aus Freude und Traurigkeit werden, immer spielerischer und humorvoller im Umgang mit Ihren Kindern, Ihrem Mitbewohner, Ihrem Chef, den Menschen, die für Sie arbeiten, oder den Leuten in der Kneipe an der Ecke. Jedes Mal, wenn Sie sich an Ihr lauteres Herz der Traurigkeit erinnern, entdecken Sie, dass das Leben mehr ist als das, was oberflächlich sichtbar ist. Es sind endlose Energien in Ihnen und den Bäumen, den Bankiers, den Ehegatt(inn)en, den Autos, den Eichhörnchen, der Erde, dem Morgennebel, Ihren Gedanken und in allem in Ihnen und um Sie. Das macht Sie freudig und positiv, was dem Drachen entspricht, und auch zärtlich und traurig, was dem Ziehen der Drachenleine an dem Haken in Ihrem Herzen entspricht. Je höher der Drachen im Wind segelt, desto mehr spüren Sie Ihr Herz. Je mehr Sie Ihr Herz spüren, desto mehr wachsen Ihre Erkenntnis und Ihre Stärke.

Diese Reise hat kein Ende. Mit der Zeit wird Ihr Herz stark genug, einer Brise, einem Sturm, einem Taifun zu widerstehen. Ein ganz gereifter Mensch hat ein Herz, das stark und offen ist und eine Bindung zu anderen menschlichen Wesen spürt, egal was das Leben bringt.

Teil II

Bei sich selbst zu Hause sein

5

Bei sich selbst zu Hause sein

Grundlage: Alle Wesen haben die Fähigkeit, so wie sie sind, *einfach da zu sein.*
Weg: Auf diese Weise zu meditieren.
Ergebnis: Wir wissen uns besser zu helfen und sind stärker.

Um Mut zu haben und ihn angesichts der alltäglichen Schwierigkeiten nicht zu verlieren, müssen wir zuallererst fähig sein, uns so, wie wir sind, bei uns selbst zu Hause zu fühlen. Dazu brauchen wir eine meditative Disziplin. Die Q'ero-Indianer beispielsweise leben in Dörfern, die über fünftausend Meter hoch in den peruanischen Anden liegen. Sie meditieren, während sie ihr Tagwerk verrichten, nur nennen sie das, was sie machen, nicht Meditation. Eine Freundin aus Peru erzählte mir Folgendes: Wenn sie sehen, dass jemand seine jeweilige Tätigkeit unterbricht, sich hinsetzt und vom Gipfel des Berges zum Horizont blickt, dann sagen sie: „Hey, schau dir Americo an! Er macht wieder sein Ding." Er tut nichts Besonderes. Er ist einfach da.

Für die Q'ero-Indianer ist es keine besondere Aktivität, einfach *da zu sein.* Aber wir brauchen Mut dazu, weil unsere Kultur die Tendenz hat, vom einfachen *Da-Sein* wegzudriften. Wir legen Wert auf Produktivität, Verbesserung, Erfolg oder das Erreichen von etwas, das wir nicht haben. Und so neigen wir dazu, im Laufe unseres Lebens und Beschäftigtseins zu vergessen, wo unser natürliches Wesen und unsere natürliche Stärke liegen. Manchmal erzeugt schon eine kurze Unterbrechung in unserer Aktivität eine unglaubliche Angst vor dem Einfach-da-Sein. Trotzdem ist für die Q'ero-Indianer wie auch für Sie und mich der Sinn von Meditation der Gleiche – zu untersuchen, wie und was unser Dasein gerade ist, unsere Stärke zu erneuern und auf der Basis dessen, was wir finden, persönlichen Mut zu entwickeln.

Meditation bedeutet, mit etwas *vertraut zu werden.* Zum Beispiel wird man, wenn man über einen Gegenstand oder ein Problem nachdenkt, vertraut mit dessen Eigenheiten. Man hat ein bestimmtes Ziel im Kopf. Man meditiert über das, was einen verwirrt, und betrachtet sich die Sache aus verschiedenen Blickwinkeln, um das Puzzle zu lösen. So eine Meditation mit einem spezifischen Brennpunkt, Objekt oder Thema heißt *bedingte Meditation.* Wenn das Problem gelöst ist, hört die Meditation auf.

Es gibt auch eine nichtbedingte Meditation, Meditation ohne ein Objekt, ohne ein Thema. Hier besteht Meditation darin, mit einfachem Da-Sein vertraut zu werden. Es ist eine „Nichts Besonderes"-Meditation, so wie sie die Q'ero machen. Das ist die Basis der traditionellen buddhistischen und Shambhala-Meditation. Hier ist Meditation ein Prozess des Vertiefens kein linearer Vorgang. Man bewegt sich überhaupt nicht auf irgendetwas hin. Es ist nicht so, als käme man von einer spezifischen Bedingung zu einem spezifischen Ergebnis, von Kansas City nach Boston oder von der Haustür zur Garage. Man geht nirgendwo hin, und die Meditation hört nie auf. Man macht *hier* Fortschritte, auf der Stelle. Es nennt sich „Praxis", aber es ist nicht wie Klavierüben oder Fußballtraining für einen späteren Auftritt. Man übt nicht für später. Man übt *jetzt,* man selbst zu sein. Die Logik dabei ist, dass Meditation menschlichen Wesen angeboren ist. Als menschliches Wesen hat man die natürliche Veranlagung, einfach da zu sein. Pferde, Hunde, Vögel, Katzen, Flöhe und andere Lebewesen haben eine natürliche Veranlagung, einfach da zu sein, und die Menschen eben auch.

Nichtbedingte Meditation ist fortgeschrittener als die Meditation über ein Objekt oder ein Thema. Es geht eher darum, mit etwas vertraut zu werden, was man schon hat. Es ist so, als hätte man die Fähigkeit zu meditieren schon immer gehabt, wie die Fähigkeit zu niesen oder man selbst zu sein, und hätte es irgendwie vergessen. Dann sagt jemand: „Mach es so – du kannst es.“ Man versucht es, und es klappt.

Obwohl es ein Prozess des Vertiefens ist, hat man dabei nicht unbedingt „tiefe Erfahrungen“. Die Erfahrung ist einfach, was sie ist, und man ist einfach bei sich, so wie man ist. Es gibt nichts zu verlieren, nichts zu gewinnen. Man übt einfach auf eine ganz direkte Weise, man selbst zu sein. Die Bemühung ist aufs Da-Sein gerichtet. Das ist simpel, weil Sie in diesem Moment hier einfach Sie selbst sind, echt und wahrhaftig. Gleichzeitig ist es auch eine Herausforderung, weil Sie merken, dass es jede Menge aufzuarbeiten gibt, das Sie davon abhält, geradlinig, echt und wahrhaftig zu SEIN. Nichtbedingte Meditation ist ein Prozess des Sich-Öffnens, um die tatsächlichen Energien der Welt – einschließlich Ihrer eigenen – besser zu verstehen. Sie entdecken, dass nichtbedingte Meditation eine Methode ist, um sehr genau Ihre Irritation zu verstehen, Ihre Weisheit, zu verstehen, wie Ihr Körper und Ihr Geist zusammenhängen, wie und wann sie sich voneinander abkoppeln, wie Ihre Wahrnehmung funktioniert, was in der Situation um Sie herum geschieht, was andere Leute fühlen, und so viel über Ihre Existenz und Ihre Welt, wie zu erforschen Sie Lust haben.

Wenn Sie sich anschauen, wie in der alltäglichen Erfahrung Ihre Intelligenz arbeitet, dann sehen Sie, dass es ein Prozess des Hinausgehens und Zurückkommens ist. Sie sind auf simple Weise bewusst, dann verlagert sich der Fokus nach außen, und dann kommt er wieder nach innen zurück. Etwas gewinnt Ihre Aufmerksamkeit, und Ihre Intelligenz geht hinaus. Sie versuchen, sich auf eine Aufgabe einzulassen, eine Aktivität, beobachten einen Vogel am Vogelbad, die Bedeutung eines Blickes. Wenn Sie darin keinen festen Boden finden, kommen Sie wieder zu Ihrem simplen Da-Sein zurück, und dann gehen Sie wieder hinaus. Sie suchen nach festem Boden unter den Füßen, den Sie nicht finden, also kommen Sie wieder zurück, nach innen, zu sich. Gehen hinaus. Funktioniert nicht. Kommen zurück. Gehen auf andere Weise wieder in die Umwelt. Kein Boden. Kommen zurück.

Das ist natürlich, und wir tun es andauernd. Wir fassen etwas ins Auge, dehnen uns aus, lassen los, überlegen, prüfen, wählen, wandern und kommen zurück, während wir ein Omelett braten oder an das Kassenhäuschen heranfahren. Zwischen diesen geistigen Prozessen gibt es ungekünstelte Momente, die nicht unserer Kontrolle unterworfen scheinen, wo wir zu uns zurückkommen, entspannen, einen Überblick gewinnen, uns erfrischen oder etwas, das uns verwirrt hat, auf eine neue Weise sehen. Jedes Mal, wenn wir zurückkommen, haben wir die Gelegenheit, unser Herz und unseren Geist etwas besser zu verstehen.

In Shambhala und im Buddhismus sind diese Momente des Einfach-Da-Seins, zu denen Sie zurückkommen, die Grundlage Ihrer angeborenen Würde. Es sind Atempausen der Sanftheit, ganz gewöhnliche Lücken, die wir nicht kontrollieren, aber sie können uns lehren, unser Leben zu leben.

Solche Lücken, in denen wir bei uns selbst zu Hause sind, sind simple Erfahrungen. Sie essen das Gürkchen, das Sie zu Ihrem Sandwich bekommen haben, verabreden sich mit einem Freund, lassen den Motor an, bürsten sich die Haare, denken einen Gedanken oder denken überhaupt nichts. Was auch immer vor sich geht, ist nicht kompliziert. Ihre Erfahrung und Ihre Gedanken über die Erfahrung kommen auf eine friedliche Weise zusammen. Ihr Körper und Ihr Geist sind harmonisiert. Der Zen-Meister Shunryu Suzuki Roshi nannte diese Art des Seins, wo Körper, Geist und Seele in einem Punkt harmonisiert sind, zur gleichen Zeit am gleichen Ort, „Nichts-Besonderes-Erleuchtung". Sie ist die Grundlage der Zen-Meditation im Sitzen und der Zen-Meditation in der Aktivität. Eine 96-jährige Freundin von mir nennt diese Lücken „leere Momente" und sagt: „Nun, Liebes, gönn dir ruhig ein paar." Große Künstler, Wissenschaftler und Erfinder benutzen solche Momente, um ihre kreativen Energien zu harmonisieren und zu ihren Leistungen zu kommen. Buddhisten nennen diese Erfahrungen spontaner Einfachheit, Klarheit und Harmonie manchmal „Nicht-Geist".

In der Meditation setzt man sich an einem stillen Ort auf ein Kissen und benutzt eine einfache Technik, um einen Geist aufkommen zu lassen, der gesammelt, offen und harmonisch ist. Man geht an die Sache so heran, dass man nicht versucht, etwas zu „machen", gut oder rein zu sein, zu konzentriert zu sein oder sich an irgendetwas außerhalb anzupassen. Man versucht, so menschlich und natürlich wie möglich zu sein. Ein Lehrer nennt es „nach Hause kommen". Sie kommen einfach nach Hause. Sie sind zu Hause bei sich. Das Thema ist, Körper und Geist im jeweiligen Moment zusammenzubringen, und das ist *dieser* Moment, jetzt.

Es gibt eine Sufi-Geschichte über ein Kind, das von seiner Mutter wissen will, wer sein Vater ist. Die Mutter macht mit ihm eine lange Reise zu seinem Vater. Sie wandern über Wiesen, Wälder, Lichtungen, auf hohe Berge. Sie erleben, wie sich das Wetter ändert. Ein Tag und eine Nacht vergehen. Sie erleben die heiße Sonne und den kühlen Mond. Schließlich kommen sie über einen Hügel zu einem Haus. Es ist das Haus, von dem sie aufgebrochen sind, aber das Kind weiß es nicht. Der Junge bekommt gesagt: „Dort drin wirst du deinen Vater treffen." Sie gehen hinein, und das Kind ist voller Staunen und Dankbarkeit, als es nun seinem Vater begegnet. Die Mutter erklärt dem Kind später, dass jeder in die Welt hinausgeht und eine große Reise macht, um wieder zu sich selbst zurückzukehren. „Was ist der Sinn meines Lebens? Was ist meine Bestimmung? Was bedeuten diese Lehren?" Während wir auf der Suche nach der Antwort durch die Welt reisen, entdecken wir, dass Heiligkeit und Sinn die ganze Zeit schon da waren.

Wenn wir irgendetwas in unserer Erfahrung bis zu seinem Ursprung zurückverfolgen, finden wir, dass wir eine große Reise machen, um zu uns selbst zurückzukommen. Wenn wir den Ursprung einer Erfahrung bestimmen wollen, klappt es nicht. „Es liegt am anderen." – „Es liegt am letzten Jahrzehnt, das war so ein Chaos." – „Ich kann nichts dafür. Es liegt an dem, was in der Industrie abläuft." – „Es liegt an meinen Kindern." – „Daran sind meine Eltern schuld." – „Als Amerikaner wird man eben so." – „Ich bin sensibel, und ich habe einiges gelitten." – „Ich bin ein Sonntagskind." Aber wenn man innehält und die Quelle der eigenen Probleme, Perspektiven oder Bewusstheit sucht, findet man nichts außer der Gegenwart. Es ist der gegenwärtige Geist, den wir verstehen müssen. Wir suchen immer nach etwas, aber es ist alles schon da.

In der Meditation bringen wir in die Erfahrung des grundlegenden Gutseins, das sowieso schon vorhanden ist, Bewusstheit. Die Erfahrung des grundlegenden Gutseins nimmt mit der Meditation nicht zu, aber die Bewusstheit dieser Erfahrung, und diese Bewusstheit ist sehr wohltuend. Man nimmt also in der Meditation seine Haltung ein, sitzt, atmet und ist. Nimmt seine Haltung ein, sitzt, atmet und ist. Sie sind echt und simpel, so gut es geht, und bringen Körper und Geist im Moment zusammen, wieder und wieder. Sie benutzen Ihren Körper, Ihren Atem und Ihr Gefühl des Daseins, um sich direkt auf die Realität einzulassen. „Realität" will nicht viel heißen. Es heißt sich bewusst sein, was da ist. Gute Haltung, sitzen, atmen, sein.

Wenn Sie das tun, stellen Sie fest, dass es schwierig ist, Körper und Geist zu synchronisieren. Einer meiner Lehrer nennt es „harte Arbeit mit Herz und Geist", weil wir dazu neigen, von dem, was mit uns ist, wegzudriften. Der ganze unbewältigte Kram, den man im Alltag mit sich herumträgt, setzt sich mit einem auf das Meditationskissen. Nichtbedingte Meditation ist schwierig. Während Sie immer wieder in die Gegenwart zurückkommen, entdecken Sie, dass Sie Mut brauchen, um Sie selbst zu sein.

Sie driften. Wenn Sie in irgendeinem Moment nach innen schauen, dann ist Ihr Körper hier und Ihr Geist wahrscheinlich irgendwo anders. Ihr Körper ist in Chicago, und Ihr Geist ist in Kalifornien. Ihr Körper isst ein Sandwich, und Ihr

Geist möchte Pommes frites. Ihr Körper steht in der Küche, und Ihr Geist sitzt im Auto. Es geht sehr schnell. In jedem neuen Moment hat Ihr Geist die Tendenz, aus der Gegenwart wegzudriften. Gleichzeitig hat der menschliche Geist aber einen Instinkt, präsent zu sein, weil wir natürlicherweise neugierig sind und sensibel für das, was jetzt geschieht.

Man kann das im Alltag beobachten. Man kann sich dabei zuschauen, wie man sich aus dem Moment zurückzieht, versucht zu verstehen, was passiert, ignoriert, was passiert, sich öffnet, seine Sinne ausweitet, sich zurückbringt zu dem, was passiert, und dann wieder wegdriftet. Das läuft bei jedem von uns ständig ab, während wir uns anziehen, unsere Fingernägel inspizieren, streiten, frühstücken, unsere Arbeit machen oder horchen, ob unser Auto „Ping" macht. Wir öffnen uns. Wir driften. Wir bringen uns zurück. Wir öffnen uns. Wir driften wieder. Wir bringen uns zurück. Normalerweise ist die Erfahrung, offen und präsent zu sein, sehr kurz, bevor der Geist wieder wegtreibt – und versucht zu verstehen, was passiert, versucht Zusammenhänge herzustellen, zu prüfen, näher zu kommen, weiterzukommen.

Meditationspraxis nimmt dieses Anwesend-Sein, Driften und Zurückkommen, diesen natürlichen Prozess, und arbeitet damit. Es beleuchtet diesen Prozess, damit man sehen kann, wie die Energien arbeiten, und diese Bewusstheit nützen kann, um zur Ruhe zu kommen und die ganze Zeit präsent zu sein. Auf diese Weise zu meditieren ist klug, weil es nichts Ausgedachtes ist. Es bedeutet: zu sein, was Sie sind. Ob Sie Anfänger sind oder Fortgeschrittener, die Praxis ist die Gleiche – einfach da sein. Es wird nur deshalb etwas für Fortgeschrittene, weil man schrittweise Schicht um Schicht von dem abträgt und entwirrt, das überdeckt, was da ist – das Echt-Sein, Wirklich-Sein.

Es tut gut, sich auf die Realität einzulassen. Die Praxis, in der Gegenwart zu sein, wieder und wieder, so gut es geht, ist wirkungsvoll, weil das Leben wirkungsvoll ist. Auch wenn sie entnervend simpel ist, kann man aus der Meditation Stärke ziehen, weil man sich direkt auf die Energien des Lebens einlässt, statt sich vor ihnen zu verstecken. Im Prozess des Einfach-Da-Seins beginnt man, Anhaltspunkte über sich und die Welt zu sammeln. Die Wahrnehmung beginnt sehr klar zu werden, und die Intelligenz wird geschärft. Man beginnt, in und um sich Muster von geistiger Reife und Weisheit wahrzunehmen. Und man beginnt, die Probleme in einem selbst und der eigenen Kultur wahrzunehmen und sie hinter sich zu lassen.

Meiner Erfahrung nach ist Meditation schön, demütigend, aufbauend, lustig, irritierend, stärkend und ein bisschen ironisch, alles zur selben Zeit. Als ich anfing zu sitzen, erkannte ich, dass ich mutig und stark genug war, mich mit jedem hinzusetzen – nur nicht mit mir. Ich hatte Angst vor dem, was ich beim genauen Blick auf mich selbst womöglich finden würde. Irgendwie dachte ich, ich könnte mir vielleicht entrinnen, wenn ich schneller, härter, intensiver leben würde. Als das nicht funktionierte, versuchte ich mich zu überlisten, indem ich eine Art mentales Stoppschild aufstellte, um die Sache so etwas zu bremsen. Das machte alles noch schlimmer, und so war ich schließlich bereit, meine Situation anzuschauen.

Nachdem ich von Trungpa Rinpoche eine Meditationsanleitung erhalten hatte, begann ich schließlich zu sitzen. Es gab zu jener Zeit nur wenig Begleitmaterialien zur Unterstützung von Praxis und Studium, deshalb zog ich um in ein kleines buddhistisches Meditationszentrum in Vermont, um zu lernen, mit mir selbst zu Ruhe zu kommen. Ich gehörte zu einer kleinen Gruppe von Meditierenden, die in einem Bauernhaus lebten, das Land und das Haus in Schuss hielten, Buddhismus studierten, zu meditieren versuchten und sich andauernd auf den Wecker gingen. Vor allem die Winter waren klaustrophobisch.

Je mehr ich saß und meine Erfahrung ein bisschen näher betrachtete, desto wilder schien mein Kopf zu werden. Für diesen Prozess des Meditieren-Lernens gibt es einen Vergleich. Am Anfang beobachtet man seinen Geist und entdeckt, dass er wie ein Affe ist. Er hüpft überall herum und benimmt sich flegelhaft und überdreht. Trotzdem hält man ein gewisses Gefühl von Würde aufrecht und meditiert weiter. Eines Tages schaut man genauer hin. Jetzt erkennt man, dass der eigene Geist kraftvoller ist, als man dachte. Man dachte, er sei ein Affe. Es ist überhaupt kein Affe – man hat ein Krokodil auf dem Schoß! Dieses Krokodil ist grausam, es ist stärker, als man sich jemals träumen ließ. Ein Schlag mit dem Schwanz, und man ist bewusstlos. Ein Freund von früher kam mich einmal in Vermont besuchen. Ich war davon überzeugt, er würde das wilde und grausame Krokodil, das ich in mir entdeckt hatte, auch bemerken. Stattdessen sagte er: „Wow, hast du dich verändert! Was ist das hier? So 'ne Art Kurort?" Er sah Harmonie und Gelassenheit in mir. Ich fühlte mich, als wäre ich auf einem wilden Krokodil geritten, während er jemanden sah, der daran gearbeitet hatte, sich mit sich selbst anzufreunden.

Offensichtlich ist Meditation schwierig, sonst würde jeder sie machen. Aber im Grunde ist Meditation ein Freund, weil sie einen lehrt, was man wissen muss. Man mag pleite sein, reich, beliebt oder von seinen Freunden vergessen, und trotzdem kann man unabhängig davon ein visionäres menschliches Wesen sein. Man kann sich selbst besser verstehen und seinen Vermieter, den Verkäufer im Laden, die Leute, die mit einem zusammen arbeiten, seine Verwandten, die Vögel auf dem Hof, kann verstehen wo die eigene Angst herkommt, wo die Angst der anderen herkommt und was man im Leben lernen muss. All das entsteht aus dem simplen Vorgang, sich mit sich selber hinzusetzen.

Das größte Hindernis für die Meditation ist die Idee der Meditation. Es gibt diese Tendenz, zu denken, Meditation sei ein anderer Geisteszustand als der alltägliche. Wir denken aus Gewohnheit, es gebe etwas, das wir erleben müssten, aber nicht erleben. „Mach ich es jetzt richtig? Ist es das? Soll ich so atmen? Soll ich diese Gedanken haben?" Wir driften und kommen zurück, und wenn wir zurückkommen, driften wir wieder weg. „Das ist schlecht. Das ist gut. Das kann es nicht sein. Wenn ich morgen sitze, bin ich vielleicht fähig zu meditieren.“ Was einem im Weg steht, ist die Idee, es sei nicht echt genug, ruhig bei seinem ganz gewöhnlichen Geist, *so wie er ist,* zu bleiben. Auch diesen Kampf müssen Sie aufs Kissen bringen – als einen weiteren Kampf, der Sie daran hindert, Sie selbst zu sein, direkt, in der Gegenwart, jetzt.

Nichtbedingte Meditation ist das Gegenteil des Kampfes um eine pure oder ganz besondere Erfahrung. Sie versuchen nicht, Ihren Alptraum zu zerstören oder Ihre Ekstase zu steigern. Der Sinn der Sache ist nicht, in einem bestimmten Geisteszustand zu verharren. Er liegt darin, auf eine simple und geradlinige Art bei der alltäglichen Schönheit, Langeweile, Anspannung, Freude, Lethargie oder Gehetztheit zu sein. Sie haben Gedanken über Ihre Verwandten, Kollegen, den Fahrer, der Ihnen gestern die Vorfahrt genommen hat, den Fahrer, der Ihnen vor zehn Jahren die Vorfahrt genommen hat, Ihre Sinneswahrnehmungen, Geräusche aus der Nachbarschaft, was Sie zu Abend essen wollen, dass Sie Rosenkohl nicht mögen, Schmerzen in den Beinen, wie Sie erfolgreich oder erfolglos sein werden, Ängste in Bezug auf Ihre Kinder und in Bezug auf sich selbst. Sie sind sich einer grundlegenden Würde bewusst, eines Insekts, das auf Ihrem Arm gelandet ist, der Gedanken an grundlegendes Gutsein, der Gedanken, dass Sie noch Wäsche waschen müssen, der Momente nichtdenkenden Seins, und wessen auch immer.

Kein Geisteszustand hat eine spezielle Aufgabe. Alles ist gleich. Das Geräusch eines bellenden Hundes. Gedanken darüber, dass die Nachbarn besser auf ihren Hund aufpassen sollten. Alles ist simpel und wird präzise und klar so akzeptiert, wie es ist. Trungpa Rinpoche sagte: „Kein Geisteszustand ist ein VIP.“

Das Fundament der Meditation, die benutzte Methode und die zu erreichenden Resultate sind dasselbe. Das Fundament ist Ihre natürliche Veranlagung, zu sein, wie Sie sind, bei Ihrer Welt zu sein und bei Ihren Erfahrungen, so wie sie sind. Die Methode erinnert Sie daran, in dieser Weise natürlich und entspannt zu sein. Und das Resultat ist, dass Sie sich bei Ihren natürlichen geistigen und körperlichen Prozessen zu Hause fühlen, so dass Ihre menschlichen Qualitäten von Intelligenz, Wärme und Kraft stärker werden und sich entwickeln können.

6

Erwachter Geist

Grundlage: Achtsamkeit und Bewusstheit gehören zu menschlichen Wesen.
Weg: Indem wir Achtsamkeit und Klarsicht üben, ...
Ergebnis: ... entfaltet sich angeborene Achtsamkeit-Bewusstheit als Weisheit in unserem Leben.

Achtsamkeits-Meditation ist im Buddhismus und in Shambhala die Übung, den Geist voll in die Gegenwart zu bringen und sich dort zu stabilisieren. Das ist deshalb möglich, weil Achtsamkeit nicht von Bedingungen abhängt. Es ist menschlichen Wesen auf natürliche Weise angeboren und mitgegeben, auf simple und direkte Art in der Gegenwart zu sein, und die Übung kultiviert das. Man bringt seinen Geist hundertprozentig in die Gegenwart, während man seine Tasse hebt, sich kämmt, in der Kehle Laute formt, einen anderen Menschen anschaut, einen Volleyball schlägt oder die Socken hochzieht. Man drückt sozusagen seinen Geist bei allem, was man tut, und bei jeder Wahrnehmung gegen die Welt, als drückte man die Nase gegen einen Spiegel.

Es gibt ein chinesisches Märchen über einen weisen alten Fuchs, der einen zugefrorenen Fluss überquert. Der weise alte Fuchs ist total wach und wissbegierig. Er horcht sorgfältig und präzise auf jedes Geräusch, jeden Riss im Eis, jeden Schritt seiner Pfoten. Der Fuchs fühlt, wo das Eis dünn und dick ist, und spürt, ob der Wind Tauwetter oder neuen Frost bringt. In der Nähe überquert ein junger Fuchs den Fluss ebenfalls. Aber der junge Fuchs nimmt sich nicht die Zeit, alles genau zu spüren, und so bricht er ein und holt sich einen nassen Schwanz.

In der Achtsamkeits-Meditation versucht man, wie der weise alte Fuchs zu sein – für alles in gleicher Weise achtsam zu sein, ohne Vorurteil. Man versucht das ohne große Umstände zu tun, ohne großartige Konzepte. Die Praxis besteht darin, achtsam zu sein ohne Voreingenommenheit für oder gegen etwas, genauso wie grundlegendes Gutsein keine Voreingenommenheit für oder gegen etwas hat. Stattdessen versucht man, so gut wie nur möglich voll und direkt präsent zu sein, bei allem, 24 Stunden am Tag, ohne wählerisch zu sein.

Diese Übung nennt sich *Akzeptieren* oder *Frieden entwickeln.* Man wird friedlich zu sich selbst, bremst sein Tempo ab, betrachtet und akzeptiert die gegenwärtige Situation. Friedlich heißt nicht schlapp oder schwach. Es heißt realistisch zu sein, sich zu beruhigen, keine Unterscheidungen zu machen, zu akzeptieren. Die momentane Situation ist wichtig, also kultiviert man Realismus, Ruhe und Ausgeglichenheit, um noch präsenter zu sein. Man betrachtet die Details dessen, was im Körper, in der Sprache und im Geist abläuft, ohne sich in Denkprozesse zu verwickeln und jemand anders oder woanders sein zu wollen.

Achtsam, während man aufsteht, um zu meditieren. Achtsam auf dem Meditationskissen. Achtsam, während man einkaufen geht, sich unterhält und seine Rechnungen durchsieht. Man ist aufmerksam, wie man sich bewegt und was man fühlt, was andere sagen, die Atmosphäre in einem Raum, das Geräusch des Windes in den Bäumen, wie man auf ein Husten oder den Tonfall einer Stimme reagiert, wie Gedanken einen aus dem Gegenwärtigsein fortziehen, die Texturen und Farben in den eigenen Sinneswahrnehmungen. Man lässt die Gedanken los, die einen aus dem vollen Gegenwärtigsein fortziehen. Man hat die Absicht, alles, was einem widerfährt, sehr klar und konkret zu fühlen, zu hören, zu sehen, zu schmecken und zu erfahren. Das scheint vielleicht zu viel auf einmal zu sein, aber in der Praxis ist es nicht so. In der Realität bringt Achtsamkeit ein Gefühl von Leichtigkeit und Präzision mit sich. Je achtsamer man in der Gegenwart ist, desto mehr Wohlbefinden stellt sich ein. Das liegt daran, dass man sein Tempo bremst und lernt, sich bei sich selbst zu entspannen. Man beginnt, das Leben zu mögen, weil man den Impuls wegnimmt, auf die eigenen Projektionen zu reagieren. Damit kultiviert man seine innere Stärke.

In dem Meditationszentrum in Vermont verscheuchten im Sommer immer spezielle „Fliegenbrigaden“ die Fliegen aus der Küche. Wir öffneten die Türen und Fenster, riefen ein paar Freiwillige zusammen, und auf einer Seite der Küche wedelten wir alle mit Handtüchern. Dann bewegten wir uns langsam durch die Küche, um so die Fliegen nach draußen zu scheuchen. Das klappte gut, nur nicht im Herbst, weil die Fliegen durch die Kälte des sich ankündigenden Winters sehr träge waren und sich fast nicht mehr bewegten. Im Herbst ließen sich die Fliegen wie betrunken auf den Turbulenzen treiben, die wir mit unseren Handtüchern in der Luft erzeugten. Wenn wir zu wedeln aufhörten, hingen sie einen Moment lang in der kalten Luft und setzten sich dann wieder irgendwo hin. Es kostete viel Anstrengung, sie aus dem Raum zu vertreiben. Während dieser Fliegenbrigaden konnte man gut die kleinen Flügel und Beine der Fliegen beobachten und sehen, wie sie funktionierten. Das beeindruckte mich. Ich dachte: „Meine Gedanken sind wie diese Fliegen. Ich werde sie mit diesem ganzen Meditieren nicht wirklich los, aber wenn sie langsamer werden und in der Luft hängen, bevor sie wieder irgendwo landen, kann ich beobachten, wie sie funktionieren.“ Es gibt eine Phase in der Meditationspraxis, die diesen Fliegenbrigaden vergleichbar ist. Man bringt sich immer wieder in die Gegenwart zurück, bis Achtsamkeit in die eigenen Handlungen einzusickern beginnt und das Tempo der eigenen Impulse abbremst. Wie die Fliegen in der kalten Herbstluft wird der eigene Gedankenstrom abgebremst und wird transparenter.

Von dieser Warte der Verlangsamung aus, wo Sie Ihre Gedanken klarer sehen, beginnen Sie die Umgebung und ihre Eigenheiten genauer wahrzunehmen. Der traditionelle Vergleich dafür ist das Gehen im Nebel. Wie wenn man durch den Nebel wandert und nicht merkt, dass man nass wird, praktiziert man Achtsamkeit und erkennt ihre Wirkung nicht. Und irgendwann sind die Kleider klatschnass, und man merkt, dass man durchnässt ist. Wenn man mit Achtsamkeit vollgesogen ist, schaut man sich um. Man sieht, dass die Welt von sich aus existiert, auf ihre Art, unabhängig von jedem Kommentar. Das ist ein Durchbruch, obwohl sich eigentlich nichts groß geändert hat. Man hat sich einfach nur von Achtsamkeit durchtränken lassen, aber das Resultat ist ein völliger Wandel. Ihre Herangehensweise wandelt sich dahingehend, dass Sie nicht mehr einfach nur auf Ihre eigenen Gedanken achtsam sind, sondern etwas Neues entdecken und erleben. Sie bemerken Ihre Umwelt. Sie können die Welt auf neue Weise sehen. Sie können sich umschauen und das Panorama sehen. Sie gewinnen eine Perspektive. Das ist eine neue Phase der Meditation, die sich Gewahrsein oder Bewusstheit nennt. Es ist kein linearer Fortschritt, als wenn Bewusstheit der nächste in einer Reihe meditativer Schritte wäre. Sie ist ein spontanes Vertiefen oder Sich-Öffnen, sich für das Draußen öffnen. Wie Achtsamkeit ist auch Bewusstheit angeboren. Sie kommt nicht vom Meditieren – sie kommt aus dem Menschsein. Nichtbedingte Meditation kultiviert einfach nur die angeborene Bewusstheit und bringt sie zum Vorschein.

Bewusstheit ist eine weitere Phase in der Meditation, weil man nicht länger ausschließlich mit sich selbst und den eigenen Ideen beschäftigt ist. Weil Sie gelernt haben, die Dinge zu akzeptieren, friedlich zu sein und nicht zu kämpfen, können Sie sich besser entspannen und aus den Situationen lernen, in denen Sie sich befinden. Sie können andere besser verstehen, sich mehr einbringen und mehr Gefallen an dem finden, was vor Ihnen liegt. Gefallen finden heißt nicht unbedingt Vergnügen. Es bedeutet, dass die Dinge leichter und transparenter sind. Weil die Dinge leichter sind, haben Sie mehr Humor und Wertschätzung und mehr Spielraum. Sie sehen die Eigenheiten und Anspielungen, die Gefahren und Ironien in Ihrer Umgebung, ohne von Ihnen allzu arg gezaust zu werden. Obwohl die Energien der Welt wuchtig sind, scheinen sie durchsichtiger, wenn sie auf Sie zielen. Sie können ihre Ursachen sehen, wo sie Macht haben und wo sie schwach sind. Sie sehen, dass Sie Wahlmöglichkeiten haben und dass Sie Ihre Würde und Stärke nicht zu opfern brauchen, auch wenn die Energien auf Sie zielen.

Trungpa Rinpoche wurde einmal gefragt, was er tun würde, wenn er entführt würde. Er sagte: „Ich würde die Kidnapper zum Lachen bringen. Das würde die Situation aufheitern." Achtsamkeit gibt einem keine Möglichkeit, die Situation aufzuheitern, weil man so stark mit den Details der eigenen Sinneswahrnehmungen arbeitet. Bewusstheit dagegen gibt einem diese Möglichkeit, weil man tiefer in die momentane Situation geht, und die Situation zeigt einem, was zu tun ist. Je mehr man wahrnimmt und untersucht, wie Geist und Körper arbeiten, desto mehr kann man sie als Einheit in eine Situation einbringen und aus ihr lernen. Bewusstheit ist eine Ausweitung von Achtsamkeit. Sie wird *Achtsamkeit-Bewusstheit* oder *Klarsicht* genannt, weil man fähig ist zu sehen, was im Umfeld um einen herum geschieht. Normalerweise nehmen wir, wenn wir irgendeinen Raum betreten, nicht wahr, wer dort anwesend ist, die Stimmung, die Geräusche, was mit den anderen los ist, die Bedeutungen und Andeutungen, weil wir so mit unserem eigenen Programm und unserem Eindruck auf andere beschäftigt sind. Aber wenn man gelernt hat, das Gefühl loszulassen, man müsse um etwas kämpfen, kann man mit neuen Augen sehen. Ihre Intelligenz hat plötzlich Spielraum, weil Sie kein Programm im Kopf haben. Sie können die Ursachen und Muster in den Ereignissen sehen, warum jemand wütend ist, was nicht ausgesprochen wird und was in dem Raum geschieht. Wenn eine andere Person Ihnen eine Situation beschreibt, die Sie nicht miterlebt haben, können Sie trotzdem ihre Dynamik spüren, was die Beteiligten fühlten und warum sie taten, was sie taten, weil Sie gelernt haben, die Dinge außerhalb Ihrer selbst wahrzunehmen. Sie können den Code der Welt entziffern.

Bewusstheit oder Gewahrsein ist fortgeschrittener und subtiler als Achtsamkeit, aber es ist wichtig zu verstehen, was alle großen Lehrer aller großen Traditionen betonen: Bewusstheit ist nichts Fremdes oder Exotisches. Es ist unser Geburtsrecht, unser Wesen. Bewusstheit *gehört* zum Menschen. Bewusstheit *ist* der Mensch. Deswegen geschieht der ganze Prozess der Meditation in jedem Moment Ihres Lebens, auch wenn Sie es nicht sehen, sich dessen nicht sicher sind oder es in vollem Maße nutzen. Die großen Lehrer der großen Traditionen beschreiben Meditation vielleicht als eine Übung und einen Prozess, aber die Steigerung Ihrer Bewusstheit ist keine lineare Sache. Es ist ein Entfalten und Ausdehnen, ein Überschreiten dessen, was Sie einzuschränken scheint. Obwohl man sein Verständnis stufenweise entwickelt, geht man doch nirgendwo anders hin, wenn man sich auf Meditation einlässt. Man ent-deckt und bringt das zum Blühen, was immer schon da war. Deshalb *vertieft* sich das eigene Verständnis, je weiter man fortschreitet.

Das Ziel von Achtsamkeit-Bewusstheit ist nicht, ein perfektes Leben zu schaffen, sondern das zu würdigen, was in einer Situation jeweils vor sich geht, damit man mehr verstehen, spontaner und engagierter sein kann in dem, was man tut. Je mehr man die tatsächlichen Energien der Welt aufnehmen kann, desto mehr nimmt auch die eigene Stärke zu. Während man in seiner Praxis fortschreitet, beginnt man eine zuversichtliche Bewusstheit davon zu gewinnen, was es heißt, menschlich zu sein, wie man ein Mensch ist. Auf diese Weise kommt der Begriff der Weisheit ins Spiel.

Es baut sogar Ihre Würde und Stärke auf, wenn Sie nur neugierig auf sich selbst sind. Achtsamkeit ist die Praxis, und Friede und Akzeptieren sind das Thema – frei sein von irgendeinem Sträuben, zur Ruhe kommen. Mit ein wenig Übung entwickelt sich das zu einer klaren Wahrnehmung und einer zuversichtlichen Bewusstheit davon, was Menschsein heißt. Das ist der Anfang von Weisheit, und er rührt daher, dass man sich ohne Einschränkung für das Da-Sein in der Gegenwart öffnet. Je mehr die eigene Intelligenz sich ausdehnen kann, desto zuversichtlicher wird man. Dies ist ein ständiger Prozess und harte Arbeit, weil dabei das aufgedeckt wird, was im Weg ist. Gleichzeitig ist es simpel, weil es keine Selbst-Verbesserung ist. Es ist ein natürlicher Prozess, der Ihre natürliche Intelligenz freisetzt. Ein traditioneller Vergleich dafür ist das Erwachen aus dem Schlaf. Das Resultat ist *erwachter Geist*.

Als Trungpa Rinpoche seine Schüler zum ersten Mal aufforderte, ein dreißigtägiges Meditationsprogramm zu sitzen, dachten wir, er scherze. Wir sollten dreißig Tage sitzen und meditieren? Aber wir waren in Vermont, bis über die Ohren dieser Sache verpflichtet, also machten wir es. Es waren ungefähr zwanzig, die mitmachten. Eines der wenigen Dinge, an die ich mich erinnere – außer, dass ich eines Abends in einen Weinkrampf ausbrach und eine Freundin, weil sie einschlief, seitwärts kippte und auf den Gong schlug, mit dem das Ende der Meditationsperioden signalisiert wurde –, ist Folgendes: An einem Tag erfand ich einen Witz. Er fiel mir während des Sitzens ein, und er war lustig. Das war mir vorher noch nie passiert, und es ist seither auch nie mehr passiert. Der Witz geht so: „Was sagte der tibetische Lama, als Lady Godiva auf ihrem Pferd vorbeiritt? Sam yak, sam bodhi!" Dazu muss man wissen, dass es in Tibet Tiere gibt, die Yaks heißen, und dass „samyaksambodhi" das Sanskrit-Wort für vollendete, vollständige Erleuchtung, vollendetes Erwachen ist.* Beim Teetrinken erzählte ich meinen Witz. In dem Gelächter, das folgte und der fröhlichen Traurigkeit, die wir alle verspürten, begann ich, das Ziel einer perfekten Meditation nicht mehr so ernst zu nehmen. Es gibt keine perfekte Meditation. Stattdessen nutzt sich unsere Vorstellung von Meditation immer mehr ab.

* Und außerdem muss man wissen, dass dieses Wort so klingt wie ein englisches „some yak, some bodhi", was wiederum so viel heißt wie „Na, du bist mir ja ein schöner Yak und 'ne eigenartige Form von Erleuchtung!". (Anm. d. Übers.)

Irgendwann, mit viel Praxis und Humor, erschöpft sich die schwerfällige, düstere Qualität Ihrer Gedanken. Ihre Weisheit beginnt sich zu entwickeln, nicht so sehr, weil innerlich so viel aufblüht, sondern weil man nach außen aufzublühen beginnt. Man hat so viel innerlichen Boden abgedeckt, dass man jetzt von dem erleuchtet wird, was um einen herum ist. Man hat sich tiefer in die Situation eingelassen, und deshalb ist man viel näher an der Realität. Nun ist man fähiger, sich und anderen zu helfen. Die Praxis von Achtsamkeit-Bewusstheit ist eine endlose Reise, auf der man lernt, ein menschliches Wesen zu sein. Weil es kein linearer Vorgang ist, sondern ein Eindringen in die gegenwärtige Situation, bringt einen dieser Prozess garantiert dahin, wo man hinmuss.

Hier ist ein Beispiel dafür, dass dieser Prozess einen dorthin bringt, wo man hinmuss. Im Sommer lasen wir in unserem Meditationszentrum immer von Hand die Raupen von den Kohlköpfen ab und brachten sie weg, damit wir sie nicht töten mussten. Eines herrlichen Sommertages hatte ich schöne, leuchtend violette Sachen an: eine weite, für die Gartenarbeit geeignete Hose und ein enges Top. Trungpa Rinpoche hielt sich ebenfalls im Zentrum auf und gab ein Wochenseminar. Ich arbeitete im Garten, las die Raupen von den Kohlblättern ab und dachte nicht viel dabei. Dann schaute ich auf. Rinpoche saß im Auto, das in der Einfahrt stand, nur ein paar Meter entfernt, und lächelte mich an. Ich war überrascht. Ich fühlte mich vollkommen bloßgestellt, nackt, sichtbar. Ohne nachzudenken warf ich mich auf den Boden, voll ins Gemüsebeet. Es ging sehr schnell. Da war ich in meinem violetten Outfit und lag im Dreck.

Die Wärme seines Lächelns war überwältigend. Ich hatte mich im sommerlichen Licht schön gefunden, und er auch. Und jetzt lag ich platt auf dem Boden, meine Nase ein paar Zentimeter von der Erde entfernt. Sofort nachdem ich da lag, war ich über mein Verhalten entsetzt. Was würde er über seine neue Schülerin denken? Ich beschloss: „Ich werde so tun, als würde ich aus dieser Position die Raupen von den Pflanzen ablesen." So lag ich also bäuchlings auf dem Boden, große grüne Kohlköpfe über meinem Kopf, und las Raupen ab, so lange, bis ich dachte, jetzt müsste er wohl verschwunden sein. Dann hob ich den Kopf ein wenig, um nachzuschauen, und er war immer noch da und lehnte sich aus dem Autofenster. Diesmal aber grinste er mich an. Ich duckte mich wieder. Ich kam mir blöd und affig vor, wie ich in dieser Haltung die Raupen abpflückte, und doch war ich dankbar, dass die kleinen Würmer bei mir waren. Dann dämmerte es mir, dass auch das hier Achtsamkeit war, so wie in der Meditationspraxis! Und eine größere Bewusstheit überkam mich. Ich nahm die Dimension, die Macht, die Gewöhnlichkeit des Moments wahr. Ich erkannte, dass ich etwas mit meinem Lehrer teilte, dass ich irgendwie Liebe spürte, aber damit nicht klarkam. Dann erkannte ich, dass dieses Liegen im Gemüsebeet auch eine Art war, damit klarzukommen, und ich spürte ganz viel Humor und Wärme.

Wir haben nie darüber gesprochen, aber an jenem Tag im Garten habe ich etwas über Bewusstheit und das menschliche Herz gelernt. Ich hatte einen Schock und einen plötzlichen Impuls erlebt, der mich, zack, in die Kohlköpfe warf. Ich hatte eine Ahnung von miteinander geteilter Liebe und Schönheit, hatte echte Achtsamkeit beim Abpflücken der Raupen, und dann Paranoia, Zärtlichkeit, Humor, Bedeutsamkeit, Bescheidenheit, denn die ganze Situation war reich an Bedeutung, war außer-gewöhnlich, und auch lächerlich. Die Einsichten entwickelten sich immer weiter. Eine große Bewusstheit! Wenn ich jetzt wieder da stünde in meinem violetten Outfit, wenn ich alles nochmals durchleben müsste mit dem, was ich jetzt weiß, vielleicht würde ich ihn dann einfach ansehen, mit ihm die Erkenntnis eines gemeinsamen Moments der Offenheit teilen und es damit gut sein lassen. Vielleicht wäre ich dann fähig, das Bewusstsein über die Tatsache, dass uns Liebe verband, ein wenig zu festigen. Ansonsten würde sich eigentlich nichts ändern. In jenem Moment erkannte ich: „Diese Meditations-Geschichte da hat mir etwas zu sagen." Auch heute ist das noch so. Nichtbedingte Meditation hilft uns, unsere Natur und das Gute in uns als Menschen zu entfalten. Wenn wir einmal unsere persönliche Reise angetreten haben, entfaltet sich das in unserem Leben als wachsende Weisheit.

7
Wie man meditiert

Grundlage: Eine Haltung der Würde einnehmen.
Weg: Wir üben Körper, Sprache und Geist in Einfachheit.
Ergebnis: Das schafft ein gutes Fundament für die Entfaltung unserer Menschlichkeit.

In Akira Kurosawas Film *Kagemusha – Der Schatten des Kriegers* gibt es eine mittelalterliche Schlachtszene, vom Gipfel einer Klippe über der Ebene aus gefilmt, auf der ein Kampf zwischen zwei verfeindeten Clans stattfindet. Ein großer Krieger und seine Generale sitzen auf dem Gipfel der Klippe, damit sie ihre Truppen sehen und von ihnen gesehen werden können. Der große Krieger in dieser Szene ist ein „Schattenkrieger", ein Stellvertreter, der von den Clanführern ausgesucht wurde, weil er so aussieht wie der echte Krieger. Nur die im engsten Kreis wissen, dass der echte Krieger gestorben ist. Dieser Schattenkrieger ist ein sanftmütiger Bauer mit einem großen Herzen. Von Zeit zu Zeit stöhnt er auf angesichts des Blutvergießens, der sterbenden Menschen und Pferde auf der Ebene unter ihm. Jedes Mal, wenn er aufstöhnt, befehlen die Generale ihm: „Ruhig, ruhig." Er sammelt sich, dann stöhnt er wieder auf. Sie sagen: „Ruhig, ruhig." Es ist eine fabelhafte Szene. Er hat keine andere Wahl, als mit seinem sanften und zartfühlenden Herzen dazusitzen, aber es liegt auch eine Haltung der Stärke und Stille, der Balance und Beherrschung darin.

Wenn man in der Meditation seinen Sitz einnimmt, dann ist man wie dieser Schattenkrieger. Man hat die Einstellung, dass man ein würdiger Mensch ist. Man ist bei klarem Verstand, königlich, wertvoll, so wie man ist, und es ist ganz natürlich, mit einem offenen Herzen einfach dazusitzen und zu sein. Ihre Einstellung ist, nicht vor dem zu flüchten, was ist, sondern sich hinein zu begeben. Ihre Absicht ist, die Sinne zu öffnen, ganz bei der Sache zu sein und Ihre geistige Klarheit zu proklamieren. Sie nehmen Ihren Platz ein und machen sich eine herrscherliche Haltung zu Eigen, wie wenn Sie als großer Krieger Ihren Platz auf dem Schlachtfeld einnehmen würden. Es gibt über die Meditation die Redewendung „seinen Platz einnehmen", und Sie können dieses Bild des großen Kriegers als Erinnerungshilfe benutzen.

Die wichtigste Anwcisung für die Meditation bezieht sich auf diese Haltung oder Einstellung, wie ein Monarch zu sitzen. Sie behaupten Ihre Autorität. Sie haben eine Perspektive gewonnen. Sie entscheiden über Ihr Leben. Das bedeutet nicht, dass Sie zornig sind oder stoisch oder sich sehr anstrengen. Sie setzen sich einfach auf einen Stuhl, auf ein Kissen, auf den Boden, auf diese Erde, und sind Sie selbst. Traditionell wird das Meditationskissen mit einem Herrscherthron verglichen. Darin liegt Stärke, weil Sie sich aus Ihren alltäglichen Angelegenheiten zurückziehen und Ihren Körper still und ausgewogen und Ihren Geist bewusst sein lassen. Sie tun nichts. Sie drücken einfach Ihre Stärke aus.

In Shambhala wird diese Einstellung auch ein *Gefühl für Kopf und Schultern* genannt. Das ist ein bisschen mehr als eine rein äußerliche Haltung. Sie stellen damit Ihre Würde fest – dass keine Situation Sie überwältigen kann. Ihre Stärke leitet Sie. Ihre Einstellung ist unverrückbar, Sie haben, was Sie brauchen – einen festen Körper, einen wachen Geist und ein offenes Herz. Ihre Einstellung ist unverrückbar. Sie können verwundet werden, beleidigt, bedroht, verwirrt, zerquetscht werden, in Schluchzen ausbrechen, aber Ihre Würde kann Ihnen niemand ausreden, weil Sie so sehr Teil Ihres Wesens ist. Manche Zen-Lehrer nennen diesen Stil *vorn weich, hinten fest.* Im Zen-Bogenschießen sagt man *starker Geist, weiches Herz und schießende Würde* dazu. Das ist Ihre Haltung oder Einstellung.

Der Körper

Wenn man sich mit dieser Einstellung zum Meditieren hinsetzt, arbeitet man mit drei Aspekten seines Seins. Jeder entspricht einem natürlichen Prozess im Körper, in der Sprache und im Geist. Der erste besteht darin, einen ruhigen und im Gleichgewicht befindlichen Körper zuzulassen und zu bejahen. Suchen Sie einen Platz zum Meditieren, wo Sie nicht gestört werden. Das könnte Ihr Schlafzimmer sein, Ihr Arbeitszimmer, Ihr Atelier, ein öffentlicher Meditationsraum – jeder Platz, an dem Sie sich aus Ihrer gewöhnlichen Aktivität zurückziehen und auf gewöhnliche und einfache Art hinsetzen können. Wenn Sie ein Kissen benutzen, setzen Sie sich in die Mitte und bringen Sie sich gut ins Gleichgewicht, so dass Sie sich stabil verankert fühlen. Für diesen Zweck kann man sich ein spezielles Meditationskissen besorgen. Sitzen Sie im einfachen Schneidersitz, die Beine über den Knöcheln gekreuzt. Eine andere Methode ist die, einen bequemen Stuhl mit gerader Lehne zu benutzen und so gut es geht eine gerade Haltung zu wahren. Dabei sind die Beine nicht gekreuzt, die Fußsohlen berühren den Boden, und man verlässt sich nicht allzusehr auf den Stuhl, um eine aufrechte Haltung zu wahren.

Lassen Sie Ihre Hände mit offenen Handflächen nach unten auf den Oberschenkeln ruhen. Machen Sie den Rücken gerade und ziehen Sie das Kinn leicht nach unten, so dass Ihre Nackenwirbel in einer Linie mit der Wirbelsäule liegen. Auf diese Weise ist Ihr Kopf in der Balance und der Hals kippt nicht in eine andere Richtung wie der Rest der Wirbelsäule. Spüren Sie, wie Hüften, Schultern und Kopf auf einer Linie liegen und Ihr Gewicht sich auf beide Hüften verteilt. Lassen Sie Ihre Ellbogen gerade nach unten fallen. Runden Sie Ihre Schultern nicht nach vorn und spannen Sie sie nicht an. Entspannen Sie Ihren Unterkiefer.

Nun können Sie daraus das Gefühl für Kopf und Schultern aufbauen. Fühlen Sie, wie Sie ein wenig ins Hohlkreuz gehen.

Fühlen Sie Ihren oberen Rücken, Ihre Schultern, Ihren Hals. Stellen Sie sich vor, dass die Rückenwirbel wie aufeinander gelegte Goldmünzen sind, die perfekt in einer Linie liegen, so dass die goldenen Münzen Ihrer Wirbelsäule perfekt gestapelt sind. Wenn Sie sich so mit gutem Gefühl von Kopf und Schultern ausgerichtet fühlen, können Sie sich entspannen und zur Ruhe kommen. Die ideale Situation in der Meditation ist die größtmöglicher Balance und Harmonie.

Diese Sitzhaltung wird manchmal als königliche Pose bezeichnet. Sie fühlen sich wie ein legitimer Monarch. Sie sitzen auf dieser Erde und überschauen Ihre Welt. Ihre Augen sind offen, weil Sie nicht tagträumen oder einschlafen. Sie akzeptieren: „Das ist meine Welt, so sei es." Ihr Blick ist entspannt und etwas nach unten gerichtet – er ruht in dem Raum etwa eineinhalb bis zwei Meter vor Ihnen. Ihr Blick ist entspannt, weil Sie nicht versuchen, visuelle Eindrücke aufzunehmen. Stattdessen kommen Sie zur Ruhe. Ihre gesamte Haltung ist Offenheit, Würde, Loslassen, Gut-sein-Lassen. Sie sind fähig, sich aufrecht zu halten, während die Dinge Ihres Lebens kommen und gehen. All dies sind Anweisungen für den Körper.

Atem

Der Atem entspricht dem Prinzip der Sprache, die die Energie der Kommunikation und des Fließens in Ihrem Leben darstellt. Der Atem ist das, wodurch man existiert und überlebt. Er ist die Kontinuität des Lebens und Ihre Kommunikation mit einer größeren Welt. Die Meditationsanweisung lautet, auf den Atem achtsam zu sein. Ihr Atem kommt und geht auf natürliche Weise ohne Hindernis, wenn Ihr Körper gut ausgerichtet ist. Identifizieren Sie sich mit Ihrem Atem, so wie er ist. Fühlen Sie Ihren natürlichen Atem. Seien Sie der Atem. Lassen Sie Ihren Mund leicht offen stehen, so dass der Atem sich natürlich und ohne Hindernis bewegen kann.

Es gibt viele Techniken, die den Atem nutzen. Man kann darauf achten, wie der Atem hinein- und hinausgeht, oder man kann lediglich auf den hinausgehenden Atem achtsam sein. Wenn Sie nur auf den hinausgehenden Atem achten, können Sie folgendermaßen praktizieren: Wenn der Atem hinausgeht, gehen Sie einfach mit. Der Atem geht hinaus, Sie gehen hinaus. Der Atem löst sich auf, Sie lösen sich auf. Während Sie ausatmen, verstreuen Sie sich. Der Einatem ist eine Lücke im grundlegenden Fluss des Sich-Ausdehnens. Hinaus, auflösen. Hinaus, auflösen. Den Einatem lassen Sie einfach ohne zu viel Aufmerksamkeit geschehen. Sie legen einen sanften Nachdruck auf den Ausatem, um ein Vertrauen in den natürlichen Zustand der Meditation aufzubauen. Sie vertrauen einem natürlichen Geisteszustand.

Sie können auch üben, gleichermaßen auf den Einatem und den Ausatem zu achten, um die Achtsamkeit für den Körper zu entwickeln und Ihr Gefühl des Da-Seins zu stärken. Wenn Sie auf diese Weise meditieren, sind Sie als Resultat mehr im Körper verankert, im gegenwärtigen Moment, hier auf dieser Erde. Es könnte sein, dass Sie das brauchen, um Ihren Geist zu stabilisieren, damit Sie lange genug in der Meditation verweilen können, um etwas aufzunehmen und zu verstehen, und dabei nicht von Sinneswahrnehmungen und geschwätzigen Gedanken abgelenkt zu werden. Wenn Sie auf diese Weise Achtsamkeit üben, halten Sie Ihr Gefühl der Achtsamkeit auf den Körper aufrecht und legen eine ganz leichte Aufmerksamkeit auf den Atem, wie er hereinkommt und hinausgeht.

Atmen ist eine natürliche Aktivität. Mit jeder der beiden Atemtechniken tun Sie dasselbe – Sie nehmen eine würdevolle Sitzhaltung ein, identifizieren sich mit dem Atem und fangen an, sich auf ganz fundamentale Art mit sich selbst anzufreunden. Sie versuchen, buchstäblich auf der Stelle präsent zu sein, und Sie benutzen dazu Ihren natürlichen Atem. Ihr Körper wird Atem. Ihr Geist wird Körper und Atem. Die Praxis besteht darin, auf eine simple Weise in dieser Situation zu bleiben, indem Sie so gut es geht den Atem nutzen, um präsent zu sein. Der Körper ereignet sich jetzt. Der Atem ereignet sich jetzt. Wenn Sie anfangen, vom Präsent-Sein wegzudriften, kommen Sie einfach wieder zu Ihrer Haltung und zum Atem zurück.

Geist

Wenn Sie auf diese Weise praktizieren, werden Sie sich Ihres Gedankenprozesses bewusst werden. Wir haben Körper und Sprache abgedeckt. Nun kommen wir zum dritten Prinzip, dem natürlichen Prozess des *Geistes.* In der Praxis der Achtsamkeit auf Körper und Atem wird dem Denken auf simple Weise Platz eingeräumt: als Denken. Sie sind nicht schockiert von Ihren Gedanken. Sie sind nicht begeistert oder angeekelt von Ihren Gedanken. Sie sind wie ein Berg, und Denken ist wie das Wetter am Berg. Es kommt und geht, während der Berg ruhig bleibt, unbeweglich und friedlich. Denken wird etwas Oberflächliches. Wenn Sie bemerken, dass Sie denken, bringen Sie sich mit einer leichten Geste zurück zu Ihrer Haltung, zurück zu Ihrem Atem. Sie bemerken, dass Sie nachdenken, und dann zurück zur Haltung, zurück zum Atem. Was immer Ihre Gedanken sind, ob sie nun exotisch, langweilig, wollüstig sind oder darum kreisen, dass Sie mehr Gemüse essen müssten: Der Inhalt spielt keine Rolle. Denken ist einfach nur Denken. Auf diese Weise wird nichts, was aufsteigt, ignoriert, es wird aber auch nichts übertrieben oder hervorgehoben. Wenn Sie mit der Person neben Ihnen schlafen wollen, ist das Denken. Wenn Sie die Person neben Ihnen töten wollen, ist das Denken. Wenn Sie ein neues Gerät erfinden, die Wäsche waschen oder ein Stück Kuchen essen wollen, ist das Denken. Keine großen Pläne – nur die Natürlichkeit Ihres Da-Seins. Bemerken Sie einfach Gedanken und Gefühle, Ihre grundlegende Geschwätzigkeit, und kommen Sie zu Ihrer Haltung und Ihrem Atem zurück. Kehren Sie zu Ihrer

Einstellung zurück, dass Denken Denken ist, und benutzen Sie den Atem, um zurückzukommen.

Große Gedanken, kleine Gedanken, wichtige Gedanken, gemeine Gedanken, platte Gedanken, bunte Gedanken – kommen Sie einfach wieder und wieder in Ihr Hier-Sein zurück. Sie können die großen Gedanken – die, die Sie aus dem Zimmer entführen – im Geiste als „Denken“ etikettieren und die anderen einfach nur bemerken. Alles in allem sind die wichtigsten Richtlinien für das Training in Achtsamkeit Präzision, Sanftheit und Loslassen.

Diese Praxis nennt sich *Berühren und Loslassen.* Denken, Atem und Körper sind natürlich ablaufende Prozesse. Man berührt sie, und dann lässt man sie los, wieder und wieder. Das hat Macht, weil der Fluss des Lebens Macht hat. Berühren und Loslassen erlaubt Ihnen, klar und genau zu sehen. Und es ist auch eine Methode, Mut zu entwickeln. Sie sind mutig genug, Ihre Gedanken zu berühren, was für welche es auch immer sind, und dann mutig genug, sie wieder gehen zu lassen. Sie haben Körper, Atem und Geist, und Geist ist das Prinzip der Offenheit oder des Raums. Sie arbeiten mit Körper *und* Geist, nicht mit dem Geist allein, also verlassen Sie die Realität nie. Alles wird durch Ihre Haltung und Ihre Einstellung eine Einheit. Gedanken kommen und gehen, und Sie lassen sich zur Ruhe kommen.

Während Sie meditieren, wird Ihre angeborene Achtsamkeit-Bewusstheit hochgradig gestärkt. Und genau die ist es, in der Sie sich verankern wollen. Und zu Ihrer Überraschung funktioniert es. Wenn Sie sich zum Meditieren hinsetzen, kann es sein, dass Sie von Ihrem Geist und Ihrem Körper, die verschiedene Geschwindigkeiten haben, gehörig durchgeschüttelt werden. Und trotzdem sind Sie, wenn Sie dann wieder aufstehen, irgendwie gesammelter und würdevoller. Sie können auf realistischere, humorvollere, weniger schwerfällige Weise Sie selbst sein. Sie sind intelligenter. Sie haben mehr Weisheit.

Den idealen meditativen Zustand gibt es nicht. Der Sinn der Sache ist nicht, einen speziellen Geisteszustand zu kultivieren, sondern dem, was geschieht, ohne Vorurteil Platz einzuräumen, damit man sehen kann, was da ist. Ihre Zeit auf dem Kissen kann finster und chaotisch sein oder aber klar, hochgestimmt und voller Einsichten. Was auch immer Sie erleben, Ihre Einstellung ist: „Das ist Meditation. Ich bin bei Verstand. Grundlegendes Gutsein ist real. Grundlegendes Gutsein ist die ultimative Verlässlichkeit. Ich bin mutig und würdevoll. Die Erde ist mein Zeuge dafür."

Es hängt von Ihrer Lebenssituation und Ihren Umständen ab, aber es ist gut, in irgendeiner Form täglich Kontakt zur Meditation zu haben. Versuchen Sie es mit kurzen Perioden, wenn Ihr Geist klar ist. Auf diese Weise können Sie sich darauf einstimmen, ganz natürlich Sie selbst zu sein. Versuchen Sie das oft. Seien Sie auch bereit zu sitzen, wenn in Ihrem Kopf Chaos herrscht. Meditieren Sie, wenn Sie glücklich sind, traurig sind, wenn Sie zu tun haben und wenn Ihnen langweilig ist. Manchmal werden Sie Gelegenheit zur Meditation haben, aber nicht den Wunsch danach. Manchmal werden Sie den Wunsch nach Meditation haben, aber nicht die Gelegenheit dazu. Tun Sie, was Sie können. Aber wenn der Wunsch und die Gelegenheit zusammenkommen, dann sollten Sie praktizieren! Zehn bis zwanzig Minuten genügen vielleicht. Sie könnten morgens und abends meditieren. Vielleicht schaffen Sie ein paarmal am Tag nur fünf Minuten. Das ist gut. Wenn Sie Zeit haben, können Sie länger meditieren. Und es ist wichtig, persönliche Unterweisung zu erhalten, wenn es möglich ist.

Mit der Praxis der Meditation versuchen Sie Ihren Geist flexibel genug zu machen, um sich und Ihre Welt von neuem untersuchen zu können. Sie zähmen die Wildheit Ihres Geistes, damit Sie sich und Ihre Welt direkt erleben können. Wie Sie irgendetwas tun – wie Sie mit Ihrem Geist umgehen, wie Sie mit Ihrem Körper umgehen und was für eine Art von Handlung herauskommt, wenn Sie Ihre Grenzen hinter sich lassen –, hat sehr viel Macht und beeinflusst Sie und andere. In der Meditationspraxis versucht man, den Geist offen und feinfühlig genug zu machen, um sehen zu können, wie Wahrnehmung funktioniert, wer man ist, was um einen herum geschieht und was die eigene Bestimmung ist, so dass man seine Sinne ohne Bewertung gebrauchen, die eigene Menschlichkeit besser hervortreten lassen und sich auf die Welt einlassen kann.

8

Der Kommentator und der Kokon

Grundlage: Den Kommentator und den Kokon einfach nur zu sehen, ...
Weg: ... beginnt ihre Strategie zu unterminieren ...
Ergebnis: ... und Sympathie für uns und andere zu erzeugen.

Manchmal müssen wir meditieren, um auch nur zu sehen, dass wir *tatsächlich* denken. Wenn wir anfangen zu sitzen, scheint es manchmal, als würden wir dadurch nur noch mehr denken, aber eigentlich ist uns nur mehr bewusst, dass wir denken. Jetzt können wir entdecken, wie viel in unserem Alltag aus unserem Denken gemacht ist!

Der Morgen dämmert. Der Wecker klingelt, oder Sie erwachen von den morgendlichen Geräuschen der Vögel oder Autos. Draußen ist es noch dunkel, oder Sie sehen das erste Morgenlicht. Sie hören die Vögel zwitschern, den Kühlschrank surren, jemand anders aufstehen. Sie spüren die kühle Morgenluft durch ein offenes Fenster oder weil die Heizung heruntergedreht ist. Sie hören, wie die Zeitung eingeworfen wird, oder die Autos und Lastwagen, während die Stadt erwacht. Sie sind wach, offen und frisch.

Oder der Morgen dämmert. Und irgendwo im offenen Raum geht etwas schief in Ihrem Kopf. Er beginnt mit Ihnen zu sprechen. „Das wird kein guter Tag. Hier kommt schon die Angst. Sie geht nie mehr weg. Ich bin meinen Mutterpflichten, meinen Vaterpflichten, meiner Ehe, meinem Job nicht gewachsen. Sogar mein Auto sieht nicht mehr so gut aus. Dieser Tag wird nicht so gut laufen. Das Fernsehprogramm gestern Abend war irgendwie komisch. Aber eigentlich habe ich vom Fernsehen die Nase voll. Irgendwas sollte sich ändern in meinem Leben, aber es passiert nichts. Vielleicht sollte ich eine andere Teesorte trinken. Ich mache heute ein paar Sachen anders als sonst. Das hilft vielleicht."

Oder der Morgen dämmert. „Das wird ein großartiger Tag. Ich weiß, was ich erreichen will. Ich werde ein paar Pfund abnehmen, einen neuen Computer kaufen, mit meinen Kindern über die Schule reden. Klar, ich muss ein paar Hürden nehmen, aber ich weiß ungefähr, was an der Reihe ist. Zumindest gebe ich dem Leben eine Chance. Das mache ich immer. Das finde ich eben gut an mir. Ich bin wirklich sehr zielstrebig. Was auch kommt, ich werde es schon packen. Was für ein Tag!"

Oder der Morgen dämmert. Sie duschen und absolvieren Ihre morgendliche Routine. Sie fühlen sich wohl, gesund, ausgeglichen. Sie wissen auf dem Fluss Ihres Lebens dahinzuschwimmen. Sie fühlen sich okay – zuversichtlich, gesund, kompetent. Dann schalten Sie die Nachrichten ein, oder das Telefon läutet und Sie gehen dran, oder Sie setzen sich zum Frühstück mit Ihren Kindern oder Ihrem Partner hin. *Sie* sind okay, und aus heiterem Himmel ziehen *die* plötzlich *ihre* gewohnten Geschichten ab, so wie Sie Ihre eigenen abziehen! Es schockt Sie ein bisschen, dann steigen Sie auf die Geschichten ein, um sich Ihrem Umfeld anzupassen und den Tag zu beginnen.

In all diesen Fällen schrumpft Ihr Horizont. Ihre Sinneswahrnehmungen sind zunehmend blockiert. Sehr bald waschen Sie Ihr Gesicht und riechen die Seife nicht mehr. Sie frühstücken und schmecken den Toast nicht. Sie spüren nicht einmal mehr das Telefon am Ohr. Sie machen die Tür auf, um nach draußen zu gehen, und Sie spüren die frische Luft nicht. Nicht mehr lange, und Sie haben keine Ahnung mehr, was Sie eigentlich tun. Sie verlieren den Anschluss an das, was Sie denken, ja sogar an die Tatsache, dass Sie denken. Ganz langsam befördern Sie sich in eine kleinere Welt hinein. Shambhala nennt das „den Kommentator und den Kokon entdecken".

Wenn eine Seidenraupe einen Kokon webt, dann erzeugt sie kilometerlange klebrige Fäden. Kreuz und quer, hin und her verwebt sie dieses klebrige Zeug, um eine sichere, heimelige, schützende Hülle zu schaffen, in die kein Licht eindringen kann, in die keine frische Brise, nichts Unvorhergesehenes, Fremdes oder Bedrohliches von außen hereinkommen kann. Der Aspekt Ihres Geistes, der ständig kommentiert, bewertet und interpretiert, ist wie diese Seidenraupe. Ihr Kommentator denkt dieselben Gedanken wieder und wieder, wiederholt ein ums andere Mal dieselben Verhaltensweisen und rechtfertigt sie auf immer dieselbe alte Weise, bis der Kokon, der aus diesen Gedanken und Verhaltensweisen entsteht, sich gut und natürlich anfühlt.

Wir weben den Kokon aus unserem eigenen klebrigen Zeug – unseren Gedanken, unseren Plänen, unserer Persönlichkeit, unserer Geschichte, unseren Gewohnheiten, unseren Wünschen und Anklagen – aus denselben Gedanken über dieselben Dinge, immer und immer wieder. Immer wieder wird dasselbe Material durchgekaut und wiedergekäut, um immer wieder zu den immer gleichen Schlussfolgerungen zu führen. Alles wird auf dieselbe Weise interpretiert. Sogar der Streit mit unserem Partner und die Unterhaltung mit unseren Freunden ist eine Wiederholung ein und derselben risikolosen Sache, wieder und wieder. Wieder und wieder sprechen wir mit uns selbst und führen dieselben imaginären Dialoge. Wir gehen die Treppe hinunter, gehen aus dem Haus, fahren aus der Einfahrt heraus, nehmen die Ausfahrt von der Autobahn. Wo immer wir auch sind, ein ums andere Mal schauen wir in die Welt und sehen sie genauso schal wie gestern und vorgestern. Wir spielen dieselben schalen mentalen Aufnahmen immer wieder ab.

Dieser Kokon, so beschrieb es Trungpa Rinpoche, ist so, als würde man den eigenen Achselschweiß riechen. Irgendetwas ist in unserer Intelligenz, das den Bequemlichkeit verheißenden, leicht widerwärtigen Geruch der eigenen Verhaltensmuster liebt. Im Kokon herrschen nur Ihre Gerüche, Ihre Gedanken, Ihr Leben. Man ist sicher und geborgen – so sicher, dass nichts Frisches, nichts Fremdes, nichts Unvorhersehbares eindringen kann. Alles ist vertraut und angenehm. Nun können Sie es sich in Ihrer Lethargie bequem machen und schlafen.

Man kann einen Kokon aus seiner Arbeit weben, aus seinen Beziehungen, der Wäsche, die erledigt werden muss, den Nachrichten – alles und jedes, was Ihnen etwas bedeutet, kann ein Kokon sein. Ich habe Freunde, die in einem abgelegenen Gebiet in den Bergen ein wunderschönes Haus haben. Als ich sie zum ersten Mal besuchte, standen wir auf der Terrasse und bewunderten die Aussicht. Jenseits einer riesigen sanften Wiese, gerade dort, wo sich die nächsten Bergketten gegen den Horizont abhoben, konnte man beim genauen Hinsehen zwischen den Bäumen ein sechstes Haus ausmachen. Meine beiden Freunde sahen sich an und kicherten: „Schon wieder ein Haus. Schau dir an, was aus dieser Wohngegend geworden ist!“ Dann mussten wir ziemlich lachen, weil sich sogar aus der Tatsache, dass man in großzügigen Wohnverhältnissen lebt, ein Kokon weben lässt. Der Kommentator kann einem sogar Depressionen angenehm machen, weil sie zumindest vertraut sind und uns gehören. Die Funktion des Kommentators ist es, das herbeizuspinnen, was Sie für Ihre Bequemlichkeit und Geborgenheit zu benötigen glauben – Konkurrenzgedanken, hungrige Gedanken, gelangweilte Gedanken, aufgekratzte Gedanken, gereizte Gedanken, gierige Gedanken, ängstliche Gedanken, Mordgedanken, jede Art von Welt, in der Sie sich zu Hause fühlen können. Der Zweck dieses Tuns ist, eine lauwarme und abgesicherte Existenz auszubrüten. Im Grunde jedoch sind Sie mit dem, was dabei herauskommt, nicht so ganz glücklich. Es ist so, als wäre überall das Licht heruntergedreht. Nichts fließt. Alles scheint in Seichtigkeit zu ersticken. Es gibt keine Ecken und Kanten mehr. Man hat sich in eine Pseudo-Wirklichkeit eingeschlossen. Der Himmel über einem ist blockiert. Die Atmosphäre ist blockiert. Man spürt, dass man wirkliche Grenzen hat. Nichts wird persönlich erlebt. Man fühlt sich stumpf, fade, erdrückt. Alles ist logisch und wird immer wieder interpretiert. Nichts ist wichtig außer diesem kleinen Stück Immobilienbesitz namens „Ich & Mein“, und sogar der wirkt ein wenig öde.

Der Kokon ist im Grunde ein Armutszeugnis. Er brütet Depression aus. An der Oberfläche wirkt er angenehm und vertraut, aber im Grunde fühlt man sich bankrott. Man hat kein Interesse an seiner Situation, keine Reserven, um mit den Dingen umzugehen, und jede Einladung, eine größere Welt zu betreten, ist zu bedrohlich, zu anstrengend, zu verwirrend, zu subtil. Man spürt, dass man überwältigt werden wird. Lieber bei dem bleiben, was man kennt, das Leben weiter so führen, wie es jetzt ist, und das Beste hoffen. Lieber nicht hochschauen. Lieber regelmäßig und abgesichert leben als versuchen, seine Grenzen zu überwinden.

Eine ältere Dame erzählte mir einmal, wie sie in jungen Jahren in einem Büro mit mehreren anderen Sekretärinnen für die kanadische Regierung gearbeitet hatte. Dort saßen auch zwei Regierungsbeamte, durch ihre Schreibtische getrennt, und sie kamen nicht miteinander aus. Einer war Engländer, der andere Pole. Ihr Streit war so schlimm, dass die Regierung eines Tages eine Trennwand zwischen den beiden installierte. Zuerst kam der Engländer hinter der Wand hervor und sagte triumphierend zu den Sekretärinnen: „Wir Engländer geben nie auf!“ Und dann kam der Pole hinter der Wand hervor und sagte triumphierend zu den Sekretärinnen: „Wir Polen geben nie auf!“ Und die Sekretärinnen sagten untereinander: „So dumm. Das ist doch völlig sinnlos!“ Diese beiden Männer waren in ihren Kokons gefangen. Die Sekretärinnen konnten das sehen, die Männer selbst nicht.

Sich in einen Kokon einzuspinnen ist etwas Menschliches. Es gibt den Frühnachmittags-Kokon, den Früher-Abend-Kokon, den Ins-Einkaufszentrum-gehen-Kokon, den Zu-einer-Besprechung-gehen-Kokon, den Essens-Kokon, den Schlafengehen-Kokon, den englischen Kokon, den polnischen Kokon, den Niemals-aufgeben-Kokon und so weiter. Wir betreten einen Kokon so, wie wir unsere gewohnten

Kleider anziehen, in unser gewohntes Auto sitzen oder eine gewohnte Straße hinunterfahren. Es ist schwierig und entlarvend, seinem Kokon ins Gesicht zu sehen, ganz zu schweigen davon, ihn zu verlassen. Ihn einfach nur zu sehen kann schon unerfreulich sein. Aber der Kokon ist kein Ding. Es gibt immer die Möglichkeit, daraus auszusteigen. Er ist aus nichts anderem gemacht als den Verbindungen, die unser Geist zusammenstichelt, damit wir uns geborgen fühlen können, damit wir das Gefühl haben, wir hätten uns im Griff, die Gesellschaft, das Leben.

Wenn wir einen Schimmer von einer größeren Welt außerhalb des Kokons erhaschen, dann wirft das ein grelles Licht auf unser Versteckspiel. Das kann sehr schmerzhaft sein, aber es ist normalerweise ein gutes Zeichen. Ich erinnere mich, wie ich mir eines Abends im Fernsehen *Hamlet* ansah und plötzlich einen Schweißausbruch bekam. Ich schwitze eigentlich nie richtig stark – außer an jenem Abend. Ich hatte mich in einen Rache-Kokon eingesponnen wegen einer Beziehung, die nicht funktionierte, und Shakespeare nagelte mich fest.

Man sieht seine Kokon-Tendenzen, wenn irgendetwas in einem selbst dieses Versteckspiel in vertrauten Gewohnheitsmustern satt hat und sich nach frischer Luft sehnt. Diese Sehnsucht nach frischer Luft ist der Anfang von persönlichem Mut. Aus Ihrer Sehnsucht entwickeln Sie die Möglichkeit des Nicht-Gefangenseins, und Sie beginnen auf das zuzugehen, was Sie ins Auge gefasst haben. In diesem Prozess entdecken Sie, dass Ihre Intelligenz zwei Seiten hat. Ein Aspekt Ihrer Intelligenz versucht, aus vertrauten Phantasien ein Zuhause zu bauen. Ein anderer Aspekt Ihrer Intelligenz ist wagemutiger, schärfer und geistesgegenwärtiger. Dieser zweite Aspekt kommentiert Ihre Tendenz zur Sicherheit. Er sieht, dass vieles von dem, was Sie tun, den Versuch darstellt, sich vor Unklarheit, Unsicherheit und Langeweile zu schützen oder schlichtweg davor, Sie selbst zu sein. Er sieht, wie Sie nervös herumzappeln. Er sieht, wie Sie übertreiben, wenn Sie nicht wissen, wie Sie sich verhalten sollen. Er sieht, wie Sie Mord-

und Rachegedanken haben, wenn Sie es nicht schaffen, sich zu öffnen. Ihre Intelligenz arbeitet daran, das Leben abzudämpfen, damit es nicht so intensiv ist, und dann beklagt sie sich über die Ödnis, die dabei herauskommt! Sie beklagt, dass Sie sich verstecken.

Der ganze Weg des Kriegers dreht sich auf zunehmend subtilere Weise darum, dem Kokon zu entkommen und in Richtung größeren Mutes, größerer Offenheit zu gehen. Das ist ein schrittweiser Prozess, in dem man lernt, von Moment zu Moment seinen Geist und sein Herz zu öffnen. Es ist ein Weg des Mitgefühls. Mitgefühl heißt hier, zu akzeptieren, zu würdigen, warm zu werden, Sympathie zu haben, zu durchschauen. An sich ist nichts falsch an unseren alltäglichen Aktivitäten. Man muss sein alltägliches Leben nicht aufgeben. Man muss seine Aktivitäten oder seine Erfahrung nicht verändern. Wenn man nicht auf Sicherheit aus ist, wenn man sich nicht mit einer Pseudo-Wirklichkeit umgibt, dann spinnt man keinen Kokon, egal was man macht.

Wir müssen lediglich aufhören, uns in Gedankenmustern zu verstecken, nur damit wir uns vorgaukeln können, wir hätten alles im Griff. Wir haben es nicht im Griff. Wir hatten es eigentlich nie, und wir werden es auch nie. Die Dinge sind einfach so, wie sie sind. Wenn wir so mit unserer Sicherheit beschäftigt sind, bemerken wir nicht einmal, dass wir ein weiches Herz oder eine größere Vision haben oder in einem Kokon vor uns hin leiden. Wir sehen das grundlegende Gutsein nicht. Wir haben kein Mitgefühl für ängstliche Menschen, einschließlich uns selbst. Wir durchschauen den Kommentator nicht, und wir leiden sehr. Aber den Kokon einfach nur zu sehen beginnt seine Strategie schon zu unterminieren. Wir fangen an, ein bisschen visionärer zu sein. Wir fangen an, ein bisschen mehr Interesse, wohlwollendes Interesse, für eine größere Welt zu zeigen.

9

Keime der Furchtlosigkeit pflanzen

Grundlage: Angst ist in unserem Leben scheinbar allgegenwärtig.
Weg: Den Mut haben, die eigene Angst kennen zu lernen.
Ergebnis: Wir entdecken eine Zartheit, die nützlich, realistisch und mutig ist.

Was einen umtreibt, wenn man den Kokon erzeugt, ist Angst, Angst und nochmals Angst. Alle Lebewesen haben Angst, auch die menschlichen Wesen. Man hat Angst vor Beziehungen, Angst vor dem Alleinsein, Versagensangst, Angst vor Erfolg, Angst vor Aggression, Angst, den Verstand zu verlieren, Angst, sich seinem Verstand zu stellen, Angst, keine Freunde zu haben, Angst, zu viele Freunde zu haben. Man hat Angst um seine Kinder und die Kinder auf einem anderen Erdteil. Manchmal, wenn man sitzt und sich öffnet, hat man Angst einfach deshalb, weil man sich auf eine ganz neue Weise bloßgestellt fühlt. Sogar wenn man es schafft, sein Leben abzusichern und reibungslos durchzuorganisieren, kann immer noch etwas daherkommen und die Sicherheit zunichte machen.

Sie waschen Ihre Wäsche, führen den Hund aus, zappeln nervös herum, setzen sich anders hin, öffnen den Kühlschrank, nehmen eine Arbeit an und freunden sich mit jemandem an – um die Angst zu vermeiden. Oder Sie waschen Ihre Wäsche nicht, führen den Hund nicht aus, zappeln nicht nervös herum, setzen sich nicht anders hin, öffnen den Kühlschrank nicht, nehmen keine Arbeit an und freunden sich mit niemandem an – auch, um die Angst zu vermeiden. Der Punkt ist nicht, dass Sie ein Feigling sind. Der Punkt ist, dass Sie ein Mensch sind. Als Menschen tut es uns not, Ihnen und mir, dass wir im tiefsten Herzen vor uns selbst keine Angst haben. Das ist die Quintessenz der Praxis eines Kriegers. Die Shambhala-Lehren sind darauf ausgerichtet, bei der Entwicklung eines starken Herzens und eines starken Geistes zu helfen, damit Sie und ich unsere Angst überwinden können.

Angst ist Besorgnis, Nervosität, das Gefühl, überfordert zu sein, Rastlosigkeit, Panik. Man hat Ängste, die man mit Hilfe von Logik aufbauschen kann, etwa die Angst, den Job zu verlieren, seinen Besitz zu verlieren, sich vor anderen lächerlich zu machen, Angst, dass den Menschen, Tieren, Landschaften oder Dingen, die Sie lieben, etwas zustößt. Man kann Gründe dafür liefern, warum diese Ängste berechtigt sind, und auf Verständnis rechnen. Und doch ist die Angst manchmal grundlos. Sie kommt aus heiterem Himmel. Sie schlägt einfach zu.

Der Zweck der Angst ist, Sie zu ängstigen. Das ist ihre Aufgabe. Wenn sie ihre Aufgabe erfüllt, verlieren Sie Ihre Stärke. Sie verlieren Ihren Humor und Ihre spielerische Seite. Es gibt keine Leichtigkeit und keine Freude mehr in Ihrem System. Ihre innere Haltung bröckelt. Sie haben das Gefühl, dass Sie keine Reserven mehr haben und nicht improvisieren können.

Der Mut eines Kriegers hängt davon ab, dass er oder sie die Angst kennen lernt. Wenn wir die Angst ignorieren, können wir sie nicht überwinden. Trungpa Rinpoche nannte Angst eine gigantische Anzündhilfe, die wir benutzen können, um ein riesiges Feuer der Furchtlosigkeit zu entfachen. Der Weg, auf dem wir Mut entwickeln, besteht nicht darin, dass wir die Angst vertreiben, sondern darin, dass wir mehr über sie herausfinden, indem wir ihr direkt ins Gesicht sehen. Bis wir sehen, was das Problem ist, wird jeder Versuch, der Angst zu entrinnen, sie nur noch stärker machen. Wenn Sie mehr über Ihre Angst herausfinden, *ist* das schon Furchtlosigkeit. *Das* ist der Sprung, den Sie machen müssen.

Es gibt eine Geschichte über den jungen Trungpa Rinpoche. Er war der Abt einer Reihe von Klöstern in Osttibet, und er besuchte diese Klöster regelmäßig, um ihre Verwaltung zu beaufsichtigen, Zeremonien durchzuführen und zu lehren. Eines Tages näherten er und seine Reisegruppe sich zu Fuß einem Kloster, als ein bissiger Wachhund direkt auf sie zurannte. Die anderen Mönche liefen in alle Richtungen davon, aber Rinpoche rannte direkt auf den Hund zu. Der Hund war so verblüfft, dass er stehen blieb, sich umdrehte und davonrannte. Später, als er im Westen lehrte, gab Rinpoche Hinweise für das Arbeiten mit Angst, die wie diese Geschichte die direkte Konfrontation mit der Angst beinhalten. Er lehrte, die Angst anzuschauen. Man sieht, dass sie da ist, um einen zu ängstigen. Das ist es, was sie versucht. Halten Sie Ihre Bewusstheit auf die Angst gerichtet. Die Bewusstheit unterminiert die Strategie der Angst; dann werden Sie unter der Oberfläche der Angst Zartheit entdecken. Zartheit ist immer da. Es erfordert Arbeit, aber wenn Sie Ihre Zartheit einmal gespürt haben, können Sie improvisieren.

Versuchen Sie es. Nehmen Sie eine simple, gewöhnliche Angst. Sie müssen beispielsweise eine Entscheidung treffen, und aus irgendeinem Grund macht Ihnen das Angst. Das Telefon klingelt, und aus irgendeinem unbekannten Grund flackert eine Angst in Ihnen auf, den Hörer abzunehmen. Wischen Sie sie nicht als unbedeutend vom Tisch. Nehmen Sie sich stattdessen die Zeit, sie direkt anzuschauen, ohne sie loswerden zu wollen. Bringen Sie Bewusstheit hinein. Nun gehen Sie ein wenig tiefer. Unter der Oberfläche der Angst finden Sie Zartheit. Diese Zartheit ist sanft, realistisch und ruhig – genau die Reserven, die Ihnen gefehlt haben. Wenn Sie diese Zartheit spüren, verändert sich Ihre Erfahrung. Nun stehen Sie mit der Stärke in Verbindung, die Sie brauchen. Sie sind ruhig und realistisch, und Sie bekommen Hinweise, wie Sie weiter vorgehen können. Ihre Intelligenz hat Spielraum. Sie können sehen, ob Weisheit darin liegt oder nicht, dass Sie den Hörer abnehmen oder auf den Hund zurennen.

Es ist ein Prozess in drei Schritten. Die Angst anschauen und einfach ihren Zweck sehen ist der erste Schritt, um sie zu überwinden. Ihr Zweck ist klar: Die Angst möchte Sie ängstigen. Der nächste Schritt heißt, weicher zu werden und die Erfahrung, so wie sie ist, zu respektieren. Auf diese Weise können Sie mit der Zartheit in sich Kontakt aufnehmen, die echt und real ist. Diese Zartheit ist keine Schwäche. Sie ist nüchtern und sehr stark. Sie macht Sie ruhig, weil sie ausgeglichen und realistisch ist. Diese Ruhe nutzen Sie schließlich, um in die Angst hineinzugehen. Anstatt wegzulaufen, anstatt den Versuch zu machen, sie hinter sich zu bringen oder sich zu retten, vertrauen Sie einfach Ihrer Menschlichkeit und marschieren hinein. „Hallo, Angst." Wenn es so aussieht, als sei das die immer gleiche alte Angst, dann ist es eben so. „Ich habe dich monatelang nicht gesehen. Ich habe mich schon gewundert, wo du steckst!" Wenn es eine neue Angst ist: „Hey, wir kennen uns noch nicht." Die drei Schritte sind: hinschauen, sanft werden, hineinmarschieren.

In diesem Zusammenhang gibt es eine Geschichte über Milarepa, Tibets großen Dichter-Yogi. Als er jung war, war Milarepas Familie von einem Onkel sehr schlecht behandelt worden, und seine Mutter wollte sich rächen. Also wurde Milarepa ein Schwarzmagier, um seiner Mutter Freude zu machen, und er lernte eine Menge böse Tricks. Eines ergab das andere, und bei der Hochzeit der Tochter seines Onkels ermordete Milarepa eine große Zahl Leute. Dadurch schlug die Stimmung in der Dorfgemeinschaft um. Vor der Hochzeit hatten die Dorfbewohner Verständnis für die Notlage von Milarepas Familie gehabt, aber jetzt bekamen die Leute Angst vor ihm. Milarepa wurde isoliert, und er spürte Reue. Schließlich machte er sich auf, um bei einem großen buddhistischen Lehrer zu studieren. Die Sache endete damit, dass Milarepa den Rest seines Lebens zurückgezogen im Himalaya verbrachte, wo er meditierte und Jägern, Dorfbewohnern und Einsiedlern, die seine Schüler wurden, Lieder der Erkenntnis vorsang.

An einem dieser Tage, die er als zurückgezogener Einsiedler verbrachte, ging Milarepa Feuerholz sammeln, und als er zurückkam, waren Dämonen in seiner Höhle. Er brüllte sie an, sie sollten weggehen. Er versuchte alles, was er wusste, um sie zu erschrecken, und einige verschwanden. Aber ein Dämon wollte einfach nicht verschwinden. Milarepa bewarf ihn mit Stöcken und versuchte Zaubersprüche. Es klappte nicht. Schließlich sagte Milarepa: „Also gut, fühl dich wie zu Hause! Komm, wir setzen uns. Lass uns über die Lehren reden. Mach es dir bequem und iss ein wenig Nesselsuppe!" Und der Dämon verschwand. Milarepa sang ihm ein Abschiedslied, das Sie sich auf ein Stück Papier schreiben und als Motto benutzen können. „Durch Mitgefühl überwinde ich die Dämonen. Alles Anklagen schlage ich in den Wind!" Das ist der Umgang mit der Angst, den wir lernen. „Erzähl mir etwas von dir. Es interessiert mich echt. Du hast lange gebraucht, um mich zu finden. Nimm dir ein wenig Suppe!"

Wenn unser Herz in Frage gestellt wird, ist es schwer, echt und wahrhaftig zu bleiben und sich mit den eigenen Problemen anzufreunden. Wir möchten sie gern überspringen, statt sie zu untersuchen und herauszufinden, worum es wirklich geht. Aufgrund dieses Drangs wird der Impuls, vor unseren Schwierigkeiten davonzulaufen, sehr schnell ausgelöst. Aber Milarepa rät uns, vor unserer Erfahrung nicht wegzulaufen. Die Disziplin des Kriegers ist es, sich auf das einzulassen, was einem Angst macht. Man kann sich der Angst öffnen oder nicht, und man entscheidet sich für das Erstere. Schauen Sie nicht weg. Auch wenn Sie Angst haben, laufen Sie nicht weg. Öffnen Sie sich für das, was Sie fühlen. Seien Sie sanft. Dann gehen Sie in die Angst hinein. Wenn Sie das tun, verändert sich etwas. Sie merken vielleicht, dass Sie sich kühl und einsam fühlen, und diese kühle Einsamkeit macht Sie fit und realistisch. Jetzt sind Sie ein hundertprozentig realer Mensch. Sie sind ruhig, weil Sie real sind. Jetzt können Sie Ihre Intelligenz und Ihr Herz gebrauchen und improvisieren.

Sie haben gerade die Disziplin eines Kriegers praktiziert. Sie sind in die Angst hineingegangen, und in diesem Prozess haben Sie das Hindernis überwunden. Sie sind auf der anderen Seite herausgekommen. Es ist, als öffneten Sie eine Tür und gingen hinein. Die Schwelle, auf der Sie standen, wird überschritten, und Sie finden sich auf der anderen Seite der Angst wieder. Sie gewinnen an Stärke und Selbstvertrauen. Rinpoche nannte es die Praxis des *Hineingehens und Herauskommens.* Wenn Sie in die Angst hineingehen, statt sie zu ignorieren, dann merken Sie, dass Sie bereits auf der anderen Seite sind. Legen Sie Ihre Bewusstheit in das tatsächliche Gefühl, Angst zu haben. Damit schaffen Sie schon mehr als die Hälfte der nötigen Umwandlung. Dann löst die Angst sich auf, und Sie sind allein mit sich. Das ist die Zartheit. Es ist eine *pragmatische* Zartheit. Jetzt können Sie Hinweise aufnehmen, wie Sie vorgehen sollen. Einfach, weil Sie das Hindernis sehr klar sehen, einfach, weil Sie Ihre Bewusstheit nutzen, wenn Sie das Hindernis wirklich sehen, kommt Ihre echte Intelligenz von allein ans Licht.

Der Schlüssel ist wirklich, wie Sie mit sich selbst umgehen. Ohne Vertrauen in das grundlegende Gutsein Ihrer Erfahrung können Sie Angst nicht transformieren. Ohne Vertrauen in grundlegendes Gutsein versuchen Sie zurückzuweichen. Dann geht es nur noch darum, wer gewinnt: die Angst oder Sie. Das führt zu einem Kampf, und der Kampf macht Sie gefühllos. Ihre Sinne verschließen sich, und das reduziert Ihr Lebensgefühl. Jetzt meinen Sie, Sie hätten keine Reserven, um mit der Angst klarzukommen. Sie werfen mit Gegenständen und Zaubersprüchen um sich wie Milarepa, aber das klappt nicht. Die Angst nistet sich bei Ihnen ein.

Die Praxis besteht stattdessen darin, Ihrer Erfahrung Sanftheit und Gastfreundschaft entgegenzubringen. Das steigert Ihre Bewusstheit, und Bewusstheit steigert Ihre Stärke und Intelligenz. Ihre Erfahrung wird beeinflussbar. Ihr Mitgefühl wird aktiviert, und die Angemessenheit Ihres Handelns wird ebenfalls größer, weil unter Ihrer Angst Zartheit liegt, und die ist weich, ruhig und ein bisschen visionär. Nun bringen Sie Ihre Vision ein, und mit dem, was um Sie herum geschieht und was aus Ihnen an Ideen kommt, können Sie Ihr weiteres Vorgehen improvisieren.

Wenn Sie die Angst erforschen, woher sie kommt, wann sie aufsteigt, wie sie aufsteigt, wie sie sich anfühlt, wohin sie geht und so weiter, dann pflanzen Sie Keime der Furchtlosigkeit in Ihr System. Jedes Mal, wenn Sie die Angst einladen, sich zu setzen und ein wenig Suppe zu essen, pflanzen Sie einen neuen Keim der Furchtlosigkeit. Für die soziale Vision von Shambhala liegt der Kern der Praxis eines Kriegers in der furchtlosen Erfahrung des grundlegenden Gutseins. Im Buddhismus wird Furchtlosigkeit ein wenig anders beschrieben, als Proklamation von Offenheit und Großzügigkeit, aber der Sinn ist derselbe – mit jedem Geisteszustand lässt sich arbeiten. Indem Sie in die Geschicklichkeit Ihres Geistes Keime der Zuversicht pflanzen, sind Sie nie festgefahren. Diese Zuversicht pflanzt auch Keime des Mitgefühls – weil Sie nie festgefahren sind, ist es auch niemand anders.

Wenn man in der Gegenwart ankommt, weiß man nie, wie das Resultat aussehen wird. Wenn Sie das als eine Falle betrachten und wegzulaufen versuchen, graben Sie sich noch tiefer in das Loch, in dem Sie stecken. Aber wenn Sie die Falle als real betrachten, bekommen Sie Zugang zu Ihren Reserven. Sie entdecken, dass in Ihnen eine pragmatische, praktische und ideenreiche Zartheit steckt, und auf diese Weise wird Ihre Beziehung mit der Angst zu Furchtlosigkeit. Furchtlosigkeit ist kein Kampf darum, die Ohren steif zu halten, die Zähne zusammenzubeißen oder die Angst zu verschlingen. Furchtlosigkeit hat nichts Schwerfälliges und Zähneknirschendes. Sie ist heiter und leichtfüßig. Furchtlosigkeit bedeutet, nicht zu zweifeln, nicht zu grübeln – einfach geradlinig und offen zu sein für die eigene Erfahrung.

Bei einem seiner letzten Vorträge, die Trungpa Rinpoche im Raum San Francisco gab, sagte er: „Wenn ihr euch an nichts von dem erinnern solltet, was ich euch gesagt habe, dann erinnert euch an das: Habt keine Angst vor euch selbst." Indem Sie einfach freundlich zu sich selbst sind, kommen Sie mit der Welt auf eine wache und neugierige Weise in Berührung. Sie sind sanft, aber nicht nur sanft. Sie sind mitfühlend, aber nicht bis zur Idiotie. Sie beginnen, Ihre Möglichkeiten als menschliches Wesen ganz auszuloten. So, wie Sie sind, können Sie neugierig und ideenreich sein. Wenn Sie möchten, können Sie aus der Meditation das Bild des großen Kriegers zu Hilfe nehmen, der seinen Sitz einnimmt, oder das Bild des offenen Herzens in der kraftvollen Haltung. Wenn Sie den Mut haben, Ihre Angst kennen zu lernen, dann können Sie sich Herausforderungen stellen – und damit sind Sie mutig.

Teil III

Mut im Alltag

10

10

Mut im Alltag

Grundlage:	Unmittelbare Bewusstheit ist unsere Natur.
Weg:	Indem wir unserem Geisteszustand bedingungslos und unmittelbar vertrauen, ...
Ergebnis:	... haben wir im Alltagsleben mehr Reserven und werden mutiger.

Durch Meditation entdeckt man, dass man fähig ist. Man ist fähig zu Tränen, fähig zu Gelächter, fähig zu Gelb, fähig zu Rot. Man ist fähig zu Mord, Liebe, Überschwang, Depression. Man ist fähig, Spaghetti zu kochen und einen Spaziergang zu machen. Man ist fähig, geradlinig zu sein oder verschlagen. Sie haben die Fähigkeit, ein Risiko einzugehen, die Ärmel hochzukrempeln, zu bleiben, wie Sie sind, oder einen anderen Weg einzuschlagen. Sie entdecken, dass Sie unbegrenzte Fähigkeiten haben, einfach nur, weil Sie ein Mensch sind. Und dann ist da auch noch etwas anderes: Sie entdecken, dass Sie sich von manchen Ihrer Probleme befreien können. Sie entdecken, dass Sie nicht mehr so jähzornig, impulsiv, desinteressiert oder unklar sind wie früher. Sie können sich von einigen Dingen, die Ihnen Kummer machen, befreien.

Dennoch sind Sie sich, wenn Sie vom Meditationskissen aufstehen, Ihrer Kräfte noch nicht ganz sicher. Mitten in irgendeiner Tätigkeit entgleitet Ihnen das Vertrauen in Ihre Stärke. Sie machen diese große Unterscheidung zwischen der Praxis und dem Alltagsleben. Sobald Sie wieder auf Ihren Füßen stehen, sagen Sie: „Alles ist in Ordnung, ehrlich. Mir geht's gut! Mir geht's großartig!", aber darunter sind Sie ein bisschen zittrig. Im Alltagsleben fühlen Sie sich noch nicht ganz so mutig. Es braucht Mut, Mitgefühl und Energie, um auch nur mit dem Vermieter oder den Arbeitskollegen klarzukommen. Situationen kommen auf einen zu, und plötzlich hat man das Gefühl, man müsste ausbrechen oder langsamer tun, schneller sein, sich zurückhalten, sich ermutigen, sich beteiligen, abblocken, dahinschmelzen, schauen, sich öffnen, loslassen – was immer gerade passt. Und doch vergisst man, es mit Mut oder Würde zu tun oder wo man in sich die Reserven dafür findet. Es ist so, als ob Sie die Fähigkeit, stark oder frei zu sein, nie besessen hätten! Auf dem Kissen hatten Sie vielleicht das Gefühl, dass, grob gesagt, angesichts einer neuen Herausforderung Mut und Stärke in Ihrer Nähe oder in Ihnen schon irgendwann ans Werk gehen würden. Aber im Alltagsleben sind Sie nicht ganz so zuversichtlich. Und ohne eine zuversichtliche und definitive Offenheit für das, was die Welt unmittelbar, im Moment präsentiert, sind Sie nicht wirklich mutig.

Jahrelang dachte ich, Rinpoche meine es eigentlich nicht ernst, wenn er Sanftheit als den Weg bezeichnete. Ich dachte, Sanftheit könne einem unmöglich helfen, die Herausforderungen des Lebens zu bewältigen. Von Kindheit an lernte ich zu argumentieren, weil mein Vater, ein Wissenschaftler, mich herausforderte und ich das Gefühl hatte, ich müsse ein dickes Fell kriegen. Dazu führte ich lange Selbstgespräche über Mut und das nötige Rückgrat, über die Tatsache, dass es nicht auf Erfolg oder Misserfolg ankam, solange ich es nur versuchte. Aber ich fühlte mich nicht sehr mutig. Ich hatte große Angst vor der Dunkelheit, vor dem Sterben, vor Gespenstern und vor dem Verschwinden. Als ich klein war, las ich immer unter der Bettdecke mit Hilfe eines kleinen Klemmlämpchens, das ich ausschalten konnte, wenn ich meine Eltern kommen hörte. Aber es war nicht wegen der Lektüre. Ich hatte Angst vor dem Einschlafen.

In Shambhala können wir nicht wirklich sanft werden, wenn wir nicht durch unsere Furcht hindurchgehen. Und wir werden auch nicht wirklich furchtlos, wenn wir nicht sanft werden. Der Begriff des Kriegers bezeichnet einen Menschen, der einen umfassenden Sieg erringt, weil er keinerlei Feinde hat. Das heißt nicht, dass Sie keine Feinde oder schwierigen

Beziehungen haben! Es bedeutet: Sie zweifeln nicht daran, dass Bewusstheit Ihre Natur ist, also machen Sie sich dort heimisch, und das macht Sie siegreich. Das klingt vielleicht sehr platt. Sie klammern sich an nichts, was Sie von der tendenziell umfassenden Qualität der Bewusstheit wegzieht, und Sie klammern sich auch nicht an Bewusstheit. Klammern Sie sich am besten an gar nichts. Das ist eine Herausforderung. Wenn Sie sich die Haare kämmen, kämmen Sie sich mit zuversichtlicher Bewusstheit. Wenn Sie Socken anziehen und es sind zwei verschiedene, haben Sie nicht das Gefühl, dass die Welt sich an Ihnen rächen will. Sie fangen nicht an, sich selbst in Frage zu stellen. Wenn Sie auf einen unverschämten Menschen treffen, haben Sie nicht das Gefühl, Sie müssten sich mit Gewalt aus der Situation befreien. Gemäß der Shambhala-Vision baut sich auf diese Weise unser Mut auf, aus dieser Furchtlosigkeit in den kleinsten Details unseres Lebens, sogar beim Kämmen oder Socken-Anziehen. Furchtlosigkeit heißt, unabhängig von allen Bedingungen frei von Zweifeln zu sein, von Grund auf heiter und unbeschwert zu sein, ohne irgendeinen Kleinmut im Hinblick auf die eigene Erfahrung. Wenn Sie diese Art von Bewusstheit im Alltagsleben erreichen, werden Sie schließlich ein wahrhaft sanftes und mutiges menschliches Wesen.

Jakusho Kwong Roshi, der Meditationsmeister im Sonoma Mountain Zen Center, machte mir das einmal klar. Wir redeten miteinander, und er beschrieb sehr anschaulich eine Enttäuschung, die er erlebt hatte. Plötzlich hörte er auf zu reden, hielt den Atem an, ließ die Enttäuschung in der Luft schweben, und dann lächelte er ein bisschen. Er war offen. Seine Enttäuschung hing in der Luft. Und das war alles. Ich erlebte ihn als außergewöhnlich klar und präzise. Ich hatte das Gefühl, er hatte keine Zweifel, keine Bedenken, keinen mentalen Extra-Kommentar. Ich hatte das Gefühl, dass ich seine Bewusstheit alle Gedanken auf der Stelle verbrennen sah, dass er voll präsent war und sich an nichts festklammerte. Chögyam Trungpa sagte, das Zusammensein mit

Kwong Roshis Lehrer, mit dem er ebenfalls gut befreundet war, sei wie das Zusammensein mit der glühenden Spitze eines Räucherstäbchens. Genau so erlebte ich Kwong Roshi, als ob seine Zuversicht hundertprozentig frisch auf der Stelle entstehe und all die bohrenden Zweifel, die uns gewöhnlich dazu verleiten, nicht mehr voll präsent zu sein, auf der Stelle in Flammen aufgingen.

Wenn jeder von uns in diesem Moment innehielte und sich einmal betrachtete, wenn wir immer weiter zurückgingen, nicht in der Zeit, sondern indem wir unsere individuelle momentane Existenz auseinander nehmen, dann würden wir einen Seinszustand finden, in dem es kein Thema, keine Geschichte, keine Erinnnerungen gibt. Das ist unser angeborenes grundlegendes Gutsein. Wenn Sie sich des grundlegenden Gutseins bewusst sind, gibt es keinen Gedanken, keine Tricks, keine Kriegslist, keinen Plan, keine Beschränkung und nirgendwo ein Problem oder etwas Störendes. Sie sind im gegenwärtigen Moment bewusst. Aber der Kontakt mit dem grundlegenden Gutsein bringt Ihnen keine Freiheit von Zweifeln, keine Zuversicht, keinen Mut. Grundlegendes Gutsein ist da, egal ob Sie feige oder mutig sind! Persönlicher Mut zeigt sich nur, wenn Sie auch dafür einstehen, dass es eigentlich nirgendwo ein Problem gibt. So wie ich bin, gibt es in meinem Wesen kein Problem. Während ich mich kämme, diese Enttäuschung schildere, in meinem gegenwärtigen Geisteszustand, genau in diesem Moment, gibt es kein Problem mit der Tatsache, dass ich irgendwo bin. Hierzu braucht es etwas mehr als das Bewusstsein vom grundlegenden Gutsein. Es braucht die Disziplin eines Kriegers.

Meher Baba sagte nicht: „Mach dir keine Sorgen, sei glücklich." Er sagte: „Glücklich zu sein ist eine göttliche Kunst. Mach dir keine Sorgen, sei glücklich." Das ist ein großer Unterschied. „Glücklich zu sein ist eine göttliche Kunst", das deutet auf Praxis und Disziplin hin. Trungpa Rinpoche nannte das manchmal die *Erster-Gedanke-bester-Gedanke-Disziplin*, wobei „Gedanke" für einen frischen und geradlinigen Geisteszustand steht, wie die glühende Spitze eines Räucherstäbchens, die sich selbst verzehrt. Das klingt vielleicht einfältig und nicht besonders schick. Aber es ist in Wirklichkeit eine sehr fortgeschrittene Disziplin. Es ist mehr als grundlegendes Gutsein. Es ist mehr als Achtsamkeit-Bewusstheit, weil man dafür einsteht, dass man der eigenen Natur vertraut. Sie vertrauen Ihrer Natur hundertprozentig und suchen dabei nicht nach der Bestätigung, dass Sie auf dem richtigen Weg sind. Sie haben einfach bedingungsloses Vertrauen in Ihre Natur, die spontane Bewusstheit ist. Nicht speziell ein Bewusstsein *von* irgendetwas. Einfach zuversichtliche Bewusstheit. Einfach Vertrauen.

Es gibt eine Geschichte von Buddha und einem kleinen Affen. Buddha sitzt unter dem Bodhi-Baum und erfährt nach vielen, vielen Leben Erleuchtung. Nach seinem Erwachen überrollen ihn Wogen des Zweifels. Steine und Dämonen schleudern sich auf ihn. *Wer sagt, dass du erwacht bist?* Und Buddha berührt einfach nur die Erde und demonstriert damit hundertprozentige Bewusstheit, hundertprozentige Abwesenheit irgendeines Zweifels an seiner Natur, hundertprozentiges Vertrauen. *Die Erde ist mein Zeuge.* Wie Buddhas Zuversicht und Bewusstheit immer umfassender werden, kommt eine riesige Palette guter menschlicher Eigenschaften ins Spiel – Liebe, Wärme, Mitgefühl, Würde, Gleichmut, Freundlichkeit, Intelligenz, Humor, Weisheit. Nichts kann Buddha jetzt mehr zur Umkehr bewegen, und so strahlt er eine ungeheure Aura von Authentizität, Stabilität und Frieden aus. Ein kleiner Affe schaut ihm von einem Baum im nahen Wald aus zu, und der Affe ist fasziniert: „Hmmm. Sieh mal an, was Buddha da macht. Vielleicht kann ich das auch?" Also geht der kleine Affe hin mit seinem Affengeist, setzt sich auf den Boden und imitiert Buddhas Würde.

Wie sich Buddhas Erleuchtung immer weiter entfaltet, entspannt sich auch der kleine Affe zunehmend. In diesem Prozess, in dem er auf einfache Weise sitzt und ohne Ablenkung er selbst ist, beginnt der kleine Affe auch seine Affen-

Frivolität abzubauen. Er entdeckt seine angeborenen Qualitäten wieder. Schrittweise beginnt der Affe, sich für sich selbst zu erwärmen und auf seine eigene Weise aufzuwachen, statt weiter Buddha sein zu wollen. Der kleine Affe strahlt Kleiner-Affe-Weisheit und Kleiner-Affe-Würde aus. Nun beginnt sich sein Umfeld zu entwickeln. Die Freunde des kleinen Affen sind fasziniert: „Hmmm. Sieh mal an, was der kleine Affe da macht. Vielleicht kann ich das auch?" Und sie beginnen, ihr eigenes grundlegendes Gutsein, ihre Zuversicht und Würde zu entdecken und dafür einzustehen.

Was erreicht der kleine Affe? Hundertprozentiges Selbstvertrauen. Freisein von Zweifel. Selbstständigkeit. Offenheit, die eindeutig ist und sich ausweitet. Zuversichtliche Bewusstheit. Autonomie. Stärke. Disziplin, die zur spirituellen Verwirklichung führt. Der Affe setzte sich hin und imitierte Buddha, und schrittweise überwand er seine Zweifel, genauso wie Buddha. Er lockerte die Anspannung seiner Zweifel und Ängste, gab ein Beispiel der Zuversicht, und Wärme und Bewusstheit strahlten nach allen Seiten.

Die Erleuchtung des Affen, wie die Buddhas, besteht nicht darin, dass er seine momentane Existenz fast vollständig im Griff hat, als wenn er sagen würde: „Ich bin schon zuversichtlich, das heißt, wenn alles gut geht und die Sache klappt." 99,9999999 Prozent Vertrauen in die eigene Natur ist nicht bedingungsloses Vertrauen. Wenn Buddha oder der Affe sagt: „Dieser eine Winkel in meinem Wesen ist nicht von Bewusstheit durchdrungen, deshalb könnte es in meinem Wesen ein Problem geben. Ich bin vielleicht besser nicht furchtlos, denn ich weiß nicht, ob ich diesem verborgenen Winkel in meinem Wesen trauen kann", dann gibt es keinen Sieg, kein Wohlbefinden, keine Erleuchtung, keinen Buddha. *Buddha* bedeutet auf Sanskrit „erwacht". Dieses letzte zehnmillionstel Prozent Vertrauen ist notwendig.

Die Geschichte von dem kleinen Affen und Buddha passt auf uns. In jedem Moment stoßen wir auf eine Weggabelung, wo wir uns als eine feige oder eine mutige Person neu gebären. Auf dem einen Wegweiser steht: „Zweifle an dir." Wenn Sie diesen Weg einschlagen, geben Sie es auf, voll präsent zu sein. Sie haben kein Vertrauen in die Möglichkeit, ganz da zu sein. Es ist zu offen, macht zu viel Angst. Es zerrt zu sehr an den Nerven. Sie haben kein Selbstvertrauen. Auf dem anderen Wegweiser steht: „Wie es ist." Auf diesem Weg stehen Sie dafür ein, dass Ihre Anwesenheit wo auch immer kein Problem darstellt. Ihr Wesen ist Bewusstheit, und Bewusstheit breitet sich unaufhörlich weiter aus. Dieses Ausbreiten ist Ihre Disziplin. Deshalb vertrauen Sie Ihrer grundlegenden Existenz hundertprozentig. Das heißt nicht, dass Sie nicht kommunizieren, arbeiten gehen, Probleme haben oder das tun, was Sie eben tun, aber Sie vertrauen unbedingter Bewusstheit als Ihrer Arbeitsbasis.

Sie haben noch etwas mehr als grundlegendes Gutsein in sich. Als menschliches Wesen kann Ihr Herz in Frage gestellt werden. Weil Sie in Frage gestellt werden können, gibt es die Möglichkeit der Angst, und deshalb gibt es auch die Möglichkeit der Furchtlosigkeit. In jedem Moment gabelt sich die Straße. Von unseren Gewohnheitsmustern getrieben, treffen wir sehr schnell eine Entscheidung. Gewöhnlich *sind* wir schon feige oder *sind* wir schon tapfer, bevor wir es überhaupt merken; deshalb verkörpern wir den Mut eines Kriegers, indem wir mit all den kleinen Zweifeln und Ängsten in alltäglichen Momenten arbeiten, um unsere Gewohnheitsmuster zu ändern. Reißen Sie jeden Moment die Barrieren zwischen sich und Ihrer Welt ein. Sehen Sie in jedem Moment davon ab, an Ihrer Würde zu zweifeln.

Das mag für eine Krieger-Disziplin zu trivial erscheinen, aber Sie wollen die gesamte Atmosphäre in Ihrem Umfeld mutig und visionär werden lassen. Sie versuchen, alles, was Sie tun, auf eine offene, furchtlose und von Zweifeln nicht angekränkelte Weise zu tun. Damit wird jeder Moment zum Spielplatz des Kriegers, und jeder Moment zählt. Das heißt nicht, dass Sie der Superheld sind. Sie sind ein menschliches Wesen. Sie können auch auf eine *unbezweifelbare* Weise

Zweifel haben. Sie können auf eine *furchtlose* Weise Angst haben. Wenn Sie auf diese Weise praktizieren, können Sie ein wahrhaft sanftes und mutiges menschliches Wesen werden. Sie öffnen Ihr Herz, auch wenn niemand zuschaut, einfach so, wieder und wieder, während Sie die Zähne putzen, den Müll rausbringen, ans Telefon gehen und machen, was Sie machen. Das scheint vielleicht zu wenig Mut für den Alltag, weil es zu klein ist und niemand bemerkt, dass Sie mutig sind. Na und? Das *ist* Mut im Alltag. Hier fängt alles an. Wenn die Situationen dann ein größeres Ausmaß annehmen, geht Ihr Mut nahtlos weiter. Sie werden wissen, wie Ihr Geist sanft und flexibel sein kann, Ihr Geist, der grenzenlose Möglichkeiten des geschickten Handelns besitzt. Die größere Situation wird nicht anders sein als jede andere Situation, und Sie merken, dass Sie mutig sind. Es funktioniert tatsächlich auf diese Weise.

Es ist nicht einfach, bedingungsloses Vertrauen in uns selbst zu erreichen. Es ist nicht einfach, sich überflüssiger Zweifel, Ängste und Grübeleien zu enthalten. Gewöhnlich schrumpft unsere Bewusstheit, wenn wir beschließen, uns irgendeiner Sache zu enthalten, und wir ziehen unsere Grenzen enger. „Ich bin süchtig nach Popcorn. Ich werde Popcorn jetzt aufgeben." Statt sanft zu werden, trumpfen wir auf, um die Spielregeln klarzumachen. „Von jetzt an wird alles Popcorn, das sich bei den Einkäufen befindet, in die Garage gebracht." Wir errichten Grenzen und Alarmanlagen. „Kein Popcorn mehr auf den Einkaufszettel." Wir ziehen sehr enge Grenzen. „Kein Popcorn, keine Zigaretten, keine Spätfilme mehr, keine Wut, keine Lust, keine Schokolade außer sonntags." Aber der Shambhala-Krieger nutzt eine andere Dynamik. Man ruht in der Natur der eigenen Bewusstheit. Man entspannt sich, statt sich zu verkrampfen, so dass alles, was einen von der eigenen Erfahrung trennt, jeder Wunsch nach Sicherheit und Bequemlichkeit, jeder Zweifel, man könnte die Dinge nicht in einer offenen, siegreichen und ganz würdevollen Weise regeln, beseitigt wird.

Vor Jahren sah ich einmal das Foto eines südostasiatischen Gobelins. Dieser Gobelin sollte Buddhas Erleuchtung darstellen. Statt des üblichen Bildes von einem sitzenden Buddha, Beine untergeschlagen, Frieden und Abgeklärtheit ausstrahlend, sah man einfach das Bild einer stromaufwärts schwimmenden Bettelschale. Keinen Buddha. Keine sitzende Haltung. Keine meditative Abgeklärtheit. Einfach Fäden so zu einem Gobelin verwoben, dass sie eine fließende Strömung andeuteten, und die Bettelschale Buddhas, die gegen die Strömung stromaufwärts schwamm. Ich dachte: „Das ist es! Deshalb nennen sie es Praxis!“ Wir schwimmen *gegen* den Strom unserer Gewohnheitsmuster. Das erfordert eine Menge Sanftheit, Anstrengung und Ermutigung durch uns selbst.

In dem Beispiel des Gobelins sind wir, denke ich, die Bettelschale, aber auch der Fluss, das Ufer und die Person, die den Gobelin gewebt hat. Alle Dimensionen seiner Bedeutung sind persönlich. Ob Sie mit dem Strom schwimmen oder dagegen, Sie sind solo. Wenn Sie Ihren Mut darauf gründen, was andere sagen, haben Sie vielleicht das Gefühl, im Moment mit dem Strom zu schwimmen und damit nicht mehr allein zu sein: „Mehrheit heißt Geborgenheit, also will ich wie die anderen sein.“ Aber Mut und Selbstvertrauen sind grundlegender. In Shambhala lautet die ultimative Definition für Mut, dass man keine Angst vor sich selber hat, nicht an sich zweifelt, sich nicht abschneidet von der größeren Vision, die in einem steckt. Deshalb zählt jeder Moment.

Mut im Alltag besteht in der Disziplin, das zu kultivieren, was die Situation bereichert, und von dem Abstand zu nehmen, was sie verdirbt. Bereichert werden Ihre Situationen durch zuversichtliche Bewusstheit, und verdorben werden sie durch alle Barrieren, die Ihre Bewusstheit einschränken. Manchmal protestierten Rinpoches Schüler, das reiche nicht aus. Sie fragten ihn immer: „Wie sollen wir das machen?“ Und er antwortete immer: „Es gibt kein ‚Wie‘. Man macht es einfach. Man macht einfach.“ Und: „Ich glaube, ihr könnt das. Macht es einfach.“ *Machen Sie es einfach.* Alle Barrieren zwischen Ihnen und Ihrer Welt, alle Konzepte, all diese kleinen Gedanken und Pläne – die Zäune, die diese aufbauen, bauen Sie einfach wieder ab. Das ist eine Disziplin des nackten Sich-Aussetzens, denn alles, was Sie dann noch haben, ist Ihre Bewusstheit, Ihr offenes Herz, Ihre Stärke, Ihre Nacktheit. Das Ganze läuft darauf hinaus, Sie intelligenter zu machen. Weil Sie wissen, was Sie zu fördern und zu vermeiden haben, können Sie Ihr Verhalten und Ihre Klarsicht nun improvisieren, ohne sich unnötig beobachten zu müssen, ohne sich an ein Lehrbuch halten zu müssen. Es gibt keinen feststehenden Plan für das, was Sie zu tun haben, außer – dass Sie aufhören, die Dinge nicht gründlich wahrzunehmen und sich nicht zu öffnen. Dann geht allmählich die Sonne auf.

„Sonne" heißt in diesem Zusammenhang Kreativität, Weisheit, ungehinderte Energie, größere Intelligenz. Das heißt nicht, dass Ihr Leben frei von Chaos ist oder die Situation, mit der Sie arbeiten, sich automatisch zum Guten wendet. Auf eine Art nimmt das Chaos in Ihrem Leben zu, weil Situationen unberechenbarer werden, je mehr Sie Ihre festen Vorstellungen über die Dinge aufgeben. In gleichem Maße wird Ihr Leben aber auch berechenbarer, weil es für Sie immer einen nächsten Schritt gibt. Es gibt immer einen nächsten Schritt. Wir Menschen sind so strukturiert.

Ich hörte im Radio einmal einen Bericht über einen UN-Arzt. Er hatte beim Kampf gegen die Ebola-Krise in Afrika mitgeholfen, und nun arbeitete er bei der Bekämpfung von Aids in Afrika mit. Dabei war er einmal von Regierungsvertretern bedroht worden, die seine Klinik schließen wollten. Der Interviewer fragte ihn: „Entmutigt Sie das nicht?" Er sagte: „Nun, meine Emotionen gehen rauf und runter. Als der Hubschrauber mit den Soldaten kam, um mich zu holen, weigerte ich mich. Ja, ich hatte Angst. Aber nein, entmutigen tut mich das nicht." Der Hubschrauber, mit dem er hatte abgeholt werden sollen, flog ohne ihn und stürzte auf dem Rückflug in die Hauptstadt ab. „Diese ganze Sache hat mir gezeigt, dass das Leben von nichts abhängt. Es ist sehr verletzlich. Wenn ich sehe, was geschieht, macht es mich noch entschlossener, zu helfen."

Es gibt eine Geschichte über Avalokiteshvara, einen großen Krieger der buddhistischen Tradition. In dieser Geschichte verschreibt sich Avalokiteshvara dem Wohlergehen von anderen, und er rettet alle fühlenden Wesen – Tiere, Menschen, Höllenwesen, Geister, Götter und Göttinnen und so weiter. Nachdem er das getan hat, fährt er zu dem Himmel auf, der Tushita heißt und in dem ein Buddha weilt, und Avalokiteshvara sagt: „Ich hab's geschafft! Ich habe alle fühlenden Wesen gerettet!" Und Buddha sagt: „Das ist wirklich ganz wunderbar! Schön für dich", und so weiter. Dann befiehlt Buddha ihm, hinter sich zu schauen. Avalokiteshvara dreht sich um und sieht einen endlosen Ozean voller fühlender Wesen, von denen jedes leidet. Avalokiteshvaras Hingabe ist so groß, dass in diesem Moment sein Kopf zu hundert Köpfen wird, seine Arme zu tausend Armen werden und sich zwischen seinen Fingern Netze weben, damit er auch alle unsichtbaren Wesen retten kann. Vielleicht haben Sie die berühmte buddhistische Statue eines Bodhisattva mit Hunderten und Aberhunderten von Armen schon einmal gesehen („bodhisattva" ist das Sanskrit-Wort für jemanden mit einem erwachten Herzen). Das ist Avalokiteshvara, dessen Gliedmaßen für ein grenzenloses geschicktes Handeln stehen, das gleichzeitig Weisheit ist. Wenn man sich selbst völlig vertraut, wenn man sich für solch ein grenzenloses geschicktes Handeln öffnet, dann wird die Entschlossenheit, anderen zu helfen, wie bei Avalokiteshvara und dem Aids-Arzt in Afrika stärker angesichts des Leidens. Wenn eine mitfühlende Vision einmal zum Leben erwacht ist, dann wachsen Stärke, Sehnsucht und Inspiration in ungeahnter Art und Weise.

Ich glaube, der Unterschied zwischen den großen Kriegern der Humanität und Ihnen oder mir liegt nicht im Vertrauen auf das Gute im Menschen. Es liegt nicht einmal daran, dass jenen dieses Vertrauen zufliegt, während Sie und ich Tag für Tag darum kämpfen. Das eigene Herz zu stärken erfordert konkrete Kleinarbeit von jedem, vor allem wenn um uns herum Krieg herrscht, Armut, Seuchen, Hunger, die Entwürdigung des menschlichen Geistes und die Gefahr der Vernichtung des ganzen Planeten. Ich glaube, es liegt daran, dass das Vertrauen solcher großer Krieger der Humanität nicht mehr rückgängig gemacht werden kann, weil sie sich so gründlich auf eine größere Vision eingelassen haben, dass sie nun unermüdlich zum Nutzen von anderen arbeiten. Niemals lassen sie die Menschen im Stich, wogegen Sie und ich die Nachrichten schauen oder irgendwie in Frage gestellt werden und dann so unsere Zweifel haben.

11

Eine visionäre Perspektive entdecken

Grundlage:	Menschliche Wesen sind von Natur aus visionär.
Weg:	Indem wir Offenheit, Wachheit und eine vorwärts orientierte Disziplin kultivieren, ...
Ergebnis:	... entwickeln wir die Fähigkeit, auf unsere eigene Weisheit zu hören und sie anderen zu vermitteln.

Wenn wir „Vision“ sagen, meinen wir gewöhnlich ein konkretes Bild in unserem Kopf, das uns innerlich als Kompass dient. Eine Vision beschreibt, wie Sie und ich sein wollen und wie wir uns die Mitmenschen, die Umwelt, Vorgesetzte, unsere Eigenschaften, die Gesellschaft und unsere Beziehungen wünschen. Sie beinhaltet bestimmte Wertvorstellungen. Wenn ich mich nach einer Vision richte, hilft sie mir, indem sie mir tagtäglich als Richtlinie bei meinen Entscheidungen und in meinen Beziehungen dient. Sie und ich benutzen unsere Vision als Basis für unser Handeln und Lernen. Wir beziehen uns ständig darauf und erreichen sie nie ganz.

Weil wir unsere Vision nie ganz erreichen, ist sie nie eine rein abstrakte Vorstellung. Sie wird immer als Sehnsucht erlebt. In Shambhala wird diese Sehnsucht als etwas natürlich Menschliches angesehen. Sehnsucht oder eine Vision zu haben ist wie eine angeborene innerliche Stärke oder starke Orientierung. Trungpa Rinpoche beschrieb es als einen Instinkt in Richtung Realität statt in Richtung Phantasie und als einen Wunsch, die eigene kleine Welt hinter sich zu lassen. Es gibt da diese höheren Absichten, eine vorwärts gerichtete Energie, ein Fehlen jeglicher Depression, etwas Mutiges, das von vornherein zu unserem weichen Herzen gehört. In Shambhala gibt es diesen Aspekt Ihres weichen Herzens, der von vornherein sagt: „Aaaaah! Das ist meine Welt! Ich bin wach. So sei es!“, *bevor* er sagt: „Oooooh! Mach das Licht aus! Mach alles klein und bequem. Es ist zu hell!“ Rinpoche sagte: „Es ist wie ein innerliches ‚Boah!‘. Wir haben es schon sehr, sehr lange, etwa seit der Mensch beschloss, aufrecht zu gehen.“ Als Menschen haben Sie und ich eine grundlegende Neugier und einen nach vorn gerichteten Blick, um eine größere Welt zu sehen und die Realität außerhalb von uns zu berühren, bevor wir an unsere Sicherheit denken und zurückweichen. In diesem Sinne ist nichts Ungewöhnliches oder Unerreichbares daran, dass wir visionär sind. Schlicht und einfach weil wir menschlich sind, haben wir die Zuversicht, den nächsten Schritt machen zu können. Die Logik lautet: Wir *haben* schon Zuversicht; deshalb können wir wählen, ob wir zuversichtlich sein wollen oder nicht. Im Buddhismus und in Shambhala haben wir eine größere Vision, weil wir es uns leisten können. Die Vision beruht auf unseren Reserven und nicht auf Schuld- oder Armutsgefühlen.

Beispielsweise haben wir jedes Mal, wenn wir eine persönliche Krise durchmachen, die Gelegenheit, etwas über uns selbst zu lernen. In diesem Moment des Lernens können wir eine Vision gewinnen, die es uns erlaubt, den nächsten Schritt zu machen. Manchmal können wir mit dem, was wir gelernt haben, jemand anderem helfen. „Weil in mir ein Funke von Gesundheit, Wissensdurst und Tüchtigkeit steckt, weiß ich ganz genau, dass er auch in dir steckt. Vielleicht flammt er nicht sofort auf, und ich weiß nicht, wie es dir geht, aber ich weiß genau, dass dieser Funke von Gesundheit und Gutsein möglich ist.“ Visionär zu sein ist genau so.

Bei der Entwicklung visionärer Zuversicht kann einen das Phänomen der so genannten *lehrreichen Träume* unterstützen. Bestimmte Träume werden von manchen Menschen lehrreiche Träume genannt, weil sie einem mit ungewöhnlicher Klarheit beibringen, was man wissen muss. Sogar wenn man tief schläft, dringen die lehrreichen Träume irgendwie durch. In so einem Traum war ich einmal Superman. Es war ein schöner, sonniger, klarer Tag, und in meinem blauen Superman-Anzug flog ich durch den klaren blauen Himmel. Der Wind wehte mir ins Gesicht, ich schaute auf Metropolis hinunter und genoss den Anblick, und mein Superman-Umhang wehte hinter mir. Dann fiel mir ein: „Wenn ich Superman bin, muss ich das Logo mit dem großen S auf der Brust haben." Also schaute ich an mir hinunter. Die Szenerie veränderte sich. Wo das Logo hätte sein sollen, erlebte ich nichts als mein Herz, das riesig und voller Liebe war. Als ich aufwachte, fühlte ich mich ein bisschen mutiger. Ich glaube, eine größere Vision ist in dieser Art Teil unserer grundlegenden Möglichkeiten. „Ich habe Augen, Ohren, die Sonne, den Mond, den Himmel, ein Gehirn, Beine zum Gehen, die Erde zum Sitzen, ein Herz, eine Vision. Ich habe eine Vision von einem guten Menschen."

Gewalt und Grausamkeit um uns her sind deshalb so niederschmetternd, weil wir diesen Instinkt haben, der uns sagt, dass es für uns Menschen auch ganz anders sein könnte. Dass etwas schrecklich ist oder andere leiden, bemerken wir nur deshalb, weil wir eine grundlegende Vorstellung des Guten haben. Sogar der abgebrühteste Mensch hat so eine Vision, auch wenn sie tief verborgen sein mag. Ein verhärteter Mensch benutzt seine Vision des Guten im Menschen vielleicht als Kompass, was er in sich und in seiner Umwelt zerstören möchte. Trotzdem ist sie da. Und genau deshalb, weil wir das Trostlose und die Hoffnung um uns herum sehen, brauchen wir Mut und Würde jeden Tag.

Eine visionäre Perspektive unterscheidet sich vom grundlegenden Gutsein, weil grundlegendes Gutsein nicht voreingenommen ist, visionäre Perspektive jedoch schon. Grundlegendes Gutsein durchdringt alles, was man wahrnimmt oder wahrnehmen könnte und erlebt oder erleben könnte – eine Orchidee, eine Bombe, stinkenden Müll, Mitgefühl, Depression, Vergnügen, Landarbeit, Skateboard fahren, Kochen, Geburt und Tod. Ob Sie ein großartiger Koch sind, ein großartiger Liebhaber, beliebt, schäbig, voller Angst, jung, alt, einsam, verliebt, pummelig oder mager, Sie *sind* grundlegendes Gutsein und *haben* grundlegendes Gutsein. Grundlegendes Gutsein ist wie die Sonne. Weder kümmert es sich im Grunde um Sie noch ignoriert es Sie. Wenn die Sonne scheint, scheint sie nicht auf die einen und lässt die anderen aus. Es ist ihr völlig egal. Sie sendet einfach ihre Strahlen überall hin. Die Sonne ist nicht voreingenommen, und grundlegendes Gutsein ist nicht voreingenommen.

Anders die visionäre Perspektive. Sie ist grundlegendes Gutsein plus Humanität. Sie und ich gehören zur Familie der menschlichen Wesen. Wohin Sie auch schauen, sehen Sie die Vision, die Menschen vom guten Menschsein haben. Häuser, Bauernhöfe, Fabriken, Schulen, Straßen, elektrisches Licht, Computer, Werkzeuge, Kunst, Esswerkzeuge, dass ein Gebäude seinen Eingang in der Nähe des Bodens hat, damit man es betreten kann, dass eine Gabel Zinken hat, so dass man damit das Essen aufspießen kann, dass Autos Räder haben, auf denen sie dahinrollen können – dass sind alles Ausdrucksformen einer visionären Perspektive. Dass es vier Jahreszeiten gibt und Kalender dazu, dass die Ampel Grün zeigt für freie Fahrt und Rot für Halt, dass die Himmelsrichtungen Nord, Süd, Ost und West für Sie einen Sinn ergeben – all das ist eine visionäre Perspektive. Vielleicht gefällt Ihnen die Straße nicht, auf der Sie gerade gehen, aber dass es so etwas wie Straßen *überhaupt* gibt, die von einem Ort zum andern führen, ist ein Ausdruck von Sanftheit, Realismus, Gemeinschaftsgeist und Mut, die von einer oder mehreren Menschen aufgebracht wurden. Es ist Ausdruck einer visionären Perspektive.

Wo immer es Menschen gibt, da gibt es das Potential, das Gute im Menschen als etwas letztendlich Positives und Solides zum Tragen zu bringen. Trungpa Rinpoche gebrauchte die Analogie der Sonne, um auf die Qualitäten von Größe, Unmittelbarkeit und Kraft in unserer Natur hinzuweisen. Andere Kulturen haben dafür im Verlauf der Geschichte den Vergleich mit der Sonne ebenfalls benutzt. In diesem

Vergleich steht die Großartigkeit der Sonne für die Stärke, Energie und Kraft, die aufgrund des schlichten Menschseins in einem steckt. Die Erde hat Erden-Kraft, der Wind hat Wind-Kraft, Feuer hat Feuer-Kraft und Menschen haben eben Menschen-Kraft.

Schauen wir einmal unter die Oberfläche unseres Alltagsverstandes, dann gibt es in genau diesem Moment, trotz unserer Schwierigkeiten, nirgendwo ein echt fundamentales Problem. Vielleicht haben Sie irgendetwas vermasselt. Sie sind ein Mörder. Sie haben Ihren kleinen Bruder gehauen, als die Mama gerade nicht hinschaute. Sie haben die Presse angelogen oder Ihren Chef. Sie haben bei einem Test geschummelt. Jetzt sind Sie im Gefängnis oder im Krankenhaus. Und trotzdem ist das Leben nicht rein zweidimensional, automatisch oder mechanisch. Auch wenn Sie die Regeln der Gesellschaft brechen, sind Sie kein Objekt oder Ding. Die Analogie der Sonne bedeutet, dass alle menschlichen Wesen sich entwickeln können, schlicht und einfach weil sie menschlich sind. Es gibt immer die Möglichkeit einer größeren Vision, die über den Tellerrand unserer kleinen Welt mit ihren festen Vorstellungen hinausschaut. Sonne bedeutet großartig, offen, grenzenlos, das völlige Fehlen von Ignoranz. Man hat immer das Potential zu einem neuen Blick und einem neuen Anfang. Man hat Stärke und Größe einfach deshalb, weil man von Natur aus offen ist, weil man grundlegendes Gutsein hat und ist, egal wie man dieses innere Potential benutzt.

Die Sonne symbolisiert in dieser Analogie auch Wohlbefinden. Man kann sich genauso mühelos in seine Natur entspannen, wie die Sonne ihre Strahlen aussendet. Letztendlich hat die eigene Energie ihre Erfüllung bereits gefunden, deshalb kann man seine Disziplin meistern, weil es für einen immer einen nächsten Schritt gibt. Einfach weil man ein Mensch ist, ist man auf einer persönlichen Reise unterwegs, wird man von Bewusstheit geleitet und hat man, was man braucht, um mit dem, was vor einem liegt, zu arbeiten.

Wärme, Engagement und Ausstrahlung sind immer möglich. Einfach weil wir Menschen sind, haben wir kreative Energie und Zuversicht.

Ein Freund erzählte mir einmal, wie er sich in einer Gegend verfuhr, also ging er in eine Kneipe und fragte nach dem Weg. Alle waren so fröhlich, positiv und schick, dass ihn keiner bemerkte. Er sagte: „Ich war unsichtbar", also strahlte er Fröhlichkeit und Schick aus und wurde einer von ihnen, damit sie ihn bemerkten und er die Wegbeschreibung bekam, die er brauchte. Er sagte: „Da wurde es mir klar! Wow, die gesamte Realität ist erfunden!" Wir erschaffen unsere Realität jeden Tag. Wenn Sie ein Geschäft betreten und der Verkäufer sagt: „Was kann ich für Sie tun?", dann ist das eine offene Situation. Was Sie oder ich im nächsten Moment tun, erschafft eine Realität. Schon ein Blick kann Dinge positiv oder negativ beeinflussen. In Shambhala strahlt die größere, den Menschen von vornherein angeborene Vision Zuversicht aus, ist friedvoll und hat das Potential, den Weg zu einem ganz und gar *menschlichen* Wesen, einem übermenschlichen Wesen, zu beleuchten. Es ist die Vision eines kraftvollen, wachen und entspannten Menschen; offen, Größeres anstrebend und zuversichtlich; diszipliniert und zufrieden – *natürlich visionär*. Wenn man es so betrachtet, ist eine Vision etwas Naives und gleichzeitig sehr Potentes. Wenn man einmal entdeckt, dass man diese Art von Instinkt in sich hat, sieht man sich und andere plötzlich in einem viel, viel angenehmeren Licht.

Manchmal ist die Vision, die sich in unseren alltäglichen Handlungen ausdrückt, sehr bescheiden und begrenzt: „Wenn ich nur diesen Tag, diese Stunde, diese Kopfschmerzen hinter mir hätte." Manchmal ist sie sehr groß: „Mein Volk braucht eine Heimat, wo wir ein anständiges Gemeinwesen aufbauen können." Die Shambhala-Tradition sagt, dass Menschen immer nach oben schauen, sich umschauen, nach vorn schauen. Deshalb kann man mutig sein und offenherziger, mutig und offenherziger, mutig und offenherziger. Es gibt eine größere Vision in einem, die von menschlichen Möglichkeiten inspiriert ist. Sie ist auf natürliche Weise offen, friedvoll und zuversichtlich. Ungeachtet unserer Verschiedenheiten ist es das, was wir als menschliche Wesen miteinander teilen. Es hat vielleicht den Anschein, als müsse man sich zuerst nach innen wenden, um sie zu finden, aber eine größere Vision liegt in Ihnen und der Atmosphäre um Sie herum direkt an der Oberfläche. Man sieht sie eben nur nicht, bis man sich selbst gegenüber milder wird. Dann manifestiert sie sich ganz natürlich.

Wenn Sie die größere Vision in sich einmal entdeckt haben, entspannen Sie sich – als nächster Schritt – einfach bei dem, was Sie machen. Dann hat die Weisheit, die von Natur aus in Ihrem Körper, in Ihrer Sprache und in Ihrem Geist liegt, Gelegenheit, sich zu entfalten. Sie haben die Chance, gut auszusehen, gut zu sprechen und ein allgemeines Gefühl des Wohlbefindens und der Gesundheit auszustrahlen. Je mehr Sie das nach außen vermitteln, desto besser fühlen sich andere in Ihrer Gegenwart, einschließlich Sie selber. Wenn Sie das können, brauchen Sie nichts anderes mehr, um ein anständiges menschliches Wesen zu sein. Sie können sein wie Sie sind, und dadurch vermitteln Sie das Positive am Menschsein.

12

Das magische *Windpferd*

Grundlage:	*Windpferd* ist angeborene Lebenskraft oder Vitalität.
Weg:	Indem wir unsere Verbindung zu dieser universellen Energie stärken, ...
Ergebnis:	... werden wir fähig, mit Herausforderungen und Zufällen kraftvoll umzugehen.

Wir alle brauchen Energie, um unsere geahnte Vision zu verwirklichen. Während wir unser Leben leben, sind wir ständig in Kontakt mit dem Fluss und dem Austausch von Energie. Wir sammeln unsere Energie an, konzentrieren sie, dirigieren, nutzen, besänftigen, verbrauchen, forcieren sie, nehmen Kontakt zu ihr auf, tanken sie auf, teilen sie mit, feiern, ignorieren, heilen sie, lassen sie versickern. Wir sagen: „Ich hatte die Energie, etwas Neues zu versuchen, und hatte tolle Ergebnisse." - „Die Energie in der Gruppe ist am Boden." – „Ich habe nicht die Energie dafür – ich bin nicht mit dem Herzen dabei." – „Die Energie veränderte sich, und bei jedem fiel der Groschen." – „Die Einladung zu der Konferenz hatte eine argwöhnische Energie." – „Als der Polizist das Haus betrat, stimmte irgendetwas in der Energie nicht." – „Die Energie im Raum änderte sich, als ich das sagte." – „Seine Energie ist daneben."

Wir prüfen die Energie zwischen uns. „Vermittelt meine Einstellung das richtige Maß an Harmonie oder Konflikt?"– „Welche Energie bringe ich mit dieser Botschaft rüber?"– „Was ist der beste Weg, dieses Team zu organisieren und zu leiten?" – „Was können wir tun, um die kreative Energie dieses Teams anzuzapfen?" – „Wen sollen wir zum Abendessen einladen? Welche Art von Energie wollen wir?" – „Wir schafften mehr, als wir gedacht hatten. Unsere Energie war auf einem Dauerhoch." Wir denken darüber nach, wie wir die Energie in unserer Organisation, am Esstisch, bei unseren Kindern und bei uns selbst steigern können. Wir denken darüber nach, wie wir Kreativität und Energie anzapfen und steigern können.

Energie ist ein ständiger natürlicher Prozess in und um uns. Manche Wissenschaftler sagen, dass vier Prozent des Universums Materie sind und der Rest Energie. Trotzdem achten wir in weiten Bereichen nicht auf unsere Energie. Wenn Angst unsere Sinne blockiert, sind unsere Wahrnehmungen betäubt. Unsere Kreativität ist blockiert. Wir können die Umgebung nicht lesen, und wir können uns nicht lesen. Wir suchen nach einer verborgenen Bedeutung im Verhalten eines anderen, und dabei liegt sie an der Oberfläche. Wir reagieren auf das, was an der Oberfläche geschieht, und es entgehen uns die Feinheiten. Jemand schaut uns auf die falsche Art und Weise an, und unsere Energie geht in den Keller. Jemand lobt uns, und unsere Energie steigt an. Betäubt von unseren eigenen Kommentaren, können wir nicht mehr registrieren, was tatsächlich geschieht. Alles in allem haben wir keine wirkliche Kontrolle über die Energie.

Je mehr man in die Angst hineingeht, desto mehr erkennt man, dass Furchtlosigkeit aus echter Energie besteht, machte uns Trungpa Rinpoche klar. Diese Energie ist kein Dauerlächeln, kein Alles-Akzeptieren, kein Alles-Zulassen. Es ist die Fähigkeit, umzuschwenken, etwas zu bewältigen, etwas zu überwinden. Rinpoche nannte sie den *lebendigen Aspekt* der Furchtlosigkeit und den wirklich einzigen Treibstoff auf der Reise, auf der menschliche Wesen sich befinden.

Dieser lebendige Aspekt in uns, stark, flink und elegant, ist eine Lebenskraft, die uns über unseren Eigennutz hinausträgt. Sie hat eine drängende, visionäre Qualität, und sie trägt uns aus unserem Kokon hinaus. In Shambhala wird sie *Windpferd* genannt. *Wind* ist der energische Aspekt dieser Lebenskraft – ihre Stärke, ihre Macht, ihr Überschwang; und *Pferd* ist unser Mut – wie wir als Individuen diese machtvolle

Energie einfangen, zügeln und reiten, um Hindernisse zu überwinden und das zu erreichen, was wir anstreben. Unsere Hindernisse sind vielleicht Zweifel, Depression, Zögern, Wahrnehmungsblockaden – was auch immer uns daran hindert, die fließende und alles durchdringende Qualität des grundlegenden Gutseins zu erkennen. Hindernisse sind das, was ein starkes *Windpferd* überwindet.

Windpferd ist der energische Aspekt des grundlegenden Gutseins, der Fluss des Lebens, eine lebendige, überschwängliche und erobernde Energie, die einem immer zu Diensten steht, ob man sich dessen bewusst ist oder nicht. Die überschwängliche Qualität ist der *Wind* – direkt und sofort zur Stelle, eine zuversichtliche Energie, die mühelos, furchtlos und tatkräftig ist. *Pferd* ist eine tragende Kraft, weil man diese Energie handhaben kann, wie man ein Pferd reitet oder mit dem Schwertgriff die Klinge führt. *Pferd* ist Disziplin, Stabilität und ein majestätischer Aspekt, weil dieser Überschwang sich nutzen lässt, um die äußeren Umstände zu reiten. Es steht für die einzigartige Anwendung des Überschwangs auf die eigene Realität, auf die Kriegerschaft, die Sie in Ihrer individuellen Situation an den Tag legen. Zusammen werden die beiden zum *Windpferd.* Mit dem *Windpferd* können Sie mit einzigartigem Mut, Kraft und Würde auf den Zufällen des Lebens reiten.

Zufall besteht im Zusammentreffen von Situationen oder Bedingungen. Die Ereignisse des Lebens schaffen ständig eine spezielle, einzigartige Situation, und wenn Sie fähig sind, sich dem momentanen Zusammentreffen, so wie es ist, zu stellen, können Sie ungeheuer zuversichtliches *Windpferd* entwickeln. Dann sehen Sie, dass Sie es völlig in der Hand haben, was Sie mit der gegenwärtigen Situation im Hinblick auf ihre zukünftigen Auswirkungen tun. Die Gegenwart ist real, so wie sie ist, und die Zukunft ist völlig offen. Das erleben zum Beispiel Sportler, wenn sie „einen Lauf“ haben. Frauen erleben es, wenn sie ein Kind gebären. Jeder hat irgendwann einmal erlebt, wie es ist, durch die *Windpferd*-Energie vollständig und kraftvoll präsent zu sein. Wieder steht der *Wind*-Aspekt dafür, extrem direkt präsent zu sein, und *Pferd* steht für Ihre einzigartige Tapferkeit und Ritterlichkeit. Diese Energie heißt *magisches Windpferd*, weil sie wirkt. Sie beeinflusst die Dinge. Es ist die Kraft, etwas zu erreichen, die Kraft, Zweifel zu überwinden. Wenn Sie sie nutzen, bessert sich Ihre Laune. Ihr Körper, Ihre Sprache, Ihr Geist werden gestärkt, und Sie sind fähig, mit Ihrem Leben kraftvoll umzugehen.

Bevor ich noch etwas über Buddhismus und Shambhala wusste, wanderte ich einmal mit Freunden in den Bergen der kalifornischen High Sierra. Wir befanden uns in einer ursprünglichen, rauen Weite. An einem dieser Tage stiegen ein paar junge Männer auf den benachbarten Berg und fingen an, Felsbrocken in die Schluchten zu rollen, was uns ziemlich störte. Ich stand auf und schrie zu ihnen hinüber: „Hey! Hört auf damit.“ Sie schauten mich an, als würde ich spinnen, weil eine mindestens zweihundert Meter breite, tiefe Schlucht uns trennte. Sie rollten weiter Felsbrocken über die Kante. Ich wurde stärker. „Es ist mein Ernst! Hört auf damit!!“ Es war ein seltsamer Moment. Ich hatte das Gefühl, ich würde über die Schlucht fliegen und mich durchsetzen – so entschlossen war ich. Sie waren verblüfft, dann hörten sie auf, gaben klein bei und gingen weg. Ich sagte zu meinen Freunden: „Ich weiß nicht, was da in mich gefahren ist.“ Heute würde ich sagen, es war *Windpferd*.

Sie können sich auf das *Windpferd* verlassen, um sich auf der Stelle aufzubauen und Ihren Gemütszustand zu ändern, wie auch immer er aussieht. Sie können es an sich ziehen, ob Sie in der U-Bahn sitzen, bei der Arbeit sind, im Garten oder am Strand. Es ist eine endlose Energie-Bank, mit der Sie auf natürliche Weise verbunden sind, die endlose Vorräte an Hilfsmitteln, Inspiration und einer natürlichen Positivität hat, und Sie können sich davon bedienen, so wie Sie Geld von einer Bank abheben. Nur müssen Sie nicht hingehen, mit dem Sachbearbeiter reden, Formulare ausfüllen und zuerst einmal etwas einzahlen. Es existiert als endlose Reserve und endloser Reichtum. Überschwängliche Energie steht Ihnen jederzeit zu Diensten. Sie geht nie zu Ende. Einfach weil Sie ein menschliches Wesen sind, existiert immer eine endlose aufbauende Energie, bei der man sich bedienen kann. Es existiert von vornherein so ein Funke der Zuversicht, und Sie entfachen ihn aus heiterem Himmel, ungeachtet äußerer Umstände.

Wir Menschen nehmen das als selbstverständlich hin, weil es so etwas Grundlegendes im Leben ist. Es wird in verschiedenen Kulturen verschieden genannt, aber es ist der *menschliche Geist,* unsere *Be-geist-erung.* Unabhängig von Bedingungen existiert in uns eine Sehnsucht, ein Streben, eine Inspiration, die mit einer größeren Perspektive zusammenhängt. Das gehört zur menschlichen Grundausstattung und inspiriert Menschen seit Jahrtausenden. Es steht für sich, wie die Lebenskraft. Sogar in den schlimmsten Situationen, wie das Tagebuch von Anne Frank uns zeigt, kann die Ahnung einer Vision und eine von Bedingungen unabhängige, inspirierte Energie aufscheinen. Es ist nicht so, dass manche dazu Zugang haben und andere nicht. Alle Menschen werden mit einer visionären Perspektive und *Windpferd*-Energie geboren. Wenn man sie beide nutzt, ist man fähig, mit Herausforderungen kraftvoll umzugehen.

Windpferd zu beschwören, sagte Rinpoche, sei wie das Setzen eines Segels, um den Wind einzufangen und zu nutzen. Je mehr Energie man braucht, desto größer muss die eigene Sehnsucht, das eigene Verlangen sein – das Segel. Umso größer ist dann die Kraft, der Geist, den man einfangen kann, und umso gewaltigere Situationen kann man dadurch reiten. Man kann einen Taifun oder eine kleine Brise heraufbeschwören, je nachdem, welche Art überwindender oder visionärer Energie man braucht.

Auf der absoluten Ebene ist *Windpferd* eine von Bedingungen unabhängige Vitalität. Letztendlich ist es das unbedingte Verlangen, das abstrakte grundlegende Gutsein in das eigene Dasein einzubringen, um damit Situationen eine neue Richtung geben zu können. Wenn man dieses unbedingte Verlangen wachruft, stellt sich die Vitalität, die man beschwört, tatsächlich ein. In der Shambhala-Tradition tut man das einfach deshalb, um aus dem Kokon herauszukommen und das Leben zu feiern. Man ruft eine bestimmte Art von Energie wach, um etwas bereits Existierendes einzufangen, und das ist ein starkes Verlangen, das grundlegende Gutsein die ganze Zeit einzufangen und zu reiten, die eigene Vision zu verwirklichen, Energie zu mobilisieren, die auf etwas Positives und Lebendiges gerichtet ist. Im Raum existiert eine Energie, eine Kraft, ein Funke, und Sie geben Ihre Absicht hinaus, Ihr Verlangen, Ihre gutes Gefühl von Kopf und Schultern, und Sie fangen die überschwängliche Kraft ein, die Sie aufbaut, mit Energie lädt, bestärkt.

Also – *Windpferd* ist das, was man in sich selbst wachruft, und es ist auch die Kraft, die man anzapft; es ist eine unerschöpfliche Vitalität, die von vornherein existiert. Man benutzt relative Energie, um die absolute Energie einzufangen, die wiederum zur Erkenntnis des grundlegenden Gutseins führt; damit kann man die Verbindung zur eigenen Lebenskraft stärken und aus dem Kokon heraustreten. *Windpferd* in Shambhala ist Vitalität, ein Gefühl der Eleganz, Heiterkeit, Kultiviertheit und Sanftheit, und alles zusammen ergibt das Seinsgefühl eines übermenschlichen Wesens. Es ist der Fluss des Lebens, ist Schaffenskraft und die Energie, die Dinge überwindet.

Ich glaube, das ist nicht so weit weg. Als Mensch ist man, wenn man seinen Tag angeht, instinktiv mit *Windpferd* in Kontakt. Man versucht immer, irgendetwas zu überwinden, um etwas zu erreichen. Krieger schreien, bevor sie in den Kampf ziehen. Die Spieler einer Mannschaft schreien, bevor sie gegen den Gegner antreten. Menschen straffen ihren Körper, bevor sie singen, jemand Unbekanntes anrufen oder in ein Vorstellungsgespräch gehen. Wenn Sie sich und Ihre Energie zusammenreißen, um Ihre Stimmung zu heben, weil Sie ein Gespräch mit jemandem führen müssen, dann intensivieren

Sie in diesem Moment den Fluss des Lebens. Sie beschwören eine höhere Energie herauf. Wenn Sie das Fenster öffnen, um frische Luft zu schnappen, wenn Sie lächeln, um Ihre Laune zu heben, dann beschwören Sie in diesem Moment mit Absicht eine hochstehende Energie herauf. Sie ziehen Energie aus dem Raum zu sich heran, um sich von ihr über puren Egoismus hinaustragen zu lassen. Sie benutzen sie, um die Kränkungen in einer bestimmten Situation zu heilen. Wenn Sie den Kopf heben, um einfach in die Welt zu schauen, Ihre Schritte federn lassen, Ihre Krawatte richten, um sich gut zu fühlen, dann beschwören Sie in diesem Moment Vitalität und visionäre Energie herauf. Wenn Sie ein gutes Gefühl von Kopf und Schultern haben, dann liegt das an *Windpferd.* Dass Sie in Meditation sitzen und eine königliche Haltung gegenüber Ihrem Leben einnehmen können, liegt zuallererst an *Windpferd. Windpferd* trägt Sie in eine größere Perspektive.

Takeda Shingen war ein großer Krieger im Japan des vierzehnten Jahrhunderts. Er gab den Kriegern unter seinem Kommando eine sehr berühmte Anweisung. Er forderte sie auf, ihren Geist *fu rin ka zan* werden zu lassen. Einer meiner Lehrer, Kanjuro Shibata XX Sensei, übersetzt diese vier Silben folgendermaßen. FU: *Schnell wie der Wind.* RIN: *Leise, still, ruhig wie ein kleiner Hain.* KA: *Direkt, allumfassend, vollständig wie Feuer.* ZAN: *Unbeweglich wie ein Berg.* Das ist ein Geist, der *Windpferd*-Energie hat.

Einmal fragte ich einmal Shibata Sensei: „Was ist das Herz eines Samurai?“ Er wich aus: „Samurai, Samurai. Ich weiß nichts über das Herz eines Samurai. Samurai war vor zweihundertfünfzig Jahren. Das war die japanische Armee. Aber heute ist kein Krieg. Jeder hat dasselbe Leben. Samurai heute? Ich bezweifle es.“ – „Aber Sensei“, fragte ich, „gibt es die Lehre des großen Kriegers Takeda Shingen auch nicht mehr?“ Er sagte: „Trungpa Rinpoche wollte darüber auch immer Genaueres wissen. Er hat mich oft danach gefragt.“ Ich sagte: „Sensei, Samurai-Herz *muss* existieren. Was *ist* es?“ Er sagte: „Es ist schwer zu erklären. Es hängt von der Person ab.“ Aber ich wollte nicht aufgeben. „Sensei, besteht Samurai-Herz darin, dass man sich niemals aufgibt?“ Er sagte: „Das ist es! Gib nie auf. Gib dich nie, nie auf, und auch andere nicht!“ Das ist die perfekte Kombination von größerer Perspektive und *Windpferd*.

Im Grunde kann einem letztendlich niemand sagen, wie der eigene Mut aussehen sollte, weil dieser Mut, wenn man den Kokon verlässt, total frisch, bedeutungsvoll und aktuell ist. Um den Kokon zu verlassen, braucht man starkes *Windpferd*, um nicht in Depression zu geraten, in Gewohnheitsmuster, Chaos oder unter die Macht eines anderen. *Windpferd*-Energie ist etwas, was Sie besitzen, und zwar schon lange. Sie können sie heraufbeschwören, anzapfen, sich darauf einstimmen und sie reiten. Jeder Mensch ohne Ausnahme wird mit persönlicher Würde, Kraft und Energie geboren. Das hat überhaupt nichts mit *Macht über etwas* zu tun. Es ist der Energie-Aspekt des grundlegenden Gutseins. Es ist der lebendige Aspekt der Furchtlosigkeit, der Aspekt der Lebenskraft in Ihnen.

Viele Traditionen haben Wege, diese Energie zu forcieren und zu nutzen. In verschiedenen Kulturen werden Waffen, Banner, Fahnen, Farben und Schmuck benutzt, um *Windpferd*-Energie einzufangen. Sie kann in Gegenständen, in der Atmosphäre eines Zimmers, einem Schnurrbart, Teetassen oder Werkzeugen eingefangen sein. Groucho Marx ließ sie in seinen Augenbrauen und seiner Zigarre spielen. Das Militär fängt sie in den Orden auf der Brust ein, in Epauletten, bestimmten Waffen und Uniformen. Ein(e) Schriftsteller(in) fängt *Windpferd* vielleicht mit dem Füller oder der Tastatur ein, welche zur Waffe werden. In Zentralasien sieht man überall Fahnen, die mit einem anmutigen Pferd geschmückt sind. Das sind *Windpferd*-Fahnen. Sie wehen auf Gebäuden, über Eingängen und auf Gebirgspässen, um Bewohner und Reisende an eine phantastisch großartige und triumphierende Energie zu erinnern. Die Namen bestimmter Krieger – Snow Dancer, Crazy Horse, Indestructible Mountain,

Bad Hand – drücken aus, wie bestimmte Individuen mit einzigartigem Mut *Windpferd* einfangen und zügeln, wie sie auf einzigartige Weise das endlos Gute, die endlose Kraft und Leistung der Menschen proklamieren. In Shambhala gilt man dann als Krieger, wenn man *Windpferd* mobilisieren kann.

Der Grad der Geschicklichkeit, mit dem man *Windpferd* dienstbar macht, ist das Maß an Kraft, das man besitzt. Manche Menschen haben ungeheuer viel *Windpferd.* Sie zeigen es als Charisma, Präsenz, eine gewisse Ausstrahlung und Souveränität. In ihrem Wesen ist nichts Ungefähres. Man hat das Gefühl, dass sie etwas erkannt haben. „Dieser Mensch hat gutes *Windpferd.*" Auch bestimmte Tiere haben gutes *Windpferd.* Sie haben die Fähigkeit, ihre Würde wachzurufen, zu sammeln und zu reiten.

Unsere eigene Würde steigt und sinkt im Zusammenhang damit, wie wir *Windpferd* behandeln. Unsere Seele kann durch Unfälle verwundet sein, Krankheit, Aggression gegen uns oder Aggression von uns. Unsere Verbindung zu *Windpferd* kann durch zu viel Verlust verletzt sein, zu viel Erfolg, durch ein falsches Verhältnis zu Stress, Alkohol, Freunden, durch alles Mögliche. Wenn Sie auf Ihre Kleidung achten und gut damit umgehen, stärkt das Ihre Verbindung zu *Windpferd,* weil Kleidung unser Verhältnis zur Welt ausdrückt. Wenn Sie einen gefangenen Feind gut behandeln, dann erkennen Sie Ihre eigene Würde an und stärken Ihr *Windpferd.* Und Ihr Verhalten kann auch *Anti-Windpferd*-Charakter haben, was keine so gute Idee ist. Wenn Sie einen gefangenen Feind oder einen Freund schlecht behandeln, schwächt und verdirbt das Ihr *Windpferd.* Wenn Sie zu sich selbst sagen: „Schau mal, der da ist echt in Ordnung, und ich krieg die einfachsten Sachen nicht auf die Reihe", dann ist das *Anti-Windpferd.* Wenn Sie beim Kampf mit dem Gartenschlauch die Nerven verlieren, dann fordert das seinen Tribut. Alles in allem ist es *Anti-Windpferd,* wenn man Körper, Sprache, Geist und seine Welt mit mangelndem Respekt behandelt.

Welche Art *Windpferd* Sie wachrufen, um in Kontakt mit Ihrer Vision zu kommen, hängt von den Hindernissen ab, denen Sie gegenüberstehen, wie die Realität mit Ihnen umspringt und wie geschickt Sie handeln müssen. Es ist egal, ob Sie *Windpferd* beschwören, um aus dem Bett zu kommen, mit dem Hund spazieren zu gehen, für die Präsidentschaft zu kandidieren oder zu dem Menschen Ihnen gegenüber freundlich zu sein. Die Energie der Furchtlosigkeit einer großen Führungsfigur, die Sie bewundern, und die Furchtlosigkeit, die Sie an den Tag legen, ist die gleiche. Sie hat denselben Charakter. Sie beide nutzen dieselbe Kraft. Sie teilen dieselbe Menschlichkeit. Vielleicht müssen Sie an einem Tag hundertmal *Windpferd* beschwören, um die Zweifel aus dem Weg zu räumen, die Sie daran hindern, sich auf Ihre Welt einzulassen. Das ist in Ordnung. Jeder Moment, in dem Sie *Windpferd* wachrufen, hinterlässt einen Eindruck in Ihrem Herzen.

Alles, worüber wir nun gesprochen haben, führt an diesen Punkt. Klare Sicht erlaubt Ihnen, die Dinge direkt und realistisch zu betrachten. Und *Windpferd* gibt Ihnen die Perspektive und Energie, die Sie brauchen, um nach vorn zu gehen. In Shambhala bilden diese zwei Aspekte unsere Natur: Die Wärme, die die Dinge würdigt, so wie sie sind, und das furchtlose Sich-Einlassen darauf. Zusammen bilden sie eine kraftvolle kreative Energie, die man nutzen kann, um die eigene Welt zu beherrschen. Es liegt an Ihnen, in welchem Maße Sie sie nutzen und für welche Zwecke.

Mit *Windpferd* wird das Leben erfreulicher, denn je offener Ihr Herz ist, desto mehr verstehen Sie das Leben, desto mehr erkennen Sie die Weisheit und Schönheit der Dinge, und desto fähiger sind Sie, die Welt nach den Mustern zu gestalten, die aus Ihrer Wertschätzung und Ihrer Furchtlosigkeit entspringen. Dies ist die produktive Magie des *Windpferdes.* Sie können das würdigen, was vor Ihnen liegt, Situationen und Menschen, Sie finden sie nicht unmöglich, und Sie arbeiten mit dem, was auch immer auftaucht.

Man kann *Windpferd* nutzen, um sich auf das Meditationskissen zu bringen. Man kann *Windpferd* nutzen, um vom Meditationskissen wieder aufzustehen. Nutzen Sie es, um Ihre Intelligenz zu aktivieren, um Ihnen Selbstvertrauen zu geben, wenn Sie Zweifel haben, ob Sie das schaffen, was getan werden muss. Nutzen Sie *Windpferd*, um Körper, Sprache und Geist zu stärken. Nutzen Sie es, nutzen Sie es, nutzen Sie es. *Windpferd* ist nicht an Bedingungen geknüpft, aber man kann seine Kraft nicht als selbstverständlich voraussetzen. Man muss sich in jedem Moment prüfen: „Wird *Windpferd* durch das, was ich tue, wo ich bin und was passiert, vermehrt oder vermindert?" Gemäß der Shambhala-Tradition ist es immer wichtig, *Windpferd* wachzurufen, denn es besteht immer die Versuchung des Kokons.

13

Würde gewinnen

Grundlage:	Etwas gemeistert zu haben, erzeugt Charisma oder Präsenz.
Weg:	Indem wir mit unserer inneren Reise ohne Zweifel fortfahren, ...
Ergebnis:	... strahlen wir eine Atmosphäre der Echtheit und Würde aus.

Wenn man *Windpferd* wachruft, gewinnt man echte Würde in der jeweiligen Situation. Man gewinnt echtes Da-Sein, mit wachem Geist und offenem Herzen, in der Situation. Es schafft eine Präsenz, ein Feld um Sie herum, das Echtheit ausstrahlt. Dadurch gewinnen Sie Würde.

Jeder kennt irgendjemanden, der eine kraftvolle Präsenz an den Tag legt. Vielleicht ist es jemand in den Nachrichten, eine historische Persönlichkeit oder jemand, den Sie in einem Geschäft oder auf der Straße sehen. Der Betreffende erzeugt Energie und Kraft um sich. Man spürt das, wenn man in seiner Nähe ist. Ein Freund von mir trank einmal in einem kleinen Laden in San Francisco eine Tasse Kaffee, und plötzlich kam der Präsident herein und schüttelte ihm die Hand. Mein Freund sagte: „Ich habe ihn gar nicht gewählt, aber ich war einfach überwältigt! Seine Energie war so kraftvoll, dass ich sie den ganzen Tag spürte!“ Ein großer Meditationsmeister des tibetischen Buddhismus kam einmal in die Vereinigten Staaten, um eine buddhistische Zeremonie abzuhalten, die bedingungslose Würde demonstriert. In New York wurde er von einer Motorradkolonne der Polizei eskortiert, und einige der Polizisten nahmen an der Zeremonie teil und baten spontan um seinen Segen, weil die intensive Atmosphäre sie so beeindruckt hatte. Der Vater einer Freundin von mir, dem das Interesse seiner Tochter am Buddhismus gar nicht gefiel, sagte nach der Zeremonie: „Wow! Der Bursche hat Charisma!“ Als Nelson Mandela Amerika besuchte, ging ich in das Baseballstadion, wo einer seiner Auftritte stattfand. Obwohl es eine riesige Arena war, spürte es jeder, als er sie betrat. Seine Gegenwart war so voller echter Wärme, Würde und Mut, dass alle spontan aufstanden.

Einfach aufgrund äußerlicher Erfolge kann eine Atmosphäre um einen herum entstehen. Beispielsweise kann man als bedeutender Künstler, bedeutender Manager, bedeutender Entertainer, Sportler oder Politiker Charisma gewinnen. Die Menschen in der Umgebung so einer Person fühlen sich, als würden sie neben einem brennend heißen Ofen stehen. Aus der Tatsache, dass jemand eine innere Reise absolviert, entsteht jedoch eine andere Art von Atmosphäre. Im Gegensatz zu einem Ofen, der irgendeinen Brennstoff braucht, hängt diese Art von Charisma nicht von äußeren Umständen ab. Es erzeugt sich selbst. Das ist echte oder *innere Würde.* Man erlangt sie, wenn man gelernt hat, lange Zeit im grundlegenden Gutsein zu verweilen. Diese Präsenz beruht auf innerlicher im Gegensatz zu äußerlicher Autorität. Durch die innere Autorität entsteht ein Gefühl, dass sich da niemand auf irgendeine Weise in einem Kokon versteckt, dass man völlig offen dafür ist, der Welt mit Spontaneität und Mitgefühl zu begegnen.

Ich hatte einen älteren Freund, einen Künstler, der im Spanischen Bürgerkrieg aufseiten der Internationalen Brigade gekämpft hatte. Als ich ihm das erste Mal begegnete, lebte er von einer kleinen Rente und hatte keine Familie. Er war alt und hatte ein Lungenemphysem. An dem Tag, als er ins Krankenhaus gebracht wurde, in dem er schließlich starb, sah er abgezehrt und wie ein Penner aus. Er war wochenlang nicht rasiert worden und war extrem schwach. Als ich zu seinem Zimmer ging, um ihn zu besuchen, sprachen mich im Gang zwei Krankenschwestern an und sagten: „Wer ist dieser Mensch? Er wirkt wie ein vollendeter Gentleman.“ Er hing an Schläuchen und Maschinen, war bei Bewusstsein, konnte aber nicht sprechen. Aber es tat einem im Herzen weh, mit ihm im selben Zimmer zu sein, weil so etwas Edles von ihm ausging. In ihm war keine Spur von Bitterkeit. Das *Windpferd* seiner Bewusstheit war fast mit Händen zu greifen. Man konnte sehen, dass er sehr hart daran arbeitete, die Veränderungen zu verfolgen, die durch den Sterbeprozess in ihm vorgingen. Man musste ein annähernd ähnlich hohes Niveau haben, um einfach nur bei ihm im Zimmer zu sein – sogar der Arzt sagte das. Als ein Freund ihm sagte, ich sei da, öffnete mein Freund die Augen und strahlte mich an. Es war wie ein Blick in die Sonne, von ganz nah, bei dem man die Hitze spürt.

Nach den buddhistischen und Shambhala-Lehren entsteht Wärme aus Egolosigkeit, und Egolosigkeit entsteht, wenn man sich selbst nicht in den Mittelpunkt stellt. Dieser Freund vermittelte mir eine Ahnung der ungeheuren Weite, Wärme und fließenden Qualität von Egolosigkeit. Während er im Sterben lag, war er so zu Hause im grundlegenden Gutsein, dass er Situationen ganz natürlich entstehen lassen und mit dem, was sie präsentierten, umgehen konnte, sogar mit seinem eigenen Sterben arbeiten konnte – nicht philosophisch, spirituell, politisch, religiös oder auf irgendeine andere spezielle Weise, sondern einfach ganz auf der Basis von Pragmatismus und Wärme, ohne Ego, und ohne die geringste Spur von Bitterkeit.

In den Jahren seiner Krankheit zuvor hatte ich ihm einmal einen Aquarellkasten geschenkt. Er war sichtlich verärgert. Er riss sich zusammen, obwohl er schon schwach und bettlägerig war, und mobilisierte seine Energie: „Ich bin ein Ölmaler! Ich male keine Aquarelle!“ Nachdem er gestorben war, kam einer seiner Freunde zu mir und sagte: „Er hat mich gebeten, Ihnen das hier zu geben.“ Es war ein schönes, starkes, männliches Aquarell. Ich zog es auf einen gelben Hintergrund auf, gelb wie die Sonne, und es hängt in meiner Küche.

Damit wir sein können wie dieser Mann im Sterben, müssen wir die Tatsache akzeptieren, dass das Ergebnis unserer Handlungen nicht vorherbestimmt ist. Für das Ego ist das schrecklich. Es ist niederschmetternd. Es ist zu viel verlangt. „Und wo bleibe ich in dieser Situation?“ – „Was ist, wenn etwas passiert, was mir nicht gefällt? Was ist, wenn etwas anderes passiert und alles schlimmer wird?“ Aber wenn man einmal Authentizität gewonnen hat, hat man auch Würde gewonnen. Würde heißt, im grundlegenden Gutsein zur Ruhe zu kommen, und dadurch verlieren die Umstände unseres Lebens und Sterbens ihre Starre und werden außerordentlich beeinflussbar. Es braucht viel Anstrengung, sich in dieser formlosen Qualität des Geschehens zu Hause zu fühlen, aber das Ergebnis ist mehr Spielraum, Humor, Freundlichkeit. Nun kann man Situationen nach ihrem eigenen Muster sich entwickeln lassen und mit dem, was auftaucht, arbeiten, weil man nicht nach etwas Ausschau hält oder sich vor etwas schützt, das zu fehlen oder einem zu entgehen scheint. Was immer einem begegnet, ist grundlegendes Gutsein, also kann man es integrieren und nutzen.

Das heißt nicht, dass der Mensch, der Würde gewinnt, sich nicht kümmert oder nichts mehr bewirken will. Ein Mensch mit innerer Würde nimmt immensen Anteil. Er oder sie dreht einem nicht den Rücken zu und lässt die Welt machen, was sie will. Ganz im Gegenteil. Ihre Präsenz beinhaltet Kraft, weil Sie im Hinblick auf das, was zu tun ist, nicht von den Erwartungen anderer abhängen. Sie haben einen Zustand spontanen Mitgefühls erreicht. Er ist spontan, weil Sie auf der Grundlage Ihrer Vision des unaufhörlich Guten im Menschen mit anderen mühelos kommunizieren. Und er ist mitfühlend, weil Sie alles als bereits erleuchtet betrachten – die erleuchtete Qualität muss nur einfach mehr zum Vorschein kommen, und Ihre Vision ist es, dabei zu helfen. Das kann für andere Menschen beängstigend sein, weil sie die Kraft Ihrer Vision spüren. Es erweckt auch in ihnen eine größere Perspektive. Ich war von Trungpa Rinpoche auf jeden Fall eingeschüchtert, weil sein Mitgefühl so riesig war und, für mich, unberechenbar – und als er mich überraschte, spielte mein Ego verrückt. Aber wenn Ego auf Mitgefühl trifft, kommt irgendetwas Authentisches zum Vorschein. Wie ein Freund Jahre nach Chögyam Trungpas Tod einmal sagte: „Ich würde mich gerne wieder mal durcheinander bringen lassen", und mir geht es genauso.

Gewöhnlich gehen wir an Situationen nicht mit Mitgefühl heran. Wir betrachten sie im Hinblick darauf, was wir gewinnen können oder ob wir verletzt werden. „Leg deine Karten auf den Tisch, dann zeig ich dir meine. Eine Hand wäscht die andere, okay?" Wir verlieren uns selber aus den Augen. Manchmal ist das gewöhnliche Leben dann ganz schön aus den Fugen, und man weiß nicht mehr, wer wer ist, was was ist, welches welches ist, was man fühlt und was eigentlich vor sich geht. Also schlägt man sich so durch. „Mit dieser Art von Mensch komme ich nicht so gut klar, aber mit den anderen hier geht es gut." Aber *wohin* schlägt man sich dabei eigentlich durch? Wäre es nicht schöner, man könnte sich mehr entspannen? Wäre es nicht schöner, man müsste nicht dauernd um etwas kämpfen?

Ein Mensch, der Würde gewonnen hat, kann viel besser die Straße entlanggehen, ein Eis essen, sich unterhalten und ein Geschäft abschließen, weil er oder sie für alles offen ist, was geschieht, und alles als Ausdruck des grundlegenden Gutseins behandelt. Wenn man Würde gewonnen hat, hat man die Sehnsucht nach einer anderen Welt abgelegt. In der eigenen Gegenwart liegt Humor und Kraft, weil man sich so gründlich mit sich selbst auseinander gesetzt und jede Bitterkeit überwunden hat. Und so handeln Sie mit Eleganz und zielbewusst. Das heißt nicht, dass Sie dahinschweben, statt den Bus oder ein Taxi zu nehmen. Es ist nicht so, dass ein würdevoller Mensch nie weint. Das Leben besteht für ihn nicht aus reinem Vergnügen ohne Schmerz. Es ist vielmehr so, dass Ihr Herz offen ist und Ihre Handlungen Mitgefühl und Reife zeigen, und damit manifestieren sich Ihr Körper, Ihre Sprache und Ihr Geist in Würde.

Das fällt uns schwer. Wir denken, es wird etwas Schlimmes

passieren, wenn wir uns entspannen. Wir denken, in uns und in unserem Umfeld liegt ein Plan versteckt, der uns bedrohen kann. Wir nehmen das Wachrufen des *Windpferdes* und das Gewinnen von Würde im Grunde nicht ernst. „Es klingt gut, aber eigentlich habe ich keine Zeit dafür, weißt du, und ich habe da auch so meine Zweifel."

Ich lernte einmal einen Teenager kennen, der seit seiner Kindheit autistisch war. Als er klein war, war er in eine Pflegeeinrichtung gesteckt worden, wo man ein Dach über dem Kopf hat und zu essen bekommt, aber keine therapeutischen Gespräche. Nachdem er Jahre dort verbracht hatte, begann er zu sprechen, was niemand erwartet hatte. Dieser Heranwachsende sagte den Ärzten, dass er gesund werden würde. Sie sagten: „Nein, das geht nicht." Er sagte: „Doch, es geht." Sie sagten: „Nein, du kannst es nicht. Du bist autistisch." Und er sagte: „Ich *kann* gesund werden. Ich *weiß*, dass es geht." Also überwiesen ihn die Ärzte in eine andere Klinik, wo an solchen jungen Menschen geforscht wurde. Er war seltsam. Wenn er sich unbehaglich fühlte, streckte er immer den Kopf zur Decke, rief „Kuckuck" und redete von „den Lämmern". Die Lämmer lebten in einem Land, das oberhalb der Aggression des täglichen Lebens lag. Das machte er seit Jahren so, und dadurch war sein Hals ganz lang geworden, einfach durch diese Sehnsucht nach Frieden.

Als die Patienten in der Klinik einmal eine Art Talentshow veranstalteten, imitierte dieser schüchterne junge Mann einen Werbespot für extralange Zigaretten (100 Millimeter) von Benson & Hedges. Er kletterte auf die improvisierte Bühne, spitzte vor den Eltern und den Ärzten in ihren weißen Kitteln die Lippen und flötete: „Oooooh, die grooooßartige neue Benson und Hedges ist sooooo extra laaaaaang!" Ich dachte, es bricht mir das Herz. War das das Aufleuchten eines erwachten Herzens? Es ist egal, ob seine Echtheit unbeständig war oder ob er, ich, die Eltern, die Schwestern oder die Ärzte seine Leistung voll würdigen konnten. Er nahm seine Sehnsucht, seinen überlangen Hals und seine Unbeholfenheit, die ganze bizarre Situation, in der alle sich befanden, und fasste alles zu einer einzigen Freude und Trauer zusammen. Er gab uns eine Ahnung seiner echten Schönheit und Würde.

In verschiedenen Traditionen und Kulturen bekommen junge Menschen während eines Übergangsritus einen neuen Namen, der zu ihnen passt. Wie ist das möglich? Weil man sie würdigt. Sie präsentieren ihren Sinn für eine visionäre Perspektive – nicht in Form eines fest umrissenen Ziels, sondern in Form des einzigartigen Flairs, das sie besitzen, wenn sie im grundlegenden Gutsein zu Hause sind. Die Ältesten sehen das, und sie geben ihnen ihren wahren Namen. Weil die Ältesten möchten, dass *sie um jeden Preis sie selbst sind*, bekommen die jungen Leute in dieser Zeremonie auch eine Praxis, um *Windpferd wachzurufen*, damit sie Zweifel und Missverständnisse gegenüber ihrem Authentisch-Sein ausräumen können. Diesen Namen trägt man für den Rest des Lebens. „Hallo, du da, Harmonie-Morgen! Unfassliche Pfingstrose, Goldenes Gedicht, helft mir mal schnell!" Die Sache mit dem Namen ist, dass sie ihn verkörpern. Er repräsentiert ihr *Windpferd*, und *Windpferd* ist ihr Mut und ihr Flair. Die Gemeinschaft möchte, dass sie diese Essenz verkörpern, mutig dazu stehen und sich weiterentwickeln. Während sie heranreifen, erziehen die Ältesten sie, wie man aus einer Eichel eine Eiche heranzieht. Sie versuchen nicht, aus einer Erdnuss eine Ulme oder aus einem Pferd einen Baum zu züchten. Auf diese Weise ist die Gemeinschaft gesund, ihre Weisheit beständig, und man kann erfolgreich sein. Wenn ich dem Jungen in der Klinik einen Namen geben könnte, dann würde ich ihn „Makellose Würde" nennen.

Vor einiger Zeit fand in Indien eine Zeremonie statt, bei der tausend Menschen zum Buddhismus übertraten. Es waren so genannte „Unberührbare", in der indischen Gesellschaft die Niedrigsten der Niedrigen. Nach traditioneller Auffassung darf nicht einmal der Schatten eines Unberührbaren den Schatten eines Angehörigen der höheren Hindu-Kasten berühren. Einer dieser Menschen wurde im Radio interviewt.

Er sagte: „Jetzt bin ich kein Unberührbarer mehr. Ich bin ein befreites menschliches Wesen." Er benutzte diese Zeremonie, um seine Würde zu bekunden.

In Shambhala ist Würde eine Stärke und ein Stil aus Mut und Sanftheit, die man benutzt, um sich auf die Welt einzulassen. Sie existiert als Teil der menschlichen Natur, obwohl sie vielleicht verschüttet ist oder sich nur auf chaotische Weise zeigt. Einmal weinte Rinpoche: „Sogar Katzen und Hunde haben Würde! Warum nicht die Menschen?" Wenn man seine Essenz aus den Augen verliert, wird persönlicher Mut schwierig. Irgendwie vergisst man sich selbst und ist verwirrt. Dann muss man Windpferd wachrufen, um die Energie des grundlegenden Gutseins zu berühren und die Würde zu gewinnen, die unser Erbteil ist.

14

Das *Windpferd* wachrufen

Grundlage: *Windpferd* schafft ein Gefühl, zu leben.
Weg: Indem wir seine Energie gezielt steigern, ...
Ergebnis: ... bestärken wir uns in unserer Bestimmung und Vision.

Es hat wenig Sinn, über Mut zu sprechen, wenn wir obenauf sind. Jeder ist mutig, wenn er in guter Stimmung ist. Aber wenn der Körper schwach ist, unsere Fähigkeiten versagen, mit der Situation umzugehen, und der Geist am Boden liegt, dann ist Mut wichtig. Wenn Körper, Herz oder Geist am Boden liegen, dann laufen alle Methoden von Buddhismus und Shambhala auf Mut hinaus. Alle Anweisungen versuchen, uns beim Wachrufen unserer Beziehung zum Leben zu helfen. Wie die Methode sich auch immer nennt, man ruft *Windpferd*-Energie wach.

In Shambhala ist das Wachrufen des *Windpferdes* eine gezielte Übung, die man nutzen kann, um die Energie zu steigern, aus der unser Lebensgefühl entsteht. Es ist damit eine Praxis, um bedingungslose Zuversicht in sich selbst freizulegen, sie zu verkörpern und Echtheit in sich selbst zu erwecken. Es ist wichtig, sowohl für die Praxis der Meditation von Achtsamkeit-Bewusstheit wie auch für das Wachrufen des *Windpferdes* persönliche Unterweisung zu erhalten, wenn das möglich ist. Gleichzeitig verstärken diese Übungen einfach natürliche Prozesse, die in einem bereits vorhanden sind. Sie zapfen einen offenen Geisteszustand an, den man nicht vortäuschen kann. Sowohl Achtsamkeit-Bewusstheit als auch das Wachrufen des *Windpferdes* gehen davon aus und nutzen es. Man kann gezielt üben, diese erwachte Energie zu erkennen, in ihr zu ruhen und sie zu nutzen. Beim Wachrufen des *Windpferdes,* das ich als einen fünfstufigen Prozess präsentieren möchte, geschieht das folgendermaßen:

Als Erstes kommen Sie in die Gegenwart, die ja immer vorhanden ist. Nehmen Sie Ihren Platz ein, Ihren Platz im metaphorischen Sinne. Das bedeutet, Sie lassen sich da nieder, wo Sie sind und so, wie Sie sind. *Diese* Situation fordert Sie heraus, *dieser* Geist liegt am Boden, *dieses* Herz braucht Ermutigung, *dieser* Mut, *diese* Würde müssen stärker werden. Seinen Platz einzunehmen ist wie das Freiräumen des Bodens, auf dem Ihre Furchtlosigkeit verwirklicht wird. Sie beanspruchen *diese* Zeit und *diesen* Raum und richten Ihre Präsenz *hier* ein. Bringen Sie Einfachheit in Ihren Körper und Ihren Geist. Fühlen Sie die Umgebung. Sie können sich sagen: „Zeit und Ort sind gut, um meine Energie zu festigen. Zeit und Ort sind gut, um voranzugehen. Es ist die Zeit und der Ort, die ich habe." Es ist egal, wo Sie sind. Sie sitzen vielleicht zu Hause, waschen das Geschirr ab, haben gleich ein Gespräch mit Ihrem Chef oder stehen auf einer Bühne. Vielleicht liegen Sie auf einem Krankenhausbett im Sterben. Sie sind im Begriff, Energie wachzurufen, also nehmen Sie eine gute *innerliche Haltung* ein. Das bringt Ihrem Körper und Ihrem Geist Respekt und Gelassenheit. Das kann Ihnen niemand geben. Es läuft der menschlichen Natur zuwider. Sie haben innerlich eine gute Haltung, aber *Sie* müssen sie einnehmen. Dies geschieht zur gleichen Zeit, wie Sie die Zeit und den Ort, die Ihnen gegeben sind, und eine größere Perspektive akzeptieren. „Zeit und Ort sind gut, um Tapferkeit zu verwirklichen. Sie sind gut, weil sie die Zeit und der Ort sind, die ich habe." Allein dieser erste Schritt ist wertvoll.

Wenn Sie Ihre gute innere Haltung eingenommen haben, haben Sie sie jetzt. Das ist der zweite Schritt. Er klingt naiv. Er ist naiv, und er hat enorme Kraft. Sie sind, wie Sie sind, und nun können Sie Ihre Echtheit besiegeln. Fühlen Sie Ihr Dasein. Alles ist an seinem Platz. Um Sie herum ist offener Raum. Die Erde trägt Sie. Alles funktioniert so, wie es funktionieren sollte. Alles ist vollständig. Sie sind hier, mit einer Vision und einer Sehnsucht, dass Sie mutig und siegreich sein wollen. Sie würden Ihre visionäre Perspektive gern verwirklichen. Während Sie diese Absicht, diese Sehnsucht würdigen und bestärken, beginnt Ihr innerlicher Raum sich zu verändern. Es ist, als würden Sie erklären, es gebe für den Raum ein Vorwärts, das direkt da zu finden ist, wo Ihre Herausforderung liegt. Weil es dieses Vorwärts gibt, beginnt der Rest des Raums mehr Sinn zu ergeben. Ihre Beziehung zu der Situation ändert sich, und auch die Atmosphäre um Sie herum beginnt sich zu verändern. Sie entwickeln Ihre Echtheit und Ihren Mut.

Der dritte Schritt ist, sich auf Ihre Bewusstheit einzustimmen. Das geschieht abrupt. Stimmen Sie sich einfach ein. Bringen Sie Körper und Geist unmittelbar zusammen. Ermächtigen Sie sich genau jetzt. Verankern Sie einfach Bewusstheit fest in Ihrem Körper und Ihrem Geist.

Nun können Sie sich etwas entspannen. Unter allem liegt Ihre Sanftheit und Ihre Echtheit, und in die können Sie sich entspannen. In diesem vierten Schritt berühren Sie Ihr Herz. Ihr Herz ist Ihre Zuversicht und Stärke, und die haben Sie gefunden. Das Herz zu fühlen macht Freude, gibt Kraft und macht ein wenig traurig. Man fühlt die Zuversicht und Echtheit in sich tatsächlich als Wärme, und auch die Umgebung um einen herum wird warm. Körper und Geist füllen sich mit Wärme, wie ein Löschblatt sich mit Tinte vollsaugt, wenn man es mit einem Tintenpinsel berührt. Diese Wärme ist furchtlos und beruht auf Sanftheit und Realismus. Sie stecken nicht fest. Das heißt nicht, dass Sie die Herausforderung, die vor Ihnen liegt, erfolgreich bewältigen. Aber es gibt Ihnen die nötige „herz-hafte" Energie, und deswegen finden Sie eine Kraft, die darin liegt, dass *Sie Sie selbst sind. Windpferd*-Energie breitet sich in Ihrem Körper und Ihrem Geist aus.

Zum Schluss strahlen Sie zuversichtliche Bewusstheit in alle Richtungen aus. In diesem fünften Schritt leuchten Sie einfach, so wie Sie sind. Sie liegen immer noch in Ihrem Krankenhausbett, waschen das Geschirr ab, stehen auf einer Bühne oder haben gleich ein Gespräch mit Ihrem Chef. Der Unterschied ist, dass Sie Ihre Zuversicht gefunden haben, und dadurch können Sie die Zuversicht in Ihrem Körper und Ihrem Geist ausstrahlen. Und Sie tun es tatsächlich. Sie haben Ihr authentisches Präsent-Sein erreicht. Sie haben die Vitalität und Inspiration gewonnen, die Sie brauchen. Ihre Sinne sind offen. In Ihrem Körper herrscht ein Gefühl von Stärke und Lebenskraft. Nun können Sie mit einer neuen Einstellung und neuer Energie weitermachen. Führen Sie Ihr Telefongespräch. Sprechen Sie mit Ihrem Chef. Gehen Sie auf das zu, was Sie einschüchtert. Während Sie weiter mit der Situation arbeiten, können Sie auf dieses Gefühl größerer Stärke und Lebenskraft in sich immer wieder zurückkommen. Sie haben Verbindung zur *Windpferd*-Energie aufgenommen, und nun ist die Weisheit in Ihnen nicht mehr getrennt von der Weisheit in der Situation. Das hat etwas Sieghaftes und Erfreuliches. Indem Sie *Windpferd* wachgerufen haben, können Sie mit dem, was vor Ihnen liegt, simpel und direkt arbeiten. Ihre Perspektive ist größer als die Hindernisse.

Das Wachrufen des *Windpferdes*, als formelle Praxis, gehört zur Shambhala-Tradition. Ich habe es nur in groben Zügen skizziert, und es ist ein wenig komisch für mich, „Schritt eins" und „Schritt zwei" zu sagen, weil der ganze Vorgang natürlich und organisch abläuft. Weil wir das aber vergessen, scheint eine formelle Praxis dennoch nötig zu sein, um das zutage zu fördern und herauszuarbeiten, was wir bereits tun. Wenn Sie die Sache nicht zu salbungsvoll angehen, dann stellt die Magie sich ein.

Sie können *Windpferd* langsam oder blitzartig wachrufen. Studieren Sie das. Finden Sie mehr darüber heraus. Lassen Sie sich persönliche Unterweisung geben. Rufen Sie *Windpferd*-Energie im Büro wach, während Sie die Straße entlanggehen oder im Einkaufszentrum stehen. Erwecken Sie es, während Sie in der Küche stehen, auf das Rednerpult zugehen, auf Ihren Termin warten oder im Bett liegen. Gehen Sie in eine Telefonzelle – und statt zu telefonieren, nutzen Sie den Moment, um Ihre Energie auf ein grundlegendes Gutsein zu richten und *Windpferd*-Energie wachzurufen. Wenn Sie nachts nicht schlafen können, spornen Sie Ihr *Windpferd* und schauen Sie, wohin es Sie trägt. Wenn Sie morgens aufwachen, spornen Sie Ihr *Windpferd. Windpferd* wachzurufen ist ein innerer Prozess. Man kann es überall machen.

Man kann bestimmte Sprüche auf Zettel schreiben und sie in den Geldbeutel tun, an den Kühlschrank kleben oder auf das Lenkrad im Auto. Als der einstige südafrikanische Premier Willem de Klerk zusammen mit Nelson Mandela den Friedensnobelpreis erhielt, sagte er: „Ich nehme nicht in Anspruch, Erfolg gehabt zu haben, aber was ich mir vorgenommen hatte, habe ich auch ausgeführt." Ich hatte das jahrelang als Slogan für mich am Computer kleben. Wenn Durchhaltevermögen das ist, was Sie brauchen: Dieser Wahlspruch hat *Windpferd*, und vielleicht hilft er Ihnen. Heute sagt eine Karte an meinem Computer: „Krieger sollten intelligent sein und auf ihr Herz hören. Das ist das, was mein Herz mir sagt, deshalb sage ich es euch." Das ist von Sakyong Mipham Rinpoche. Einfach nur diese Worte zu lesen kann Ihr *Windpferd* anspornen.

Die Energien des Lebens haben sehr viel Macht, und wir stehen immer im Mittelpunkt. Wie groß unsere Welt ist, hängt davon ab, wie viel wir uns öffnen und wie viel Realität wir vertragen können. Eine Freundin schrieb mir in einer E-Mail: „Ich war bisher ziemlich tapfer in Bezug auf das Sterben. Jetzt geht es um jeden einzelnen Tag. Touch and go." Als sie starb, schenkte sie mir ihre Lieblings-Anstecknadel mit einem Symbol für *Windpferd* darauf. Sie wusste, dass es bei *Windpferd* nicht darum geht, stets alles im Griff zu haben, obenauf zu sein. Es geht nicht um Macht über eine Situation, über eine Sachlage oder überhaupt irgendetwas außer unsere eigenen Zweifel. Wenn Sie starkes *Windpferd* haben, sind Sie fähig, auf dem zu reiten, was immer sich ereignet. Starkes *Windpferd* zu haben garantiert nicht, dass Ihre Handlungen in der Welt ein bestimmtes Ergebnis erzielen werden. Es wird Sie nicht vor dem Sterben retten. Das wirkliche Ergebnis ist Ihr eigener Mut und Ihre eigene Würde. *Windpferd* wendet

Ihre visionäre Perspektive direkt und kraftvoll auf das an, was vor Ihnen liegt. Deshalb heißt es *magisches Windpferd* – weil Sie jedwede Form des Zögerns überwinden und sich so, wie Sie sind, vollständig bejahen können.

Um ein sinnvolles Leben zu leben, muss man nicht konsequent sein, eine widerspruchsfreie Persönlichkeit kreieren oder alles logisch begründen. Man kann einfach das grundlegende Gutsein in einem selbst und um einen herum nutzen, während man sein Leben lebt und tut, was zu tun ist. Man muss kein Superheld werden, der keinen Zweifel kennt! Man muss nur das Ding knacken, das einem *jetzt gerade* im Weg steht. Fassen Sie einfach Mut, lassen Sie Ihre Selbstzweifel fallen und gehen Sie *jetzt* vorwärts. *Windpferd* wachzurufen erfüllt genau diesen Zweck.

Das Leben ist keine Sache, bei der man morgens aufwacht und durch einen Deckel auf dem Kopf zu Boden gedrückt wird, abends schlafen geht und durch den Deckel auf dem Kopf zu Boden gedrückt wird und in der Zwischenzeit brav bleibt (oder auch nicht), alt wird, krank wird und stirbt, alles mit einem Deckel auf dem Kopf, der einen niederdrückt. *Windpferd* ist das Vehikel, das Sie aus dem Kokon befördert und mit den realen Energien der Welt in Verbindung bringt. Wenn Sie es einfangen, aufzäumen und reiten, können Sie ein erfülltes Lebensgefühl gewinnen. Es vergeht nicht. Parallel zu dem schrittweisen Entwicklungsprozess, in dem Sie Fixierungen und Selbstzweifel fallen lassen, führt die Praxis des *Windpferdes* das auf eine unmittelbare, pragmatische und anmutige Weise herbei.

Alles in allem braucht es eine Menge Lebendigkeit und positive Ausstrahlung, um das grundlegende Gutsein von uns selbst und von anderen zu sehen. Und wir müssen aktiv werden, um den zufälligen Gelegenheiten in unserem Leben Richtung geben zu können. In der Shambhala-Tradition ist dazu die *magische Windpferd*-Energie nötig.

Teil IV

Die Welt als Freund

15

Die Welt als Freund

Grundlage: Die Welt fungiert als Lehrer.
Weg: Indem wir uns weiter öffnen und unseren Horizont erweitern, ...
Ergebnis: ... entdecken wir, dass unser gesamtes Leben praktikabel und unser Freund ist.

Ich machte einmal im Sommer in den Bergen im südlichen Colorado ein Einzel-Retreat. In der Hütte gab es kein warmes Wasser und keinen Strom. Sie war einsam und schön gelegen, Helfer waren keine zwei Kilometer entfernt zu Fuß erreichbar. Die Hütte war klein und gemütlich. In einer Ecke stand ein Holzofen, und ein Bett war in eine Längswand integriert. Auf der Außenseite dieser Wand stand ein Gastank, der Propan für eine Kochstelle lieferte.

Eines Abends hatte ich meine Meditation beendet, war ins Bett gegangen und eingeschlafen. In der Nacht zog über den Rockies ein heftiges Gewitter auf. Ich erwachte inmitten ungeheurer Donnerschläge. Die stockdunkle Nacht wurde von Licht- und Lärmexplosionen zerrissen, auf die wieder Dunkelheit folgte. Zu Beginn machte ich mir Gedanken: „Ich kann nicht weglaufen, weil ich nicht raus kann." – „Ich habe eine Menge Metall um mich." – „Nur Zentimeter von der Stelle entfernt, wo ich liege, steht ein voller Gastank." Allmählich wichen die Gedanken und Ängste, weil die Ereignisse so überwältigend waren. Sie waren hundertprozentig real, und ich konnte nichts daran ändern. Der Himmel schüttete Regen und Donnerschläge aus, und ich lag da. „Krach! Krach!" Ich erinnere mich, dass ich sehr klar spürte, dass meine Gedanken und Ängste irrelevant waren. Die Realität funktionierte komplett und sehr schön ohne mich. Die Elemente Erde, Wasser, Feuer und Luft waren in lebendigem

Austausch, und weit und breit gab es für mich daran nichts zu drehen.

Irgendwann dämmerte ich weg. Als ich wieder zu mir kam, war es Morgen. Mein Bett war mit kaputten Schieferplatten übersät. Ein Blitz war ins Dach eingeschlagen und hatte noch ein Brett aus der Wand gehauen. Ich schüttelte die Scherben ab und ging ins Freie. Die Luft war kristallklar, und der Boden, die Steine und die Bäume waren klatschnass. Alles war still. Mein Kopf war absolut ruhig, sauber gewaschen von den Vorstellungen, nach denen ich normalerweise die Dinge einordne. Ein Rudel Koyoten kam vorbei, winselnd, durch den Sturm völlig durcheinander und desorientiert. Bald danach begannen ein paar Vögel zu singen, erst zaghaft, dann mutiger. Allmählich entstand wieder eine vertraute und gewohnte Welt.

In der Stadt scheint es mir manchmal unmöglich, während meines Tagesablaufs zu den natürlichen Energien der Welt Kontakt zu haben. Aber es ist jeden Moment möglich. Das hat mir dieses Retreat gezeigt. Wir haben nur kein Vertrauen. Die Welt funktioniert auf kraftvolle und schöne Art und Weise, in der freien Natur und in den Straßen der Stadt, jenseits der Grenzen unserer Hoffnungen und Ängste. Als während dieses Gewitters meine Gedanken und Ängste aufhörten, erkannte ich, dass die Welt nicht mein Gegner war. Die Realität funktionierte makellos, und die Bäume, der Regen, der Himmel, die Erde, die Tiere und ich teilten diese Realität makellos und mühelos miteinander. Aus meinen Mustern geschubst, fügte ich mich in das natürliche Funktionieren der Welt ein. Ich denke mir, dass die Koyoten, Vögel und Insekten das auch getan haben. Wenn ich darüber nachdenke, wie Gewohnheitsmuster sich so unerwartet bilden und umgestalten, kommen und gehen, denke ich: „Auch dieser Moment jetzt ist makellos und Teil eines natürlichen Ablaufs. Wenn ich in festgefügten Ansichten gefangen bin, sehe ich meinen Alltag einfach nicht klar."

In der Gegenwart begegnet man einer *heiligen Welt.* Jede Situation ist ohne Ausnahme eine reale Situation und nicht eine Generalprobe. Jede Situation kann uns etwas lehren. Die grundlegende Bedeutung der heiligen Welt ist die, dass die Welt um uns und die Energien in uns die natürliche Fähigkeit haben, uns aufzuwecken. *Heilig* bedeutet nicht, dass irgendetwas selten, kostbar und immer gut und alles andere ordinär, ersetzbar und Müll ist. Es gibt eine lebendige Qualität in der Welt der Phänomene und in uns, die bedingungslos ist, ungeschaffen. Diese lebendige Qualität ist eine freundschaftliche, nichtaggressive Energie, die sich zeigt, wenn man sich akzeptierend und anerkennend auf ihr natürliches Funktionieren einlässt. Nicht-Aggression heißt: Sie hat ihre eigene Macht, jenseits von jedwedem Hin und Her.

Die Shambhala-Lehren über die Natur haben sehr viel Macht. Sie lehren, wie man sich von den Elementen leiten lassen und so elegant und bestimmend wie sie sein kann. Diesen Lehren könnte man ein eigenes Buch widmen, aber einen Punkt möchte ich hier anführen. Man muss nicht über eine stille Wiese gehen, um der Natur zu begegnen. Man kann der Qualität natürlicher Nicht-Aggression, Heiligkeit und Freundschaft in der eigenen Wohnung, auf den Straßen von New York oder auf einem Marktplatz im Kriegsgebiet begegnen. Man kann ihr im eigenen Körper begegnen. Ich hörte einmal auf National Public Radio Musik, die ein junger, an Aids erkrankter Mann komponiert hatte. Er hatte mit Hilfe eines Synthesizers die Musik seiner sterbenden T-Helferzellen aufgenommen. Es war sehr schön und eindringlich, seine T-Helferzellen in Ohnmacht fallen und vergehen zu hören. Am Ende seiner Komposition stand einfach nur leerer Raum. Ich glaube, das war ein schöner Ausdruck dafür, wie man die Welt als Freund erleben kann.

Die Erkenntnis, dass die Welt ohne Aggression funktioniert, dass sie uns auf natürliche Weise als Freund unterstützt und belehrt, ist solch eine unmittelbare Erfahrung, dass sie uns entweder ermutigt, uns öffnet und wir etwas lernen, oder dass wir ein wenig zurückweichen und Richtung Kokon tendieren. Wenn wir zurückweichen, werden die Dinge tendenziell kompliziert, und das Freundschaftliche verschwindet aus unserem Lebensgefühl. Beispielsweise gehen Sie in ein neues Lebensmittelgeschäft, und der Kopfsalat liegt an einem anderen Platz oder ist welk oder zu nass. Man ist gereizt und sauer auf den Ladenbesitzer. Ich lebte einmal in Toronto, wo die Briefkästen riesig waren mit klitzekleinen Schildern, auf denen „Post" stand. Die Briefkästen selber hatten eine Art dunkle Tarnfarbe und fielen kaum auf. Das nervte mich. Immer war ich am Suchen: „Wo ist der Briefkasten?" Wenn ich dann einen gefunden hatte, zweifelte ich: „Ist das wirklich der Briefkasten? Vielleicht ist er ja für was anderes, und ich weiß es nicht." Ich war einsam, musste mich auf dieses fremde Land einstellen, und die Suche nach einem Briefkasten gab mir den Rest. Ich erzählte es einer Freundin, die sagte: „Nun, so fremd kann es ja wohl nicht sein. Reiß dich zusammen. Es ist doch bloß Kanada, um Himmels willen." Mein Gewohnheitsdenken stieß auf ein kleines Hindernis, und meine Welt geriet aus den Fugen. In einem solchen Moment ringen wir darum, wahrzunehmen, zu verstehen, Kontakt zu bekommen. Stellen Sie sich vor, es passiert etwas wirklich Dramatisches und Ernstes, etwa dass Krieg ist oder Sie sterben. Ich denke: „Wenn ich mit einem neuen Briefkasten nicht klarkomme oder damit, dass ich mir den Zeh gestoßen habe, wie wird das dann erst damit?"

In Shambhala ist die heilige Welt immer da. Wenn man sich ganz entspannt, sieht man sie. Sogar in so etwas Simplem wie dass Sie sich den Zeh stoßen, versucht die Welt Sie zu erreichen und Ihnen etwas zu zeigen. Den Lehren gemäß versucht die Welt das schon sehr lange. Sie versucht es immer. Auf diese Weise ist die Welt ein mächtiger Freund.

Auf dem Weg zum Shambhala Mountain Center gabelt sich die Straße. Eine Nebenstraße führt in die Berge von Nordcolorado, während die Hauptstraße Richtung Wyoming weitergeht. Wenn man abbiegt, denkt man: „Der Himmel hier ist Colorado-Himmel, und zehn Meilen weiter nördlich ist es Wyoming-Himmel, also biege ich hier besser ab." Aber das stimmt nicht. Der Himmel hat keine Grenzen. Es ist ein einziger Himmel. Es ist unser Geist, der die Dinge zerlegt. Wir teilen alles auf in Menschen, Tiere, meine Welt, deine Welt, die Welt von Menschen wie mir, die Welt von Menschen, die anders sind, der Himmel über Mexico City, der Himmel über mir, Männer, Frauen, verschiedene Gesellschaftsschichten, verschiedene Regierungen, deine Seite, meine Seite, du und ich, wir und sie. Die Unterteilungen sollten einem beim Verstehen und Mitarbeiten helfen, aber stattdessen erzeugen sie Verwirrung, die Verwirrung erzeugt Angst, und die Dinge schaukeln sich zu Aggression und Konflikt hoch. Wenn man seine Angst zu bewältigen versucht, enthüllt sich die Verwirrung. Versucht man seine Verwirrung zu bewältigen, enthüllt sich die Angst. Es ist wie der Morgen nach einer lauten und ausschweifenden Party. Man denkt: „Was ist alles passiert? Hätte ich mich mehr trauen sollen, oder soll ich anrufen und mich entschuldigen?" Das ist wie die List des Odysseus, der zum Zyklopen sagt, er (Odysseus) heiße „Niemand".* Wenn wir darum ringen, eine geteilte Welt zu verstehen, schaukeln sich die Dinge gegenseitig hoch. Wir machen die Dinge kompliziert. Wir sind in Gedanken gefangen und denken, die Welt sei unfreundlich, und dadurch kann sie uns nicht erreichen und uns nichts lehren.

In der Zwischenzeit macht die reale Welt das, was sie immer macht – funktioniert ganz natürlich und gibt uns Hinweise, leitet uns und heitert uns möglicherweise sogar auf. Während eines Frühjahrs zog einmal eine Staubwolke aus der Mongolei über den Westen der Vereinigten Staaten. Sie zog auch über die Stadt hinweg, wo ich lebte, und die Wolke war in den Nachrichten zu sehen. Die Sprecher der Wettervorhersage machten Witze in der Art, das Seminar über mongoli-

* Im Original eine Anspielung auf einen berühmten Sketch von Abbott & Costello, in dem Baseballspieler „Wer", „Was", „Warum" und „Morgen" heißen und sich die Kommunikation deshalb im Kreis dreht. (Anm. d. Übers.)

schen Staub hätten sie während ihres Meteorologie-Studiums ja leider verpasst. Aber ich saß da und dachte, wie erstaunlich wir alle miteinander verbunden sind. Ich dachte: „Eine Staubwolke aus der Mongolei! Die Welt ist magisch." Wir sind alle ein System. Das Freundschaftliche daran ist, dass wir immer endlose Möglichkeiten haben aufzuwachen, und sei es, weil wir eine vorüberziehende Staubwolke bemerken. Nötig ist allein, dass wir uns öffnen.

Um in Kontakt mit der Wirklichkeit zu stehen, brauchen wir Mut und Stärke. Wenn die Welt zu einem aufweckenden Prinzip wird, hat alles eine nachdenklich machende Qualität, irgendeinen Sinn, und der lässt einen zweimal hinschauen, oder wie Trungpa Rinpoche zu sagen pflegte, dreimal. Einfach zu leben kann wie ein Festmahl sein, bei dem das Menü nie endet. Man denkt: „Danke, das reicht, ich habe genug gelernt heute. Es war köstlich, aber jetzt bin ich satt!", aber es werden immer neue Gänge, Weine und Desserts serviert. Zu allem Überfluss kommen dauernd Diener, Musiker, Tänzer und neue Gäste an, die Sie nicht kennen. Je mehr man sich öffnet, desto mehr lädt einen die Welt ein, ins Freie zu treten, und desto mehr entgleitet einem die Kontrolle über das Fest des Lebens. Um die Kraft und positive Stimmung zu schaffen, durch die man sich offen hält, braucht man Stärke, damit man sich nicht auf seine Gewohnheitsmuster zurückzieht, sondern sagt: „Also gut, auf geht's. Die Runde geht auf mich!"

In den Shambhala-Lehren hat unsere Welt eine Brillanz und eine Echtheit, die weit über das hinausgehen, was unser Verstand begreifen kann. Statt uns aus ihr zurückzuziehen, üben wir uns darin, nachzugeben, anderen zu geben und Dinge zu würdigen. Das hat nichts mit dem Versuch zu tun, gute Ergebnisse zu erzielen. Vielmehr erkennen Sie, dass Sie in einer *ständigen* Beziehung mit der Welt stehen und Ihre Welt Ihnen auf jeden Fall eine Botschaft geben wird. Kontinuität, Nicht-Sträuben, Nicht-Diskriminieren, Verbinden, Freundschaft mit der Welt sind das Thema. Sieg geschieht, ob Sie nun Erfolg oder Misserfolg ernten, und Sie lernen, frei von Aggression und Konfusion zu sein, im Frieden zu sein.

Ich habe einen Freund, der immer sagt, er habe sich in mich verliebt, als er mich dabei beobachtete, wie ich einen Fisch zerlegte. Es ist ein guter Spruch und sehr witzig, aber ich weiß, was er meint. Ich erinnere mich daran, dass der Anlass angenehm war und befriedigend – ich mochte den Fisch, das Messer, das Schneidebrett, den Markt, wo der Fisch herstammte, das Leben, das er gelebt hatte, das Meer, die Gäste, das Rezept, das Essen, das ich kochte, alles. Ich war unbefangen, dachte nicht an mich. Wenn man eine solche Atmosphäre der Wertschätzung und des Gegenwärtigseins erlebt, hat sie etwas Strahlendes und Fließendes. Sie hat eine un-aggressive, verbindende Energie.

Vielleicht erleben Sie so etwas, wenn Sie gern Ihr Auto waschen. Sie mögen das Auto und den Schwamm, das Wetter, den Sprühnebel, der Sie benetzt, die Beulen, das Glänzen und den Schmutz, die Arbeiter, die das Auto produziert haben, Mechaniker, die daran gearbeitet haben, den Kies in der Einfahrt, Sonnenschein, dass jemand überhaupt das Auto erfunden hat, Ihre Geschicklichkeit, das Gute an Ihrem Körper und Ihrem Geist. Es existiert eine Art Magie, weil es keine fundamentale Trennung zwischen Ihnen und Ihrer Welt gibt. Die Atmosphäre ist friedlich und tatkräftig. Es gibt gegenseitige Beziehung, ein Fließen, die Versöhnung zwischen *dem hier* und *dem da* – das Auto, die Beulen, der Sprühnebel, Ihr Körper und Geist, die Fabrik, aus der das Auto stammt, wer darin fahren wird und die Beziehung all dieser Dinge zueinander – alles ist gegenseitige Beziehung und Wertschätzung. Sie stimmen sich darauf ein, wie ein Auto zu waschen ist, wie das Leben zu leben ist, wie man überhaupt irgendetwas tut. Es spielt keine Rolle, dass die Erfahrung kurz ist. Sie lehrt Sie etwas. Sie erleben eine lebendige und starke verbindende Energie, die so echt ist, dass alles Echte, Verbindende und Aufrichtige in Ihnen genährt und gesteigert wird. Ich analysiere das jetzt, aber in Wirklichkeit genießt man einfach das Gefühl von Frieden und Erfolg. Sie sagen: „Es hat Spaß gemacht, das Auto zu waschen. Heute war genau der richtige Tag dafür. Ich fühle mich frisch. Es hat mir Energie gegeben!“ Diese verbindende Energie ist immer da, aber *wir* müssen uns entspannen, um mit ihr Verbindung zu bekommen. Ob wir ihr begegnen oder nicht, hängt davon ab, *wie* wir unser Auto waschen, wie wir tun, was wir tun. Wenn unsere Aktivität eine umfassende und tiefe Qualität des Nicht-Getrenntseins hat, liegen Weisheit und Kraft darin. Dann gibt es keine Trennung zwischen unserer Weisheit und der Weisheit der Situation. An solche Momente erinnern wir uns und beziehen Energie daraus. Solche Erlebnisse helfen uns, das Leben zu feiern.

Es gibt immer irgendeine nichtaggressive Energie oder Qualität in einer Situation, die zur Verfügung steht, um uns zu lehren, zu besänftigen und in dieser Weise freundlich zu sein. Man kommt an sie heran, indem man *Windpferd* wachruft und eine Atmosphäre der Tapferkeit um sich herum schafft. Tapferkeit bedeutet hier mehr, als nur die Angst überwunden zu haben. Sie ist aktive Zuversicht. Dass Sie frei von Zweifeln sind, verleiht Ihnen und Ihrer Umgebung Brillanz und Echtheit, egal was Sie tun. Sogar unter schlimmsten Umständen wird man davon getragen, weil die Welt auf natürliche Weise mit dieser Energie pulsiert. Sogar wenn man das Gefühl hat, mit leeren Händen dazustehen, gibt es eine bedingungslose Nicht-Aggression, die man berühren und nutzen kann.

Hierin liegt gleichzeitig der Begriff der Egolosigkeit in Shambhala und im Buddhismus. *Egolosigkeit* bedeutet hier Offenheit, Wertschätzung, Sanftheit, bedeutet, Eigennutz hinter sich zu lassen, so dass unser Unbehagen und das Gefühl des Getrenntseins verschwinden. Die Atmosphäre hellt sich mit einer friedlichen und verbindenden Energie auf. Alles in allem ist es so, dass die Welt um so mehr unser Freund ist, je weniger wir aus dem Ego heraus handeln. Je weniger Ego, desto realistischer können wir sein. Je weniger Ego, desto eleganter sind wir, weil wir die Welt für uns sorgen lassen, uns von ihr beraten und aufwecken lassen. Sogar wenn wir sterben, kann es eine sieghafte Atmosphäre in dem Sinne geben, dass ein Gefühl von Frieden und Reife herrscht, und die Menschen um uns herum spüren das. Wenn wir solch eine Energie spüren, fühlen wir uns aufgebaut und wach. Das ganze Leben suchen wir nach ihr, und die ganze Zeit existiert sie in unserer Welt. Es ist an *uns*, eine Atmosphäre der Tapferkeit und des Sich-Öffnens zu schaffen. In diesem Sinne ist jeder Moment immer *die* Gelegenheit, sich zu öffnen.

Ein Wirtschaftsmensch erzählte einmal eine Geschichte, wie er mit seiner Tochter im Wald spazieren ging. Sie sagte zu ihrem Vater: „In diesem Wald gibt es Monster!" Er sagte: „Okay, sollen wir uns Gewehre besorgen?" Sie sagte: „Nein, nein, wir sollten sie füttern!" Die Welt ist nicht tot. Der Fluss des Lebens hat enorme Macht, und man kann jeden Moment die eigene Beziehung dazu bekräftigen oder vor dieser Macht Angst bekommen. Dieser Vater ließ seine Tochter wählen, und sie entschied sich dafür, ihre Beziehung zur Welt zu stärken, ihre Macht zu feiern und keine Angst zu haben. Wenn Sie Ihre Beziehung zum Leben in dieser Weise bejahen und feiern können, ist das Ergebnis eine lebendige und fließende Beziehung mit Ihrer Welt.

Ein Freund von mir aß einmal in einem kleinen Park in San Francisco seinen Mittagsimbiss. Zwei Penner schliefen auf den anderen Parkbänken daneben. Er erzählte: „Wenn ich arbeite, sehe ich immer ziemlich unordentlich aus, also habe ich wahrscheinlich, wie ich da saß, nicht viel anders ausgesehen als die." Die Penner schliefen, aber er fing an, in seinem Kopf eine wilde Auseinandersetzung mit ihnen zu führen. „Die kriegen doch nichts auf die Reihe!" – „Wagt es ja nicht, mich anzupumpen!" Die Penner schliefen, und er saß auf seiner Bank und führte in seinem Kopf dieses unglaubliche Gespräch mit ihnen. „Dann", erzählte er, „schlug einer der beiden einfach die Augen auf, lächelte nett, winkte und machte die Augen wieder zu. In diesen Kleidern steckte ein weiser Mann. Wer weiß, was in seinem Kopf vorging, aber es wirkte! Dieser Typ hat mich echt aus dem Konzept gebracht."

Wie der Penner auf der Parkbank, der einem zuwinkt, fungiert die Welt als Lehrer, wenn man seine Vorstellungen fallen lässt und sich öffnet. In dem Maße, wie man das würdigt, beginnt alles einen Sinn zu ergeben. Die Welt ist immer für einen da gewesen und hat einem beigebracht, was man wissen muss. Unser gesamtes Leben ist praktikabel und ein Freund, und man kann es nutzen. Tapferkeit ist Teil unserer grundlegenden Natur. Letztendlich ist dieses Prinzip in uns immer siegreich – man hat immer Zugang zu der grundlegenden Weisheit, die die Welt harmonisiert. Man kann die Zeit und den Raum, den man hat, immer nutzen. Als Krieger kann man immer eine bestimmte Atmosphäre um sich aufrechterhalten, die auf dem eigenen Mut und der eigenen Vision beruht. Auf diese Weise werden Sie feiern und sich freuen können, weil Sie lernen und von einer Atmosphäre spontaner Weisheit, Geschicklichkeit und Eleganz unterstützt werden. Sie lassen sich von Ihrem Geist, von Ihrem Herzen und von allem um Sie herum aufwecken.

16

Vier Arten von Würde

Grundlage: Wir haben verschiedene Stile,
mit der Welt umzugehen.

Weg: Indem wir auf bescheidene, muntere,
unerhörte und unergründliche Weise
würdevoll sind, ...

Ergebnis: ... erreichen wir den Gipfelpunkt eines voll
entwickelten menschlichen Wesens.

Wenn man sich einmal entschieden hat, wach zu werden, wenn man einmal *Windpferd* wachgerufen und die Energie des grundlegenden Gutseins gespürt hat, findet man, wohin man schaut, eine Einladung, sich zu entspannen und die Welt zu mögen. Je mehr man diese Einladungen akzeptiert, desto mehr wächst die eigene Zuversicht.

In den Shambhala-Lehren findet das seinen Niederschlag in den Begriffen der *bescheidenen, munteren, unerhörten* und *unergründlichen Würde.* Nach Trungpa Rinpoche sind das unsere vier verschiedenen Stile, mit der Welt umzugehen. In dem Maße, wie man sich der Welt öffnet, entwickelt sich jede dieser Arten von Würde schrittweise in die nächste, und deshalb ist Würde sowohl ein sich entfaltender Prozess als auch eine Disziplin, die man erlernt. Gleichzeitig stehen diese vier Stile einem voll und ganz zur Verfügung, wenn man volles Vertrauen in die Welt hat, weil Würde Teil unseres natürlichen Potentials ist, ob sie sich nun auf beeindruckende, auf zufällige oder auf chaotische Weise zeigt – oder gar nicht.

Würde der Bescheidenheit

Der erste Stil des Umgangs mit der Welt ist *Würde der Bescheidenheit.* Einfach nur neugierig auf sich selbst zu sein, einfach nur die eigene Energie zu studieren und ihre Dynamik zu sehen, ist schon der Anfang von Würde. Würde der Bescheidenheit heißt, dass man sich öffnet und akzeptiert und würdigt, was man hat. Die entgegengesetzte Haltung ist: „Pah, nichts Interessantes hier. Kenn ich alles. Ich blicke durch. Mir kann keiner." Würde der Bescheidenheit würdigt stattdessen sogar die kleinsten Details. Deshalb bleibt man in den verschiedensten Situationen ausgeglichen und in seinen Beziehungen mit der Welt einfach und gerecht. Wenn Sie beispielsweise mit vielen verschiedenen Menschen arbeiten, dann passen Sie sich einfach dem an, mit dem Sie jeweils zu tun haben, weil Sie die tausend Details und unausgesprochenen Dinge in jeder Beziehung würdigen – was Sie sagen, wie Sie es sagen, was Sie betonen, welchen Teil von sich Sie in den Vordergrund rücken, was Sie hintanstellen. In jedes Gespräch und jede Begegnung bringen Sie etwas leicht Verändertes ein. Sie haben trotzdem noch Ihre Meinung zu den Dingen. Sie haben trotzdem noch gute und schlechte Beziehungen zu anderen. Aber auf einer sehr grundlegenden Ebene haben Sie Vorliebe und Abneigung aus der Gleichung herausgenommen, und deshalb haben Sie ein sehr starkes Gefühl, echt zu sein, ein Gefühl, dass die Welt um Sie herum Sie immer ganz echt bekommt. Es ist nur so, dass nicht jeder genau dieselbe Seite von Ihnen zu sehen bekommt. Auf diese Weise bringen Sie sich sehr geschickt ein, weil Sie anständig, freundlich, flexibel und wohlwollend sind gegenüber dem, was im Raum steht. Ihr Anstand rührt daher, dass Sie gegenüber sich selbst Freundlichkeit üben, was Wertschätzung und Ausgeglichenheit mit sich bringt, und dass Sie Milde gegenüber anderen üben, was jedwede Arroganz oder Barriere verschwinden lässt. Andere finden Sie zugänglich, weil Sie eine Atmosphäre schaffen, in der sie sich öffnen können. Je mehr andere sich öffnen, desto mehr öffnen Sie sich, weil das noch mehr Bescheidenheit und noch mehr Neugier auf die Welt freisetzt, was wiederum Ihre Würde der Bescheidenheit noch weiter steigert.

Eine Freundin von mir, die an ihrem Arbeitsplatz einer Serie immer neuer Rationalisierungsschübe ausgesetzt war, arbeitete in einem Abteil eines Großraumbüros, wo sie keinerlei Privatsphäre hatte. Über Wochen hinweg hatte sich bei ihr immer mehr Stress aufgestaut. Sie hatte das Gefühl, dass sie als Nächste gekündigt werden würde, und sie versuchte, Haltung zu bewahren und einfach mit dem Strom zu schwimmen. Eines Tages bekam sie Panik, suchte jemanden, mit dem sie reden konnte, und ging am Büro des Chefs vorbei. Zufällig schaute er gerade hoch. Später sagte sie: „Ich weiß nicht, wie es passiert ist. Er lächelte, und ich habe darin etwas Einladendes gespürt, also ging ich rein.“ Sie setzte sich vor ihn, legte ihren Kopf auf seinen Schreibtisch und heulte los. „Ich denke, er wusste nicht, was er machen sollte, also hörte er einfach zu! Ich heulte und heulte!“ Er war nicht arrogant und baute keine Barrieren auf. Kein „Sie geht mich nichts an. Soll sie doch untergehen. Soll sie eine Personalberatung anrufen. Ich sitze im Rettungsboot.“ Später sagte er, er habe Mitleid gespürt; er wusste, dass noch mehr Arbeitsplätze abgebaut werden sollten, seiner vielleicht auch. Sie sagte, sie habe immer ein Gefühl der Sicherheit und Stabilität gehabt, wenn er da war, wenn auch nur aus einer gewissen Distanz. Und nun saß sie da, legte ihren Kopf auf seinen Tisch und heulte! Wir lachten und weinten, als sie es mir erzählte. Für mich boten sie beide ein Beispiel für die Würde der Bescheidenheit. Nichts wurde durch einen Mangel an Gleichstellung verkompliziert, und so waren diese bescheidenen Krieger beide zugänglich und voller Wertschätzung.

Als sie einmal gefragt wurde, wie vielen Menschen sie schon geholfen habe, sagte Mutter Teresa: „Ich habe sie nie gezählt. Es war immer nur einer, einer, einer, einer, einer.“ Mutter Teresas Antwort ist ein weiteres Beispiel für die Würde der Bescheidenheit. Wir sind ständig durchtränkt von bescheidener Würde. Ohne sie im Hintergrund könnten wir nicht atmen, uns nicht lieben, nicht schlafen, nicht zu Mittag essen und nicht über Politik diskutieren. Es gäbe kein Fließen im Leben, keinen Austausch. In dieser Hinsicht ist die Würde der Bescheidenheit etwas Natürliches. Und wenn man sie gewinnt, wird Wertschätzung zur Lebensgrundlage. Man hat gelernt, in der einfachen Tatsache zu ruhen, dass man ein menschliches Wesen ist.

Das ist eine große Leistung. Es scheint vielleicht, dass die Würde der Bescheidenheit für diese Welt nicht abgebrüht genug ist, aber *wie* haben es die Menschen, die wir bewundern, geschafft, zugänglich, erfahren und fair zu sein? Wie sieht ihr innerer Gemütszustand aus, der sie ihre eigene Erfahrung respektieren und sie gegenüber anderen verständnisvoll sein lässt? Angst haben sie sicher nicht. Sie sind bei sich selber zu Hause, und sie sind in der Welt zu Hause. In Shambhala ist das Symbol für die Würde der Bescheidenheit ein Tiger, der durch den Dschungel streift. Ein Tiger, der den Dschungel durchstreift, ist achtsam, lässig, hat Selbstvertrauen und Kraft. Seine Würde ist unbefangen. Er hat so viel Würde, dass Arroganz unnötig ist. Wenn man in dieser Weise bescheiden ist, ist man unkompliziert. Man ist einfach, offen und ohne Arroganz. Da man keine Bestätigung nötig hat, ist man ansprechbar. Man ist ein authentisches und zutiefst menschliches Wesen, und deshalb zeigt man sich auch in dieser Weise.

Würde der Munterkeit

Wenn man die Würde der Bescheidenheit gewonnen hat, entfaltet sich eine neue Form von Würde wie eine Blüte: die *Würde der Munterkeit.* Hier wächst Ihre Zuversicht, und auch Ihre Geschicklichkeit wächst. Das ungeheure Wissen und die gigantische Weisheit um Sie herum sind für Sie nicht mehr unerreichbar. Was um Sie herum ist, betrachten Sie immer noch mit Wertschätzung, aber nun hören Sie noch mehr auf Ihre eigene Weisheit. Ihre Würde ist gewachsen und unbefangener und zuversichtlicher geworden. Sie wissen spontan Bescheid darüber, wie die ganze Welt funktioniert. Sie ziehen blitzartig Ihre Schlüsse. Sie wissen nicht, wo diese Weisheit herkommt. Sie finden sie einfach. Sie holen sie aus heiterem Himmel. Sie liegt in der Situation, und Sie sagen es einfach. Sie tun es einfach. Sie teilen Ihre Weisheit ohne Zögern mit anderen. Sie lassen einfach Ihre Energie frei – und das ist eine muntere und heitere Sache.

Mein erstes Rendezvous als junges Mädchen hatte ich bei einem Tanzabend. Ich war dreizehn, war verknallt in meine Verabredung und sehr aufgeregt. Vorher ging meine Mutter mit mir einkaufen. Ich kaufte einen kurzärmeligen, weichen, kuscheligen weißen Pulli mit rundem Halsausschnitt, an dem entlang kleine weiße Perlen aufgenäht waren. Wir kauften auch einen schwarzen Filzrock mit weißen Straßenlaternen aus Filz, die am Saum angebracht waren. Als ich ihn anprobierte, dachte ich: „Geschmackvoll, sexy und makellos" – ich hatte das Gefühl, dass eine Frau aus mir wurde. In den Straßenlaternen aus weißem Filz waren auch kleine Glühbirnchen in der Art, wie man sie am Christbaum hat. Eine elektrische Leitung führte zu einer Tasche in dem Rock, wo eine Batterie war und man das Ganze einschalten konnte. Wenn ich sie einschaltete, blinkten die Lämpchen in den Straßenlaternen.

Das Licht war gedämpft, und ich bin sicher, die Eltern, die auf uns aufpassten, fanden es süß, dass ihre Kinder langsam und innig miteinander tanzten. Mein Tanzpartner schien mich zu mögen. Ich dachte: „Wenn du das schon gut findest, dann warte erst mal, bis du die Lichter siehst!" Ich griff in die Tasche und machte die Lämpchen an. Alle hörten auf zu tanzen und starrten uns an! Mein Partner erstarrte zu Stein. An den Rest des Abends kann ich mich nur verschwommen erinnern, und irgendwann brachten seine Eltern uns nach Hause. Ich kann mich nicht erinnern, ob mein Tanzpartner je wieder mit mir gesprochen hat. Ich könnte das verstehen, aber ich denke trotzdem, dass es ein tolles Outfit war. Irgendwo in dieser Dreizehnjährigen steckte schon eine Andeutung munterer Würde!

Wenn man die muntere Spielart der Würde verwirklicht, muntert man sich auf. Man verändert seine Einstellung und denkt positiv. Dafür gibt es keinen Grund außer der eigenen Disziplin. Man erfreut sich einfach an der Welt. Man ist diszipliniert, und das ist alles. Ein Manager sagte einmal zu mir: „Ich glaube bis zum letzten Tag immer fest daran, dass wir unsere Zahlen erreichen. Dann bin ich nur einen Tag lang enttäuscht!" Das ist die Würde der Munterkeit. Diese Art des Umgangs mit der Welt macht uns stärker. Und unser Selbstvertrauen und unser Optimismus beeinflussen unsere Welt positiv. Auch die anderen um uns herum werden dadurch aufgemuntert. Die Realität wird nicht verleugnet – es wird Würde aufgebaut! In Shambhala ist das *Symbol für die Würde der Munterkeit* ein weißer Schneelöwe mit einer gewaltigen türkisfarbenen Mähne, die für die Kraft unseres guten Gefühls von Kopf und Schultern und die Kraft unserer Kultiviertheit steht.

Als ein Manager sich einmal entschloss, die Firma zu wechseln, um sich an eine veränderte Marktlage anzupassen, überlegte er lange und wägte die Risiken sorgfältig ab, bevor er entschied: „Okay, ich gehe ein Risiko ein. Und wenn ich auf der anderen Seite angekommen bin, werde ich mich umdrehen und schauen, wer mir gefolgt ist." Das ist die Würde der Munterkeit. Ein anderes Beispiel handelt von einem Mann, der heiraten wollte. Er hatte keine Freundin, und deshalb fragte er einen Freund: „Wie kann ich mich verheiraten? Was soll ich machen?" Der Freund sagte: „Oh, das ist einfach. Genieße das Leben! Und dann sieh dich um und schau, wer neben dir steht." Auch das ist Munterkeit. Und als eine Frau, die in den Neunzigern ist, zu mir sagte: „Ich habe keine Angst vor dem Sterben, sondern bin *sehr* neugierig", dachte ich mir: „Würde der Munterkeit." Die Mutter eines

Freundes hatte Alzheimer. Als er sie gegen Ende ihres Lebens wieder einmal besuchte, hatte sie ihm etwas sehr Wichtiges zu sagen. Sie sagte: „Wenn es zu hektisch wird, versuch dich zu entspannen. Dann kommt die Freude zu dir.“ Dann fügte sie sanft hinzu: „Ich weiß nicht, ob ich das jetzt richtig formuliert habe.“ Ich glaube schon. Das ist die Würde der Munterkeit.

Unerhörte Würde

Was entwickelt sich als Nächstes? Mehr Stärke, mehr Geschicklichkeit, mehr Würde. Der Stil, in dem Sie die Dinge handhaben, bekommt allmählich etwas Unerhörtes. Munter und voller Selbstvertrauen zu sein ist allmählich so tief in Ihrem System verwurzelt, dass Sie sich nicht mehr beobachten oder dauernd Ihren Fortschritt messen. Keine Gedanken mehr der Art „Habe ich eigentlich schon mehr an Mut gewonnen? Könnte ich mich mehr aufmuntern? Wie weit bin ich jetzt? Klammere ich mich immer noch an bestimmte Sachen fest? Wie weit muss ich mich noch entwickeln? War ich gestern stärker? Sind andere mir voraus?“ Endlich hören Sie auf, sich selbst auf irgendeine Weise künstlich aufzubauen. Sie bewegen sich aus dem misstrauischen Blickfeld des Ego heraus. Nun ist Ihr Stil des Umgangs auf eine unerhörte Art würdevoll. Sie sind bereit, Fehler zu machen, bereit, sich außerhalb der Norm zu stellen, bereit voranzugehen, ob Sie nun Lob oder Tadel ernten. Ihr Wagemut überschreitet die normale Logik. Niemand kann Ihre Logik mehr interpretieren, auch Sie selbst nicht, weil Sie das, was Sie tun, weder vor sich noch vor anderen rechtfertigen. Stattdessen besteht Ihre Praxis darin, zu entspannen und die eigenen Grenzen zu überschreiten, mutig zu sein und den Horizont zu erweitern, ohne Angst auf andere zuzugehen, eine enorme Gelassenheit zu entwickeln. Damit treten Sie in einen zeitlosen Bereich ein, und das ist etwas Unerhörtes, weil Sie konventionelle Maßstäbe hinter sich lassen.

In der indischen Kultur gibt es den mythischen Vogel Garuda. Ein Garuda ist ein seltsam aussehender, wilder Vogel, ungefähr so groß wie eine Eule, mit großen Ohren, großen Augen und Klauen, voll entfalteten Schwingen und dunklem Gefieder. Wenn der Garuda geboren wird, schlüpft er voll entwickelt aus seinem Ei und fliegt und fliegt, ohne zurückzublicken. Er schaut sich nicht um, um zu sehen, wie weit er sich vom Erdboden entfernt hat – er schwingt sich einfach in die Luft und fliegt. In Shambhala ist der Garuda das *Symbol für die unerhörte Würde.* Wie dieser Vogel, der voll entwickelt geboren wird, prüft man nicht mehr, wie weit man gekommen ist. Man konkurriert nicht mehr mit anderen, und man konkurriert nicht mehr mit sich selbst, und deshalb feiert man Freiheit und Humor in allem, was man tut. Ob man gemäß der oder gegen die Konvention handelt, ist unwichtig. Man ist nicht mehr in Hoffnung und Angst gefangen, und deshalb ist man überhaupt nirgendwo mehr gefangen.

Der Manager, um den es weiter oben ging, der ein Risiko einging und die Firma wechselte, wurde ein paar Jahre später gefeuert. Bei der Entlassung weigerte er sich, eine Pressemitteilung zu akzeptieren, in der es hieß: „Verlässt die Firma, um mehr Zeit für die Familie zu haben." Die Firma musste die Nachricht ohne die übliche Sprachregelung an die Öffentlichkeit geben. Dann schrieb er auf ein Schild: „Nehme für Essen jede Arbeit an!" und hängte es sich an einer Schnur um den Hals. Statt sich davonzuschleichen, saß er die letzten Wochen in großartiger Verfassung wie immer in seinem Eckbüro und beendete seine Arbeit. Ein Kollege sagte später: „Da saß ein Prinz bei uns!" Seine Handlungen waren mehr als nur munter – das ist unerhörte Würde.

Würde der Unergründlichkeit

Schließlich entfaltet sich eine *unergründliche Würde.* Man hat enorme Tiefe gewonnen. Tiefe heißt nicht, dass man Nabelschau betreibt. „Introvertiert“ oder „extrovertiert“ ist längst nicht mehr die Frage. Jede mögliche Schublade ist zu klein, um zu fassen, was mit einem geschieht. Die üblichen Schubladen von Politik, Wirtschaft, Psychologie, Soziologie, Religion, Führungsstil, Persönlichkeitstypen – all diese Vorstellungen, einschließlich der Vorstellungen über grundlegendes Gutsein, *Windpferd*, visionäre Perspektive oder Würde, sind zu klein, um zu fassen, was in einem vor sich geht. Nun ist alles, was man tut, extrem unbefangen und pragmatisch. Wenn Handeln nötig ist, handeln Sie. Wenn Handeln nicht nötig ist, handeln Sie nicht. Sie strahlen eine enorme Beherrschung, Eleganz und Würde aus, einfach deshalb, weil Ihnen und Ihrer Perspektive nichts Kleinliches mehr anhaftet. Niemand kann Ihren Geist ausloten, nicht einmal Sie selbst, und Sie versuchen es auch nicht, weil endlich Ihr Geist auf nichts mehr festgelegt ist. Er kann nicht charakterisiert oder eingefangen werden. Sie haben enorme Gelassenheit und Würde gewonnen.

Ich sah einmal einen alten Großvater, der dem Ende nahe war, im Garten sitzen und mit einem seiner Enkelkinder spielen. Der Großvater war wie ein in Zuversicht fest verwurzelter Baum, während das Kind herumtollte und herumrannte und seine Wurzeln noch nicht in die Erde gesenkt hatte. Die Würde der Unergründlichkeit ist wie dieser Großvater oder ein alter, tief verwurzelter Baum auf einer Wiese. Man ist in seiner Meisterschaft zu Hause. Man übt seinen Einfluss aus, indem man um sich eine kraftvolle Atmosphäre erzeugt, statt herumzurennen und spezielle Dinge zu schaffen und zu fördern. In Shambhala ist das Symbol für die *Würde der Unergründlichkeit* ein Drache, der im Himmel ruht und mit den Elementen spielt. Drachen erzeugen das Wetter und die Jahreszeiten. Sie schaffen eine Umgebung und beeinflussen so die Dinge. Der Drache bewegt sich, und das verändert die Situation. Wenn Sie die Würde der Unergründlichkeit gewonnen haben, sind Sie solide und in Ihrem Selbstvertrauen zu Hause. Ihre Würde ist sanft, wohlwollend, zartfühlend und kraftvoll. Buddhisten nennen diese Qualität manchmal „der alte Hund". Ein alter Hund bellt, wenn die Situation es erfordert, und er bellt nicht, wenn die Situation es nicht erfordert. Die Umgebung des alten Hundes wird entweder aufgerüttelt oder beruhigt, je nachdem, was ihr gut tut.

Wenn man die Würde der Unergründlichkeit gewinnt, ist das Engagement für die Welt unerschütterlich. Zur selben Zeit ist es aber auch unverbindlich, weil es in der eigenen Perspektive kein monumentales Richtig oder Falsch mehr gibt – nur noch sehr viel Fingerspitzengefühl und Spielerisches. Diese unverbindliche Qualität ist eine Art Hohlheit oder Leere. Diese Hohlheit ist gut. Zwanghaftes Denken und Festgelegtsein auf fixe Ideen sind ausgeleert worden, und Sie vertrauen dieser Leere. Nun können Sie in allen Situationen ganz pragmatisch und spielerisch sein. Gleichzeitig haben Sie sich selbst gemeistert. Sie lassen alles bleiben, was Ihren Geist aufwühlt, und deshalb gehen Sie methodisch und elegant vor. Gemäß den Shambhala-Texten zur Kriegerschaft verbindet Ihr Handeln jetzt Situationen „wie das Wasser, lässt sie wachsen wie das Feuer, erfrischt sie wie der Wind und trägt sie wie die Erde". Ihr Handeln ist wie die Aktivität der Elemente. Sie begreifen, dass der Raum Ihres Geistes niemals erfasst werden kann, und so gibt es kein Gefühl der Trennung von der Welt mehr. Sie begreifen vollständig, dass die Welt ein Freund ist. Sie entspannen sich enorm, und auch die Gastfreundlichkeit der Welt wächst enorm. Ohne auf irgendein Resultat des Handelns zu setzen, lassen Sie sich zuversichtlich auf die ganze Sache ein, die da vor sich geht, wie ein Drache im Himmel – oder ein alter Hund. Man kann tatsächlich erleben, dass Freundschaft und Offenheit überall sind. Trungpa Rinpoche sagte, und das gilt für den Buddhismus und für die Shambhala-Kriegerschaft: „Das nennt man Erleuchtung."

Nach der Shambhala-Tradition ist die Würde der Unergründlichkeit der Gipfel dessen, was man als menschliches Wesen erreichen kann. So viel Entwicklung hat stattgefunden, dass Sie Ihren Geist lenken, Ihre Sprache lenken, Ihren Körper lenken und nun auch Ihre Welt lenken – worum es auch immer geht. Nichts und niemanden betrachten Sie als getrennt von Ihnen, also gibt es nichts zu besiegen oder zu fürchten. Ihre gesamte Aktivität besteht an diesem Punkt darin, zu zerstreuen, was die Zuversicht überschattet, Würdevolles zu fördern und sich zu freuen an dem, was gut tut. Das ist alles.

Bescheidene, muntere, unerhörte und unergründliche Würde

Die Würde der Bescheidenheit zu gewinnen ist eine enorme Erleichterung. Es ist wie eine Landung auf festem Erdboden. Endlich ist man zartfühlend, stark und bescheiden. Man fühlt sich gut, also braucht man nicht arrogant zu sein. Würde der Munterkeit heißt, gegenüber der Umwelt heiter und sehr wissbegierig zu sein. Sie fallen nicht darauf herein, an den unendlichen Möglichkeiten der Inspiration und Vision, die um Sie herum existieren, zu zweifeln. Unerhörte Würde heißt, nicht auf ein spezielles Ergebnis zu hoffen. Sie haben Hoffnung, Angst und Zweifel hinter sich gelassen, also stürzen Sie sich einfach in die Sache, wie Ihre Vision es Ihnen eingibt. Schließlich gewinnen Sie, aufgrund von so viel Mut, Risikobereitschaft und Selbstvertrauen, die Tiefe, Festigkeit und Meisterschaft unergründlicher Würde. Sie sind völlig bei sich angekommen. Sie akzeptieren die Gastfreundlichkeit der Welt vollkommen. Sie sind immer noch ein gewöhnliches menschliches Wesen, aber auf andere wirken Sie womöglich fast übermenschlich, weil Ihre Menschlichkeit eine so große Rolle spielt. Die Wirkung auf andere ist nicht, dass sie sich in

Sie verlieben. Sie besteht darin, dass andere sich in Ihrer Gegenwart besser fühlen! Sie gewinnen Einfachheit und Mitgefühl, und das hat einen starken und wohltuenden Effekt.

Ich erinnere mich immer wieder an Rosa Parks. Als in den Vereinigten Staaten die Bürgerrechtsbewegung begann, sagte sie eines Tages: „Nein, heute nicht. Ich bin sehr müde, und heute gehe ich nicht in den hinteren Teil des Busses." Tag für Tag war sie in den hinteren, den Schwarzen zugeteilten Teil des Busses gegangen, und dann, eines Tages: „Heute nicht." In jenem Moment, in jenem Bus, an jenem Tag hatte Rosa Parks, denke ich, bescheidene, muntere, unerhörte und unergründliche Würde. Wenn sie ohne ihre innere Entwicklung gehandelt hätte, hätte das nicht dieselbe Wirkung hinterlassen, glaube ich. Stattdessen war ihre Würde an jenem Tag nicht bloß Rosa Parks' Würde oder afroamerikanische Würde oder Ex-Sklaven-Würde oder Frauenwürde oder Armenwürde oder Müdigkeits-Würde. Es war jedermanns Würde – schwarze Würde, weiße Würde, gelbe Würde, braune Würde, rote Würde, müde Würde, Sklavenwürde, Sklavenhalterwürde, junge Würde, alte Würde, arme Würde, reiche Würde. Jedes menschliche Wesen konnte ein bisschen aufrechter gehen, weil sie an jenem Tag, ohne Wut, ohne Feindseligkeit, ohne Scham, ohne ein kleines Ich, sagte: „Nein, heute nicht. Heute gehe ich nicht in den hinteren Teil des Busses."

Nein, heute nicht. Manchmal nannte Rinpoche diese bescheidene, muntere, unerhörte und unergründliche Würde „mir doch egal." Gewöhnlich bedeutet „mir doch egal", dass man einfach die Coladose aus dem Autofenster wirft. Einfach dem anderen eins auswischen. Einfach klauen, was man will. „Es ist alles egal. Ich werde nicht erwischt. Mir doch egal." Aber hier bedeutet „mir doch egal", dass man nicht versucht, aus seinem Handeln einen Gewinn zu schlagen. Es ist nicht „eine Hand wäscht die andere". Es ist viel großzügiger. Man handelt. Man kommuniziert. Man übernimmt Verantwortung für die Gesundheit der Situation. Man tut es einfach.

Ich hatte einmal einen Chef, der zu mir sagte: „Kümmern Sie sich nicht darum, ob die Leute Sie mögen oder nicht. Sie mögen Sie sowieso nicht. Machen Sie einfach Ihre Arbeit. Versuchen Sie einfach, die Firma vorwärts zu bringen und optimistisch zu sein bis zu dem Tag, wo Sie merken, dass es nicht geht." Mir doch egal. Bescheidene, muntere, unerhörte und unergründliche Würde nimmt Hoffnung und Furcht aus dem Spiel. Sie überwinden Ihre Grenzen, sind inspiriert, und darin liegt die Würde.

In diesem „Mir doch egal" liegt etwas, das für unseren Mut, unsere Kraft, unsere Würde als Menschen zentral ist. Sakyong Mipham Rinpoche, der derzeitige Träger der Shambhala-Überlieferungslinie, sagt: „ ‚Mir doch egal' ist das, was uns am Morgen aufstehen und für das Wohl anderer arbeiten lässt, ohne auf ein bestimmtes Resultat zu setzen. Es erlaubt uns, unser krampfhaftes Festhalten-Wollen zu überwinden. Es erlaubt uns, die Dinge mit neuen Augen zu sehen. Ohne das wäre man nicht fähig, das Dogma des grundlegenden Gutseins hinter sich zu lassen und wirklich nützlich zu sein." Der Künstler Marcel Duchamp hat einmal gesagt, dass er als Künstler ein Werk schafft, aber sobald es fertig sei, habe er keinen Einfluss mehr darauf. Es gehöre ihm nicht mehr, und deshalb höre er nicht auf die Kritiker. Nicht, dass er sich überlegen fühlt. Es ist nur so, dass sein Werk jetzt der Öffentlichkeit gehört – mir doch egal. „Mir doch egal" ist eben überhaupt nicht egal, im Gegenteil. Es bedeutet enorme Entspannung, Horizont-Erweiterung und Arbeit mit dem, was sich jeweils ergibt. „Mir doch egal" lässt Sie die Zone der Angst betreten. „Mir doch egal" gibt Ihnen die Stärke, die Sie brauchen, um den Kommentator und den Kokon abzuschütteln. „Mir doch egal" lässt Sie buchstäblich zu Sinnen kommen und sich an ihnen freuen. „Mir doch egal" lässt Sie in Würde leben und sterben. „Mir doch egal" bedeutet, dass kein einziger Moment vom grundlegenden Gutsein ausgeschlossen ist. Grundlegendes Gutsein ist eine Totalität in allem, was Sie tun. Grundlegendes Gutsein ist von nichts abhängig. Es ist einfach, was es ist. Deshalb beweisen Ihre Integrität, Würde, Ihr Mut und Charakter sich selbst. Ihre Echtheit ist jenseits jeder Logik – Ihnen doch egal.

Mit bescheidener, munterer, unerhörter und unergründlicher Würde versuchen Sie nicht, jemand anders auf Ihre Seite zu ziehen oder die Welt zu erobern. Es ist alles viel unbefangener und weniger egozentrisch. Man arbeitet unermüdlich mit allem, aber man tut, was man tut, um der Sache willen, und deshalb geschieht Realität ganz direkt. Ihr Handeln hat Kraft, weil es Ihnen egal ist.

Im Showgeschäft sagt man „Gib dein Bestes und vergiss den Rest". Das ist ein Ausdruck von grundlegendem Gutsein und von „mir doch egal". „Gib dein Bestes" ist Ihre Aktivität im jeweiligen Moment, die immer einen Sinn hat. Und in „vergiss den Rest" steckt die Weisheit, dass Ihr Leben nicht zweckgebunden ist. Sie leben, weil Sie leben. Weil grundlegendes Gutsein überall durchdringt, kann man sich tatsächlich entspannen und sein Leben feiern. Ein Journalist sagte einmal zu Fred Astaire: „Es muss wunderbar sein, sich so ausdrücken zu können!" Und er antwortete: „Ich tanze nicht, um mich auszudrücken. Ich tanze, weil ich tanze." Das ist bescheidene, muntere, unerhörte und unergründliche Würde und „mir doch egal". Als Mutter Teresa sagte: „Gott will nicht, dass du Erfolg hast, er will, dass du es versuchst", drückte sie damit enormes Zielbewusstsein und „mir doch egal" aus. Wenn ein Löwe im Dschungel brüllt, halten alle anderen Tiere inne und horchen. Der Löwe brüllt nicht, um die anderen Lebewesen einzuschüchtern. Er brüllt, weil er brüllt, weil Löwen das eben so machen. Sie sind die Könige des Dschungels, und es ist ihnen egal.

Es gibt keine maßgebliche Autorität für das Leben. Eine Vision des menschlichen Gutseins steckt von vornherein in uns, aber das kann man wissenschaftlich nicht beweisen. Ihre einzigartige visionäre Perspektive ist ein Ausdruck der Freiheit und des Strebens nach Höherem. Wenn Sie Ihre *Idee* von einer Vision locker sehen und in alltägliche Übung umsetzen, gewinnen Sie Würde und dieses „Mir doch egal“. Die Botschaft des Buddhismus und von Shambhala ist, dass Sie sich in ein allgemeines, nicht von vornherein festgelegtes Gutes entspannen können. Und so schafft man eine würdevolle Atmosphäre um sich und eine anständige gemeinsame Grundlage für sich und die Welt.

Die vier Arten von Würde eines Kriegers, die Trungpa Rinpoche vorgestellt hat, scheinen vielleicht manchmal unerreichbar, aber wenn wir ein bisschen genauer hinsehen, können wir diese vier Arten der Würde in unserer Struktur finden. Wie alles, worüber wir gesprochen haben, ist auch eine Fülle guter Menschlichkeit und menschlicher Kraft bereits in uns. Wir müssen sie nur zum Vorschein bringen. Wenn Sie freundlich zu sich selbst sind, sind sie gleichzeitig freundlich zu Ihrer Welt. Etwas natürlich Gutes beginnt in Ihrem Herzen aufzuscheinen, und ein Gefühl der Würde stellt sich ein. Je mehr Sie sich diesem Prozess öffnen, desto mehr stellen Sie fest, dass die Welt Ihnen Gastfreundschaft erweist und Sie dadurch Ihre Würde beweisen können. „Nein, heute nicht. Ich bin zu müde. Heute gehe ich nicht in den hinteren Teil des Busses.“ Schließlich ist die Kraft menschlicher Würde keine Last oder etwas Unnatürliches. Sie ist angenehm. Sie ist der Weg, ein ganz und gar erwachtes menschliches Wesen zu sein.

17

Eine Tradition der Tapferkeit

Grundlage: Wenn wir Philosophien über unsere Menschlichkeit hören, ...
Weg: ... prüfen, was wir hören, und uns das, was wichtig ist, zu Herzen nehmen, ...
Ergebnis: ... erkennen wir, dass immer eine Tradition der Tapferkeit existiert hat, um uns zu helfen.

Niemand reift solo. Niemand ist eine blaue Blume, die auf exquisite Weise in der Luft erblüht, ohne die Hilfe von Erde, Wasser, Sonne und Wurzeln, die wiederum aus Samen entstanden sind, die jemand gesät hat und aus denen etwas entstanden ist. Wir blühen, weil andere uns helfen. Auch darin zeigt sich die Welt als ein Freund.

In Shambhala, im Buddhismus und in anderen humanistischen Traditionen absorbiert man die Weisheit, die von der Welt um einen herum vermittelt wird, einfach dadurch, dass man anständig ist, während man wachsende Zuversicht und Würde gewinnt. Die Vermittlung von Weisheit ist jedoch auch ein traditioneller und gezielter Prozess, in dem menschliche Wesen ihr Verständnis auf direkte und simple Weise an einen weitergeben. Sie teilen mit einem ihre Erkenntnis, die auf ihren eigenen Irrungen und Wirrungen beruht und auf dem, was an sie von jemand anderem, von Mensch zu Mensch, weitergegeben wurde. Es ist ein Geschenk. Trotzdem ist es, wenn Sie es empfangen, nichts Fremdes für Sie. Sie sagen nicht: „Mein Gott, das ist mir ja völlig fremd! Bis Sie kamen, hatte ich das nicht, erst jetzt." Stattdessen ruft es eine Kraft in Ihnen wach. Ihre Rolle beim Empfangen des Geschenks ist, anzuerkennen, was Sie bereits besitzen. Es ist, als würden Sie an etwas erinnert, was Sie vergessen haben, und Sie sagen: „Ach, Sie meinen *mich*. Sie sprechen über *mein* Herz." Sie haben das Gefühl, dasselbe erkennen zu können, wenn Sie sich ein wenig danach strecken oder ein wenig die Richtung ändern.

Das traditionelle Beispiel dafür ist das eines Menschen, der unter Affen aufwächst. Eines Tages kommt ein Mensch durch den Wald und sagt zu ihm: „Du könntest auch aufrecht gehen. Du könntest mit Töpfen und Pfannen kochen und Kleider tragen wie ich. Auch du könntest sprechen wie ein Mensch." Zuerst wären Sie unsicher. Dann würden Sie es versuchen und merken, dass es natürlich ist und funktioniert. Sie bekommen damit keine Bestätigung, als hätten Sic komplett schon alles, was man Ihnen erzählt. Es ist eher so, dass etwas in Ihnen aufgeweckt wird, was über Ihre gegenwärtige Situation hinausweist.

Das ist die Erfahrung, zu einer Überlieferungslinie zu gehören. Überlieferungslinie heißt, zu einer Familie zu gehören, zu erben, was einem gehört, etwas fortzusetzen, was vorher begonnen hat. Es ist eine sich fortsetzende Situation. Es ist ein Prozess, in dem einem geholfen wird, ein Lernprozess, ein Prozess des Reifens, der Arbeit mit dem eigenen Potential, das man dann umsetzen muss im eigenen Leben, und in diesem Sinne ist man selbst die treibende Kraft. Dennoch entwickelt man sich gemäß dem Beispiel, den Ratschlägen und mit Hilfe der Großzügigkeit, die auf eine lange Reihe menschlicher Wesen zurückgehen.

Traditionell gibt es drei Arten, eine Überlieferungslinie zu erleben und Lehren zu hören oder zu empfangen. Wenn man die Lehre zum ersten Mal hört, ist man wie das Kind, das mit den Affen im Wald aufwächst. Bis jetzt ist sein Leben so gewesen, wie es eben war. Es hat seine Freunde und seine Muster, und es tut, was es eben tut. Dann kommt jemand durch den Wald und spricht direkt und unverblümt mit ihm. Das weckt seine Neugier, und es versucht zu verstehen. „Äh, äh, äh", aber es kapiert nicht. Es ist verwirrt und unsicher. „Was sagst du da? Wieso redest du überhaupt mit *mir*?" Das ist die erste Art, eine Überlieferungslinie zu erleben und ihre Lehren zu hören.

Die zweite Art ist, dass man die Lehren aufnimmt und das Ganze irgendwie auf den Kopf stellt. Man versteht es falsch. Es ist so, als würde einem gesagt: „Du kannst ein voll entwickeltes menschliches Wesen sein wie ich“, und stattdessen denkt man: „Du meinst, ich könnte auf den Töpfen und Pfannen herumtrommeln und diese Khaki-Shorts da über den Kopf ziehen?“ Wenn die Vertreter der Überlieferungslinie sagen: „Sei du selbst“, dann hört man: „Du musst dich ändern.“ Wenn sie sagen: „Bremse deine Impulsivität“, dann hört man: „Geh mit deiner Energie. Lass sie raus.“ Wenn die Überlieferungslinie sagt: „Ganz sanft und leicht“, dann sagt man sich: „Reiß dich zusammen und mach's endlich richtig.“

Die dritte und letzte Art und Weise ist, wenn Inspiration und Ermutigung schließlich unwiderruflich in einem Wurzeln schlagen. Man hört etwas, das eine frische und präzise Erfahrung in einem in Gang setzt. Eine Lücke ergibt sich, wo etwas zu einem durchdringt. Endlich versteht man, dass die Veränderung bei einem selber liegt. Das Ergebnis ist, dass man teilweise zu verstehen beginnt, was man empfangen hat. Nun verwandelt sich die Neugier in Sehnsucht, weil man sich danach sehnt, sich auf eine bestimmte Art und Weise zu verwirklichen.

Einen vierten Weg, eine Überlieferungslinie zu erleben und ihre Lehren zu hören, gibt es nicht. Und das ist auch gut so! Wenn man sie voll verstehen würde, dann würde man die Lehren *leben.* Sie wären nichts Separates mehr. Wenn man etwas hundertprozentig erkennen würde, würden die Lehren verschwinden. Die Weisheit läge nicht mehr außerhalb von einem. Wenn Sie und die Weisheit dasselbe sind, nennt man das *Verwirklichung* oder *Erkenntnis.* Bis dahin bewegt man sich in dem Tempo, wie man es tatsächlich versteht, und der Rest ergibt sich. Man überlegt, untersucht, prüft, macht Fehler, lernt, übt, nimmt es persönlich, ist objektiv, ist subjektiv, lässt die Lehren in die eigene vertraute Welt einfließen und ist mutig und geht auf andere zu, während man sich in der Gastfreundschaft der Überlieferungslinie entspannt und sich mehr auf die eigene Welt einlässt. Auf diese Weise wird das, was in einem wachgerufen wurde, direkt und real. Man bringt zusammen, was einem gesagt wurde und was man erfahren hat. Man nimmt die Lehren persönlich, um ihre Bedeutung herauszufinden. „Was bedeutet das für mich? Stimmt das, was ich da höre? Kann es mir helfen? Kann ich es heute nutzen? Lässt es sich auf die Situationen anwenden, in denen ich mich befinde? Kann ich das zu Hause, bei der Arbeit, bei meinen Kollegen, bei meinen Kindern anwenden?" Während man das tut, entwickelt man einen Sinn für Wahrheit und Stärke. Das ist eine unmittelbare Erfahrung, so wie eine spontane Einsicht. Es ist aber auch ein allmählicher Prozess, der sich während unseres gesamten Lebens entfaltet. Wenn man einer Überlieferungslinie angehört, versucht man diese beiden Aspekte zusammenzubringen – direkt zu verstehen, was präsentiert wird, aber auch das Gesagte im Umfeld der eigenen Erfahrung zu prüfen. Objektiv zu sein, aber die Dinge auch persönlich auszuprobieren, um Vertrauen in die eigene Erkenntnis und damit Stabilität zu gewinnen.

Dieser Prozess ist wie etwas über die vier Arten von Würde in Shambhala zu lernen oder die vier edlen Wahrheiten in der buddhistischen Tradition oder irgendetwas, das bedeutungsvoll ist. Man nimmt es auf, verdaut es und macht es sich zu Eigen. Man arbeitet wieder und wieder mit den Inhalten, bis sie abgenutzt sind wie ein alter Schuh und man endlich weiß, was etwas bedeutet, im eigenen Leben und in der Traditionslinie, aus der es stammt. Wenn Sie jetzt jemand fragt, können Sie sagen, was überliefert ist, was Sie erfahren haben und was es für Sie bedeutet. „Mein Großvater hat mir das erzählt, und er hatte es von seinem Vater. Im Lauf der Zeit habe ich seine Tragweite immer mehr erkannt."

Die Tiefe dessen, was einem übermittelt wurde, lässt sich nie voll ermessen, genausowenig, wie man die eigene Tiefe je ermessen kann, und deshalb hat diese Reise nie ein Ende.

Man erkennt, dass eine Tradition der Tapferkeit immer für einen da gewesen ist und einem durch ihr Beispiel schon lange hilft und Hinweise und Ratschläge gibt. Wenn man es schafft, ein Gefühl dafür im Hinterkopf zu behalten, in der Atmosphäre zu spüren, kann man einen Sinn dafür entwickeln, dass diese Welt tatsächlich unser Freund ist. Das Leben wird reich und sinnvoll.

Wenn wir die Menschen zu zählen versuchen, die uns geholfen haben, merken wir, dass es nicht geht. Ich habe es vor kurzem einmal mit den ganz eindeutigen versucht: Chögyam Trungpa Rinpoche, Shunryu Suzuki Roshi, Dilgo Khyentse Rinpoche, Sakyong Mipham Rinpoche, Khandro Rinpoche, Kanjuro Shibata XX Sensei, Don Americo Yabar. Aber das Projekt hat sich selbstständig gemacht. Meine Mutter, die eine Lehrerin für mich ist, mein Vater und meine Familie, Jakusho Kwong Roshi, Reverend Sing Hung, Freunde, die mir viel zeigen, Leute, mit denen ich nicht klarkomme und die mir viel zeigen, Milarepa, der vor langer Zeit gelebt hat, Buddha, der noch früher gelebt hat. Es ist endlos. Ich dachte, mein Polarstern sei Trungpa Rinpoche, und nun sehe ich Galaxien über Galaxien, die uns leiten können. Es hat immer eine Tradition menschlicher Tapferkeit existiert, um uns zu helfen.

Ein Freund hat mir erzählt, dass vor der Unterzeichnung der amerikanischen Unabhängigkeitserklärung die Irokesen Benjamin Franklin darauf hinwiesen, dass es vier unschätzbare Rechte gebe – das Recht zu leben, das Recht zu wachsen, das Recht zu lernen und das Recht auf die eigene Weisheit. Die Irokesen gaben eine Vision weiter, wie man mit der Totalität der Welt auf eine erleuchtete Weise arbeiten kann. 1993 hörte ich auf National Public Radio ein Interview mit einem kürzlich eingewanderten Mann aus Lateinamerika. Er sagte: „Mein Traum ist, dass meine Familie in Frieden leben kann, dass ich meine Kinder erziehen kann, etwas zum Gemeinwesen und zur Gesellschaft beitragen kann und helfen, die destruktiven Kräfte in der Welt zu verringern." Ich hatte das

Gefühl, dass er sehr schön dieselbe Vision wie die Irokesen zum Ausdruck brachte – die Vision einer Traditionslinie menschlicher Tapferkeit.

Jeder von uns empfängt schon lange Rat und Hilfe, sonst hätten wir es gar nicht bis hierher geschafft. Das zu erkennen erfordert persönliche Mitarbeit und ein langsames, bescheidenes und würdevolles Vorgehen. Irgendwann bringt diese Reise eine enorme Dankbarkeit hervor. Sie lässt unsere Bescheidenheit und Sehnsucht immens wachsen. Das ist eine andere Sehnsucht als die nach einem neuen Geldbeutel oder einem schönen Urlaub. Es ist etwas anderes, als ein romantisches Bild von sich selbst zu entwerfen. Zuerst kommt man sich ein wenig doof vor, weil einem das Entscheidende an der Sache so lange entgangen ist – unsere Sehnsucht ist Liebe und Dankbarkeit. Eine Tradition der Tapferkeit hat für uns gesorgt, uns ermutigt, uns die Tränen abgewischt, uns gelehrt und unaufhörlich mit Humor und Mitgefühl dahin zu bringen versucht, dass wir begreifen. Ihre Beziehung zu uns ist menschlich, und ihre Hilfe ist ein Akt der Liebe.

Teil V

Die Reihe ist an uns

18

Veränderung und Transformation

Grundlage: Wenn wir uns mit den Themen von Sinnfindung und Veränderung auseinander setzen, ...

Weg: ... sehen wir, dass Veränderung bei uns selbst anfängt.

Ergebnis: Wenn Veränderung persönlich und transformierend ist, hat sie größere und hilfreichere Wirkung.

Um die Welt gemäß einem größeren Ziel und einer größeren Perspektive als der üblichen zu gestalten, müssen wir von innen nach außen arbeiten. Wenn man eine Umgestaltung angeht, als hätte man überlegenes Wissen, dann macht diese Arroganz die Dinge nur noch schlimmer. Man bekommt von der Welt und von sich selbst die Rückmeldung, dass man einen besseren Weg finden muss. Das Gleiche passiert auch in der Natur. Wenn die Sonne die Pflanzen zum Aufgehen und Blühen einlädt, gibt sie ihre Energie als frei verfügbares Geschenk. Wenn die Sonne Gewalt ausübt und ihre überlegene Macht und Position ausnutzt, verdorren die Pflanzen. Der Weg einer größeren Vision muss steinig und persönlich sein. Zuerst müssen *Sie Ihre* Sichtweise des Umfeldes ändern. Als Krieger müssen Sie im Jetzt, in der Gegenwart bleiben und Ihr Handeln von dort aus beginnen.

Gegenwärtig sein ist kein Weg, um die Wahrheit so zu sehen, als ob sie sich außerhalb von einem befinden würde. Gegenwärtig sein heißt, wahrhaftig zu *sein.* Echte Veränderung, Führung und visionäre Perspektive sind wahr in *dieser* Gegenwart, für *diese* Herausforderung, *diesen* Moment. Das Magische am Gegenwärtigsein ist, dass die Ebene der Realität, mit der man in Berührung ist, sich ändert, wenn man sich öffnet. Sie verändern sich, und die Realitätsebene, mit der Sie arbeiten, verändert sich ebenfalls. Es ist wie mit der Raupe, die sich so weit transformiert, dass sie ihren Kokon durch eine Öffnung verlassen kann. Solange sie noch drin ist und sich nach frischer Luft sehnt, hat die Raupe nur eine vage Ahnung, was sie erwartet, aber sie weiß nicht, dass die Sonne immer scheint und der Himmel immer grenzenlos ist. Sobald sie durch die Öffnung geschlüpft ist, findet sie sich in einer größeren Welt wieder und fliegt und fliegt. Wie die Raupe denken Sie, bevor Sie Ihren Mut entdecken, dass Ihre Realität eng und düster ist. Stattdessen sind die Strahlen der Sonne immer und überall. Die Sonne scheint andauernd – nur *Sie* sind im Dunkeln getappt. Nichts hat sich verändert, nur *Sie* nehmen anders wahr. Sie öffnen sich.

Manchmal stellen wir uns Veränderung als etwas Mechanisches oder Mathematisches vor: Ein Zustand oder eine Entität wird durch eine andere ersetzt. „A erscheint. B erscheint. B ersetzt A. A verschwindet. Was soll der Einzelne da machen?“ Es ist, als würde man sagen: „Ich war einmal so und so. Jetzt bin ich anders. Ich weiß nicht, wie das passiert ist. Es ist mir ein Rätsel!“ Tatsächlich *ist* das mechanische Modell ein Rätsel. Wo ist A hingekommen? Wo kommt B her? Dieses Modell von Veränderung basiert auf einem Resultat statt auf einem Prozess. Man summiert die Ergebnisse bestimmter Zeitpunkte: „Resultat A plus Resultat B plus Resultat C.“ Wenn die Endsumme nicht gut ist: „Puh, schlecht für mich.“ Wenn die Endsumme gut ist: „Ich werde ein Star!“ Nicht der Wandel als ein organischer Prozess der Veränderung, sondern die Produktivität ist die „very important person“, die VIP.

In vielen Situationen ist dieses Modell von Veränderung nützlich, aber wir erleben sie anders. Eis verschwindet nicht einfach und plötzlich erscheint Wasser. Gesundheit verschwindet nicht einfach und plötzlich erscheint Krankheit. Unser Erleben ist nicht so mechanisch. Von unserer Erfahrung her betrachtet, hat ein Prozess der Veränderung keinen definitiven Anfang, und er endet eigentlich auch nie. Er entfaltet und entfaltet sich, und unterwegs machen wir persönliche Entdeckungen. Jedes Mal, wenn wir persönlich etwas entdecken, verändern wir uns. Und jedes Mal, wenn wir uns verändern, verändert sich auch die Realität, mit der wir in Berührung sind. Die Welt beruht auf Gegenseitigkeit.

Ich möchte gern kurz drei Arten vorstellen, wie wir Veränderung betrachten können. Eine Art der Veränderung liegt vor, wenn es für die Situation klare Regeln gibt. Beispielsweise ziehen Sie einen Zaun um Ihren Hof, geben bei der Arbeit oder in Ihrer Kirche eine Präsentation, waschen Ihr Auto, kochen, reparieren den Fehler an einer Rakete oder gießen sich eine Tasse Tee ein. Es spielt keine Rolle. Die Situation, um die es geht, hat ihren Zusammenhang. Sie ist klar umrissen und hat einen klaren Zweck. Die Regeln sind bekannt, der Zeitrahmen ist kurzfristig, und die Vorgehensweise ist ziemlich klar festgelegt. Man hat das Gefühl, man kann schrittweise nach dem Handbuch vorgehen, weil die Kausalität der vorliegenden Sache klar ist: „Wenn ich A tue, wird B eintreten, weil das in der Vergangenheit auch so war." – „Wenn ich nicht zuerst nach dem Wetterbericht für morgen schaue, hat es wenig Sinn, mit dem Zaun anzufangen. Vielleicht schneit es oder es wird zu heiß." – „Wenn wir nicht zuerst den Wetterbericht checken, ist es sinnlos, die Rakete zu starten, weil vielleicht die Dichtungsringe versagen." – „Wenn ich dieses Essen kochen will, muss ich zuerst einkaufen gehen." – „Wenn ich ihn zum Abendessen einlade, koche ich besser nichts mit Meeresfrüchten, weil er dagegen allergisch ist." Wir haben in Bezug auf unser Handeln das Gefühl, es planen zu können und auch zu den erwarteten Ergebnissen zu kommen, wenn wir den Plan befolgen.

Das ist *Veränderung in einem geschlossenen Horizont.* Der Lern-Kreislauf ist klar. Man kann den Prozess durchführen, die Resultate anschauen und lernen, was man für das nächste Mal braucht. Wenn es zu heiß ist, um den Zaun zu streichen, fangen Sie das nächste Mal am frühen Morgen an. Wenn Sie eine asiatische Sauce brauchen und keine da ist, suchen Sie ein anderes Rezept aus. Wenn Sie wollen, dass Ihr Chef über bestimmte Kausalitäten nachdenkt, sollten ihm die dazugehörigen Daten in Ihrem Bericht ins Auge springen. Jedes Mal, wenn Sie den Prozess durchlaufen – einen Zaun ziehen, kochen, eine Rakete starten –, haben Sie die Gelegenheit zu lernen. Je öfter Sie den Prozess durchführen, desto mehr wächst Ihr Wissen, wie er unter verschiedenen Umständen abläuft, und desto mehr Gelegenheiten haben Sie, zu lernen, wie Sie zu den erwünschten Ergebnissen kommen. Bei der *Veränderung im geschlossenen Horizont* sind Sie Zuschauer. Sie betrachten die Ergebnisse, lernen, und mit der Zeit werden Sie kompetenter in dem, was Sie tun. Je nach Situation und Perspektive ist das definitiv ein Weg, der Welt zu helfen.

Eine andere Art, Veränderung zu verstehen, gleicht einem Blick vom Strand aufs Meer und den offenen Horizont. Diese Situation ist offener. Man ist immer noch Zuschauer der Veränderung, nur ist man jetzt nicht mehr ausschließlich auf Resultate fixiert. Die Aufgabe ist, jeden Moment offen zu sein, damit Sie das lernen können, was Sie zur Verwirklichung Ihrer Absichten wissen müssen. Beispiele hierzu sind das Lösen eines Kriminalfalles, die Erforschung von wirtschaftlichen Trends, der Versuch, einen Trend im Verhalten ihres pubertierenden Sprösslings zu verstehen, das Zusammenstellen der Teilnehmerliste für eine Verhandlungsdelegation, am Arbeitsplatz ein Brainstorming für ein neues Produkt, einen neuen Ablauf oder ein neues System. Weil man untersucht, erfindet, Neues einführt oder etwas Neues oder Unbekanntes zu verstehen versucht, stehen die Kausalitäten nicht gleich fest: „Wenn ich A mache, weiß ich nicht sicher, was B sein wird." Die Gelegenheit, zu lernen, ist weiter gefasst, und die Konsequenzen einer Handlung sind weniger vorhersagbar. Das ist eine kreativere Situation, weil die Regeln für die Veränderung viel mehr hinterfragt werden müssen. Das ist *Veränderung in einem offenen Horizont*, und es gibt verschiedene Arten, damit umzugehen. Zusätzlich zu den erwünschten Ergebnissen ist es dabei unser Ziel, flexibel zu sein, die eigene Lernfähigkeit zu steigern und das, was gebraucht wird, improvisieren zu können. Je nach Situation und Perspektive ist das ebenfalls eine wirkungsvolle Art, der Welt zu helfen.

Eine dritte Art, Veränderung zu verstehen, ist persönlicher. Jetzt stehen Sie im Zentrum der Veränderung, und sie geht viel mehr unter die Haut. Ihr Standpunkt ist immer noch objektiv, so wie der des Zuschauers in den beiden obigen Beispielen, aber er ist auch subjektiv, weil Sie erkennen, dass Sie im Zentrum der Geschehnisse stehen. Veränderung geschieht auf der Ereignisebene, auf der Ebene der Ereignismuster, auf der Ebene des gesamten Systems, und nun gibt es auch Veränderung auf *Ihrer* Ebene. „Heiliger Bimbam, ich bin *mittendrin.* Was ist *los*? Was soll ich *tun*?" Diese Art der Veränderung ist, als wären Sie mit dem Fallschirm aus einem Raumschiff abgesprungen. Veränderung steht hier nicht mehr zur Wahl, weil sie schon längst passiert. Sie schweben im Raum, und Sie können nichts kultivieren oder verhindern. Die Veränderung geschieht mit Ihnen, na und? Wen kümmert's? Man hat keine Wahl. Man kann nirgendwohin, kann niemanden loben, niemanden tadeln. Die Dinge sind, wie sie sind, ob es einem gefällt oder nicht. Ob sich der Fallschirm öffnet oder nicht, ist nicht entscheidend. Auch wenn er sich öffnet, schweben Sie immer noch im Weltraum. Ob es Ihnen gefällt oder nicht, Sie sind damit allein. Nun muss auch Ihr *Herz* schwer mitarbeiten, nicht nur Ihr Hirn. Diese Art der Veränderung ist persönlich und transformierend. Je nach Standpunkt ist die Situation entweder ein Grund zum Feiern oder ein schlechter Witz.

Diese dritte Art der Veränderung findet in einem *tiefgreifend offenen Horizont* statt. Es ist eine durchdringende Erfahrung. Veränderung findet nun auf der Ebene der nackten Realität statt, wo es zwischen Ihnen und der Umwelt keine Trennung gibt und Sie nichts kontrollieren, jedenfalls nicht im mechanischen Sinne. Das ist jetzt Wandel, in dem Sie *drinstecken.* Die Kausalitäten sind irrelevant wegen dieses „Na und". Was passiert, passiert jenseits von Ursache und Wirkung. Egal was man tut, man fällt bei dieser Situation immer auf sich selbst zurück. Bei der Veränderung im *tiefgreifend offenen Horizont* hat man nur die Möglichkeit, echt, offen, zuversichtlich und mutig zu sein – all die Dinge, über die wir gesprochen haben – und mit der wirklichen Realität in Berührung zu bleiben. Also wird man total pragmatisch. Endlich ist man frei und sitzt gleichzeitig in der Falle. Ihr Kopf ist wach. Ihr Herz ist offen. Sie können ohne Angst Wärme und Klarheit ausstrahlen, weil Sie nichts zu gewinnen oder zu verlieren haben, und so können Sie mutig und entspannt sein und sich entfalten. Und das ist alles.

Wenn Sie in der Gegenwart ankommen, wissen Sie nicht, was das Ergebnis sein wird. Ihre Lernfähigkeit wird gesteigert, weil Ihr Handeln jetzt stärker im Zusammenhang mit der Realität steht. Ich hatte mal einen Chef, der zu mir sagte: „Haben Sie Selbstvertrauen, seien Sie optimistisch und überlegen. Das hilft den anderen." Aber wie kommen wir dahin? Auf welcher Basis? Schnickschnack hält nicht lange vor, und auf Weisheit kann man nicht warten. Letztendlich ist das Einzige, was man tun kann, sich so zu öffnen, wie man ist. Wie offen man ist, hängt davon ab, wieviel Offenheit man verkraften kann. Eigentlich lautet der Ratschlag: „Habe *Echtheit* und Selbstvertrauen, sei *jetzt, so wie du bist*, optimistisch und überlegen – das wird den anderen helfen." Machen Sie sich einfach heimisch im *tiefgreifend offenen Horizont.* Es wird Sie auf Ihre Echtheit zurückstutzen, und dann werden Sie eine Hilfe sein können.

Vor einigen Jahren, als ich mit Schwierigkeiten in meinen persönlichen und beruflichen Beziehungen klarzukommen versuchte, nahm mich eine Freundin zu einem chinesischen Abt mit. Er gab mir folgenden Rat: „Sie müssen Ihren Platz wahren, wenn widrige Umstände auftreten. Wenn Sie Ihren Platz wahren, bringen die Hindernisse Erfolg mit sich – und dieser Erfolg bringt neue Hindernisse. Also tragen Sie vielleicht 120 Kilo, während jemand anders 100 Kilo trägt. Daraus kann Erfolg entstehen, aber Vorsicht! Bald tragen Sie vielleicht 140 Kilo!“ Er redete darüber, auf eigenen Füßen zu stehen wie Buddha, und darüber, wie wir das auch schaffen könnten, weil Buddha, es geschafft hatte. Er riet mir, im Sturm der Umstände meinen Platz zu wahren, dann würde sich alles aufklaren. „Dann können Sie die Umstände beeinflussen und Dinge auf den Weg bringen.“

Dieser Abt war ein einfacher Mönch gewesen, dessen Lehrer ihn aus Gründen, die ich nicht kenne, nach Kanada geschickt hatte. Zu Anfang wohnte er in einer kleinen Hütte in den Außenbezirken von Toronto, und die Stadt kam allmählich näher. Die Mutter meiner Freundin, die eine sehr engagierte Buddhistin war, war aus Südamerika nach Toronto gezogen, ihr Familienunternehmen florierte, und eines Abends gab sie eine Party. Ein Gast bemerkte ihren buddhistischen Schrein und sagte: „Ganz in der Nähe im Wald lebt ein Mönch, der mit sehr viel Hingabe meditiert. Sie sollten ihn besuchen.“ Sie besuchte ihn öfter, und jedes Mal fragte sie ihn: „Kann ich irgendwie helfen?“ Er lehnte immer ab. Eines Tages sagte sie angesichts des nahenden Winters: „Diese Hütte ist ja nicht einmal geheizt. Ich habe sehr einflussreiche Freunde. Gibt es nichts, was ich tun könnte?“ Dieses Mal sagte er: „Eine Sache gibt es.“ Und er beschrieb ihr seine Vision eines traditionellen chinesischen Tempels in Toronto, der allerdings eine Besonderheit haben sollte – es sollte darin Räume geben, wo auch Nicht-Ordinierte Wochenend-Meditations-Retreats machen konnten. Sie sammelte die nötigen Spenden, und heute ist der Tempel sehr bedeutend, und man kann dort Meditations-Retreats machen. Später besuchte ein bedeutender Meister des tibetischen Buddhismus, aus Indien kommend, Toronto. Seine Gastgeber, die die Entstehungsgeschichte nicht kannten, beschlossen, ihm diesen chinesisch-buddhistischen Tempel zu zeigen. Als die Gruppe der Tibeter den Tempel betrat, machte der tibetische Meister eine Niederwerfung. Das war ungewöhnlich für solch eine wichtige Persönlichkeit, also warfen sich seine Begleiter ebenfalls zu Boden. Tibeter machen traditionellerweise drei Niederwerfungen, also machten sie drei. Aber als sie aufhörten, sahen sie, dass der Meister weitermachte.

Wenn ich über das Leben dieses Meisters nachdenke, wer und was wurde da transformiert? Ein ganzer Komplex von Situationen wurde transformiert – der einfache Mönch, der Abt wurde, die Buddhistin, Toronto, die chinesisch-buddhistische Gemeinde und ein Besucher wie ich. Der einfache Mönch nahm inmitten eines *tiefgreifend offenen Horizonts* seinen Platz ein; das bewirkte etwas; und die ganze Situation veränderte sich. Die innere Entwicklung eines einzelnen Menschen kann eine enorme Wirkung in der Außenwelt haben. Hätte er sich die Notwendigkeit der Veränderung nicht zu Herzen genommen, dass *er* es war, der sich verändern musste, dann wäre nichts passiert. Stattdessen sagte er: „Ich bin mittendrin. Es liegt an mir. Wie kann ich helfen?" Und alles um ihn herum veränderte sich.

Trungpa Rinpoche lehrte, dass es darauf ankomme, sich auf die angeborene Vision zu konzentrieren, die man mit anderen menschlichen Wesen teilt. Einmal fügte er hinzu: „Das macht etwa zwanzig Prozent aus." Diese zwanzig Prozent sind nicht etwas, was man isolieren, reinigen und züchten kann wie im Modell der *Veränderung im geschlossenen Horizont.* Ihre zwanzig Prozent durchdringen Sie, und meine zwanzig Prozent durchdringen mich. Es ist alles miteinander vermischt. Ihr Mangel an Selbstvertrauen ist nicht eine Sache, während Ihr Selbstvertrauen eine andere ist. Es ist das Gefühl des Mangels selbst, das sich in Selbstvertrauen verwandelt. Die Person, die Sie am Anfang Ihrer Reise darstellen, ist nicht die am Ende. Ihre Verwirrung wird zu Weisheit. Ihre Angst wird zu Furchtlosigkeit. Es ist eine persönliche Alchemie. Die konkrete Reise der Entwicklung ist wie zur Schule zu gehen oder erwachsen zu werden. Zuerst geht man in die Grundschule. Auf der Basis dessen, was man dort gelernt hat, geht man auf die weiterführenden Schulen, aufs Gymnasium und so weiter. Zuerst lernt man, das Fahrrad aufrecht zu halten, dann fährt man Rennen mit den anderen Kindern. Man ersetzt nicht ein Gelerntes durch ein anderes oder lässt es zurück. Man kultiviert sein Verständnis, kultiviert seine Erkenntnis, verändert sich. Es braucht viel Geschicklichkeit, um das für sich selbst zu tun, und noch mehr, um es für jemand anders zu tun. Um anderen zu helfen, müssen wir, glaube ich, hauptsächlich so vorgehen, dass wir das Umfeld verändern und auf diese Weise die Dinge beeinflussen. Indem wir einfach selbst Mut haben, geben wir für andere ein Vorbild ab. Indem *wir* einfach einen Boden der Freundlichkeit bereiten, finden andere die Grundlage, auf der sie sich ebenfalls öffnen können.

In Tassajara, dem von Suzuki Roshi gegründeten Retreat-Zentrum in den Bergen, gab es einen Koch, der sehr eifrig Zen praktizierte und sehr streng war. Wenn man in einem Meditationszentrum lebt, wird Essen etwas sehr Wichtiges, und wenn das Essen den Leuten nicht schmeckt, stehlen sie sich nachts in die Küche und schauen, was sie sich holen können. Dieser Koch, so hörte ich die Geschichte, setzte sich mit einem Baseballschläger nachts immer auf den Kühlschrank, um hungrige Buddhisten abzufangen. Eines Tages sagte der Koch zu Suzuki Roshi: „Roshi, die Küche ist eine Katastrophe!" Und Roshi sagte: „Wenn du die Küche in Ordnung bringen willst, musst du zuerst deinen Geist in Ordnung bringen." Serpico, der berühmte New Yorker Polizist, der vor Jahren über die Korruption bei der Polizei auspackte und später zur Hauptfigur eines Hollywoodfilms wurde, wurde in einem Radio-Interview gefragt, wie er sich fühle als derjenige, der die New Yorker Polizei verändert habe. Er sagte: „Ich habe nicht die New Yorker Polizei verändert. Ich habe mich verändert!" Zu meiner „Kühlschrank-Kunst" gehörte auch einmal das Zeitungsfoto einer Schwarzen aus Detroit, einer Stadt mit einer langen Geschichte von Rassenvorurteilen, Konflikten, extremer Armut und extremem Reichtum, Macht und Ohnmacht. Sie trug ein Sweatshirt, auf dem stand: „Das Wohlergehen meiner Gemeinschaft liegt an mir." Das sind Beispiele für Veränderung in einem *tiefgreifend offenen*

Horizont, Veränderung, die persönlich ist und einen selbst verändert, so dass diese größere Perspektive dann auch einen Effekt auf andere hat.

Man muss sein Gegenüber nicht bekehren, nicht die Welt erobern oder das Team dominieren. Tun Sie, was Sie tun, um seiner selbst willen. Auf diese Weise haben Sie Kraft, sind offen für die Situation und können helfen. Solange Sie sich direkt auf die Welt einlassen, werden Veränderung und Transformation immer eine Herausforderung darstellen. Sogar wenn Sie allein leben, ist die Welt die Welt eines Kriegers. Es gibt keinen Ort, wo man eine Pause machen kann.

19

Wahre Führung

Grundlage:	Indem wir wahre Führungseigenschaften in uns und anderen zum Vorschein bringen, ...
Weg:	... wird unsere Aktivität zu einem frei verfügbaren Geschenk.
Ergebnis:	Mitfühlende Aktivität entsteht – wir sind fähig, zu helfen.

Wenn man sich alle Situationen zu Herzen nimmt, heißt das nicht, dass man kein Gefühl für angemessene Grenzen hat. Es heißt, dass man vorurteilslos und großmütig ist und deshalb in der Lage, die Ereignisse zu akzeptieren und weise und geschickt mit ihnen zu arbeiten. In Shambhala wird das manchmal die *Perspektive eines Monarchen* genannt, ein Geisteszustand und eine Perspektive, die sowohl hochstehend als auch sehr simpel ist. Man ist fähig, aus einer gewissen Höhe einen sehr realistischen Überblick über die ganze Welt zu haben. Wenn es kompliziert wird, sind *Sie* derjenige, der die Dinge vereinfacht, also sind Sie wie ein Monarch – mit einem gebrochenen Herzen, weil Sie Ihre festen Ansichten aufgegeben haben. Sie lassen sich immer noch von einem größeren Ziel und einer visionären Perspektive leiten, aber es gibt darin nichts Spezielles zu erreichen oder aufrechtzuerhalten, und deshalb entsteht ganz natürlich eine tiefe Sehnsucht, Großmut und die Bereitschaft, mit anderen zu arbeiten. Und weil Sie Egozentrik und feste Ansichten aufgegeben haben, bekommen Sie auch etwas zurück – das Kommando über Ihre Welt. Sie werden wirklich fähig, die Führung zu übernehmen und dieser Welt zu helfen.

Gemäß den Shambhala-Lehren fällt so ein Meister im Fach des geschickten und weisen Führens nicht vom Himmel. Man muss einen langen Prozess durchlaufen, in dem man lernt, wie man sich in realen Situationen benimmt, in dem man Erfahrungen macht, Fehler macht, Weisheit gewinnt, eine Position gewinnt, von der aus man mit anderen kommunizieren kann, Fairness demonstriert, Glaubwürdigkeit, Vertrauen und Autorität gewinnt, anderen eine Perspektive aufzeigt und so weiter. Es muss eine Menge passieren, und irgendwann ist man angekommen.

Wenn wir uns in der Welt umschauen, sehen wir verschiedene Führungsstile. Ein Führungsstil ist, Macht über andere auszuüben und durch Einschüchterung zu herrschen. Trungpa Rinpoche nannte das „p.o.o.", *power over others.* Solch eine Führungsfigur ist ein Tyrann, der andere versklavt. Auch wenn man es nicht öffentlich oder ihm ins Gesicht sagt, so herrscht dieser Führungstyp doch durch Negativität und ignoriert grundlegendes Gutsein. Ich kannte einen Manager, der sich zum „Champignon-Führungsstil" bekannte: „Lass sie in der Sch---e sitzen, und wenn einer den Kopf herausstreckt, wird er abrasiert." Ein anderer erläuterte seine Führungs-Philosophie folgendermaßen: „Es gibt zwei Arten von Firmen – ekstatische, wo der Ritt an die Spitze explosiv ist, und Golfclub-Firmen, wo der Ritt langsamer und ruhiger vonstatten geht und viele Vergünstigungen mit sich bringt." Das sind beides Beispiele für negative Führungsfiguren, die durch Machtausübung über andere herrschen, keinen Respekt vor dem Leben und vor der Seele der menschlichen Wesen haben, die für sie arbeiten, und auch kein Gespür, wie sie ihre Firma damit beeinflussen.

Eine andere Art von Führungsfigur hat Macht über andere, regiert aber aus Wohlwollen. Wenn der Feuerwehrmann brüllt: „Da geht's raus – los!", ist das wohlwollende Herrschaft. Der Feuerwehrmann sagt: „Ich habe die Verantwortung. Sträubt euch nicht, lauft!", und er oder sie versucht damit, einem zu helfen. Wenn ein Vater oder eine Mutter dem Kind helfen will und Nein sagt, dann bedeutet das: „Überschreite diese Grenze, und es gibt Konsequenzen." Als Feuerwehrmann oder Elternteil haben Sie ein Gefühl für eine wirklich existierende

Energie, und wenn jemand das sichere Gebiet verlässt, hat Ihre Macht Vorrang, nicht die des anderen. Rinpoche nannte das „grundlegendes Nein". In einer Führungsposition artikulieren Sie Ihr grundlegendes Nein, und dann erklären Sie: „Das und das passiert, und das sind die Gründe. Das und das müssen Sie lernen." Sie haben keine Angst, Ihre Macht auszuüben. Sie wissen, dass Führer und Eltern nicht immer zuerst kommunizieren und dann Macht ausüben können, also machen Sie es andersherum – zuerst die Macht, *dann* die Kommunikation. Sie führen mit Macht *und* Wohlwollen.

Schließlich gibt es noch die Führungsperson, die bewirkt, dass die Führungseigenschaften von anderen zutage treten. Das ist das Ergebnis einer inneren Entwicklung, von Mut und Würde. Man sieht Möglichkeiten in anderen, weil man etwas über sich selbst erkannt hat. Man versucht ihnen zu der Erkenntnis zu verhelfen, dass auch sie eine visionäre Perspektive haben und in ihrem eigenen Stil Führung ausüben können. Dieser Stil ist *wahre Führung*, weil er durchdrungen ist von einer Vision des grundlegend Guten im Menschen. Eine echte Führungsperson glaubt nicht, dass sie nach Belieben die Welt managen und kontrollieren kann. Er oder sie übt sich nicht in den Disziplinen wahrer Menschenführung, um sich für die spätere Unterwerfung der Welt zu rüsten. Ihre Führungsqualitäten sind rein von dem inspiriert, was *jetzt* geschieht. Sie gehen im Stil des Feuerwehrmanns dann vor, wenn es angebracht ist, und Sie sind immer noch eine echte Führungsperson, weil Sie im Moment Keime pflanzen wollen, die einen nützlichen Effekt haben werden. Wenn Sie führen wie ein Feuerwehrmann oder ein Vater oder eine Mutter, dann ist Ihre Ausübung wohlwollender Macht rein davon inspiriert, was jetzt passiert, mit *diesem* einzigartigen Menschen, an *diesem* einzigartigen Punkt in Raum und Zeit, nicht von dem, was irgendwann an einem anderen Ort vielleicht geschehen soll. Sie wollen die Führungseigenschaften von anderen kultivieren. Der Schlüssel zu wahrer Führung ist, dass Sie die Welt nicht mit Kopien von sich selbst füllen wollen.

Es ist nicht leicht, andere zu führen. Ein Freund fragte einmal Trungpa Rinpoche: „Nun, wo ich in einer Führungsposition bin, wie soll ich diese Organisation leiten? Was soll ich machen? Wie kann ich wissen, dass ich das Richtige tue?" Er sagte: „Wenn dein Ego wehtut, dann bist du auf dem richtigen Weg."

In Shambhala wird wahre Führung mit der Schaffung einer Umgebung verglichen, in der Blumen sich öffnen und zur Sonne wachsen. Die Sonne spendet Wärme, und die Blumen werden zum Wachsen ermutigt. Trungpa Rinpoche sagte: „Es ist, als würde die Sonne zu den Blumen sagen: ‚Es ist alles da, lasst also den Kopf nicht hängen, sondern schaut euch um. Ihr könnt euch freimachen und lernen, lernen, lernen. Seid bitte mein Gast. Seid so frei und manifestiert die Schönheit und Fülle, die ihr seid.' "

Ich wurde einmal um einen öffentlichen Vortrag zum Thema „Erleuchtete Gesellschaft" gebeten. Einer plötzlichen Eingebung folgend, fragte ich einen Manager in einer Firma, bei der ich arbeitete: „Wenn Sie einen Vortrag darüber halten müssten, wie man eine erleuchtete Gesellschaft schafft, was würden Sie sagen?" Er schaute mich ein wenig komisch an und notierte dann Folgendes auf einen Zettel:

1. Definieren Sie die benutzten Ausdrücke (z. B. „Gesellschaft", „erleuchtet" etc.)
2. Erläutern Sie den Wert und Nutzen einer erleuchteten Gesellschaft in allgemeiner (sozialer) und individueller Hinsicht.
3. Versuchen Sie, die gegenwärtige Gesellschaft auf eine Art und Weise zu beschreiben, mit der Ihr Publikum etwas anfangen kann, und stellen Sie sie dann einer erleuchteten Gesellschaft gegenüber.
4. Geben Sie anschauliche Beispiele, wie der Einzelne zu der Veränderung beitragen kann. Die Beispiele sollten ganz konkret sein.

5. Erteilen Sie die Erlaubnis, langsam vorzugehen, Erfahrungen zu machen, zu scheitern.
6. Zitieren Sie einschlägige Lehren.
7. Lassen Sie viel Zeit für Fragen und Diskussion.
8. Schlagen Sie Wege vor, auf denen der Einzelne nachprüfen kann, welche Fortschritte er oder sie macht, während er oder sie an der Schaffung einer erleuchteten Gesellschaft mitzuwirken versucht. Untersuchen Sie, welche Maßnahmen man treffen könnte.
9. Fordern Sie zur Geduld auf – es geht um einen Prozess, der ständig verbessert wird!

Als wahrer Führer war er der Meinung, dass er durch sein Vorbild führen und dann die anderen einladen und ermutigen müsse, es ebenso zu machen.

Was man in einer gegebenen Situation tut, hängt von dieser einzigartigen Situation ab, was die Welt einem präsentiert und wie mutig man ist. Vielleicht sind Sie mutig genug, um die Gruppe Ihrer Familie zu führen oder Ihre Firma oder Ihr Land. Das ist gut. Vielleicht besteht der ganze Mut, den Sie aufbringen, darin, ein paar Überraschungen mit Freundlichkeit und Neugier aufzunehmen, während Sie Ihren Hund ausführen. Auch das ist gut und nicht schlecht. Manchmal zwingen einen die Umstände auch zu Boden. Sie dachten, Sie seien kompetent, und nun kriegen Sie es gerade noch fertig, in Ihrem Tipi zu liegen und zu weinen. All die anderen Krieger sind unterwegs und sind tapfer, und Sie können kaum der kleinen Fliege helfen, die in Ihrer Suppe gelandet ist. Letztendlich werden Sie in allen Situationen auf sich selbst zurückgeworfen. Die ganze Shambhala-Botschaft ist, Hoffnung für sich zu sehen und alles zu tun, um echte Führungsqualitäten auch in anderen zutage zu fördern. Ihr Handeln scheint vielleicht bedeutungslos, aber Sie können seine Wirkung nicht kennen, weil der Entwicklungsweg eines jeden, ohne Ausnahme, persönlich ist. Ich bin sicher, wenn Sie echt sind, wird es helfen.

Ich traf einmal einen Mann, dessen Job es war, im Laufe einer Woche dreihundert Meter Gehsteig in der Innenstadt von San Francisco sauber zu machen. Er machte das schon seit Jahren. Jeden Tag schrubbte er ein Stück, und ungefähr hundert Leute gingen an ihm vorbei. Manchmal, wenn er seinen Eimer verschob, nahm jemand von ihm Notiz und sagte: „Was machen Sie da? Sie verschwenden Wasser!“ Am Anfang war er beleidigt. Aber er kam an einen Punkt, wo er einfach der Mann mit dem Eimer auf dieser Straße war. Er sagte: „Guten Morgen“, und jede Reaktion der Passanten war schließlich völlig okay für ihn.

Eines Tages sagte er zu mir: „Es gibt so ein paar Leute – dreißig oder vierzig, die ich mittlerweile kenne, weil sie regelmäßig hier entlanggehen –, die hartnäckig zum Ausdruck bringen, dass das Leben ziemlich beschissen ist. Auch zu denen sage ich Guten Morgen. Es ändert vielleicht nichts, aber ich sage es. Es ist wie das Anzünden einer Kerze. Wenn ich eine Kerze anzünde, dann trifft mich das Licht. Aber die Kerze versucht nicht besonders, mich zu beleuchten. Ob ich mich verändere oder nicht, ist nicht entscheidend. Die Kerze macht einfach, was eine Kerze macht. Und deshalb eifere ich der Kerze ein wenig nach. Es macht die Dinge ein wenig leichter, nicht so verkrampft.“ Tun Sie Ihr Möglichstes, wie dieser Straßenkehrer. Eine mitfühlende Einstellung ist der Weg, das Gute im Menschen zu feiern, menschliche Qualitäten, Führungsqualitäten, das Leben.

In den buddhistischen Lehren wird Mitgefühl oft durch das Bild des Vollmondes symbolisiert, der sich in hundert Wasserschalen spiegelt. Der Mond versucht nicht, den Wasserschalen von Nutzen zu sein. Er ist sich keines Publikums bewusst, und er strahlt nichts Forderndes aus. Der Mond sagt nicht: „Ich leuchte dir, wenn du mir auch etwas gibst. Gib mir deine Aufmerksamkeit. Lobe mich. Verstehe mich. Liebe mich.“ Der Mond scheint, weil das seine Natur ist. Der Mond macht einfach, was er immer macht, und die hundert Wasserschalen sind entweder trüb oder klar. Wenn sie klar sind, reflektieren sie das Mondlicht. Wenn sie trüb sind, reflektieren sie das Mondlicht nicht, aber das Licht trifft trotzdem auf sie. Es ist ein frei verfügbares Geschenk. Der Mond tut, was er tut, aus freien Stücken, und er kann das Wasser in den hundert Schalen dazu bringen, dasselbe zu tun.

Menschliche Qualitäten, Führungsqualitäten und visionäre Perspektiven entwickeln sich auf ihre eigene Art und Weise und nach ihrer eigenen Logik. In dem Vergleich mit dem Vollmond und den hundert Wasserschalen verhundertfachen sie sich – oder auch nicht. Der Mond hat nicht die Verantwortung dafür, was in den Schalen passiert, und doch beherrscht er die Situation. Es könnten statt hundert auch tausend oder eine Million Schalen sein. Auf diese Weise ist das Mondlicht mitfühlend, spontan und endlos. Das Wasser in den Schalen sagt vielleicht zum Mond: „Ja ja, aber was ist mit *mir*? Sag mir, was ich *tun* soll!“ Wie sehr das Wasser auch bittet, der Mond sagt: „Ich teile das, was *ich* tue, freigebig mit euch. Was *ihr* daraus macht, liegt völlig an euch.“

Wenn Ihre Führungsarbeit authentisch ist, ist sie wie der Vollmond. Die Wirkung Ihrer Aktivität fällt dahin, wo sie eben hinfällt. Rosa Parks tat, was sie an jenem Tag tat, wie der Mond, und wegen ihr fassten andere Mut. In echter Führung hat Ihre innere Disziplin einen Effekt, und andere wachen in ihrer eigenen Aktivität, für ihre eigenen Ziele, auf ihre eigene Weise auf (oder nicht). Mitgefühl hat keine Hierarchie, kein Konkurrenzdenken im Stil von „Ich kann führen, du nicht“ oder „Ich bin toll, du bist ein armes Würstchen.“ Es hat kein Ziel im Kopf. Mitgefühl ist Wärme, die ohne Grund ausgestrahlt wird. Es passiert, wenn Sie sich in Ihr Dasein entspannen und einfach Ihr Ding machen. In dieser Weise ist es großzügig. Echte Führungspersonen sind ausnahmslos großzügig. Man muss großzügig sein, um mit den Verwandten zu arbeiten, mit Freunden, Feinden, Kindern, Chefs, Ehemännern, Ehefrauen, Kollegen, der Person, bei der Sie eine Rechnung bezahlen, oder der Dame im Nachbarhaus.

Die buddhistische Tradition kennt drei Arten der Großzügigkeit. Sie haben etwas mit Menschenführung zu tun, weil es in ihnen darum geht, anderen zu helfen. Jede ist eine Art Weisheit, die man praktisch üben kann. Jede ist frei von Egozentrik, frei von Sachen wie „Ich bin toll, weil ich jemand anderem etwas gebe." Man muss keinen Trip daraus machen, dass man großzügig ist. Öffnen Sie sich einfach und gehen Sie auf andere zu.

Die erste Art der Großzügigkeit besteht darin, anderen zu geben, was sie brauchen – ein Lächeln, ein Glas Wasser, eine helfende Hand, ein Ende der Hektik, Ehrlichkeit, Geradlinigkeit, Hoffnung. Was immer es auch ist, man muss dazu nicht lange überlegen: „Hmm, lass mich nachdenken. Ich glaube, ich sollte ihnen wirklich mal etwas über Marxismus erzählen." – „Er will ein Glas Wasser, aber, ts ts, vielleicht sollte er sich mal zusammenreißen und sich wie ein echter Kapitalist benehmen." – „Sie brauchen Freundlichkeit, aber je mehr ich darüber nachdenke, desto mehr komme ich zum Schluss, dass sie sich meinem Kreuzzug anschließen sollten." Denken Sie nicht darüber nach! Seien Sie einfach großzügig, auf der Grundlage ihrer gemeinsamen Menschlichkeit. Geben Sie ihnen, was sie brauchen.

Die zweite Art der Großzügigkeit besteht darin, Furchtlosigkeit auszustrahlen oder Angst zu nehmen. Unmittelbar nach der Zerstörung des World Trade Center in New York rief Bürgermeister Rudolph Giuliani den New Yorkern zu: „Lebt weiter euer Leben. Geht raus. Versteckt euch nicht in euren vier Wänden. Wir machen die Stadt so offen, wie es nur geht. Wir müssen verstehen, was passiert ist. Wendet euch nicht gegen eure Nachbarn. Wir sind eine Stadt der Vielfalt. Habt keine Angst." Seine Gegenwart vermittelte den Menschen ein Gefühl der Sicherheit und Stabilität.

Die dritte Art der Großzügigkeit besteht darin, anderen bei der Erkenntnis der Wahrheit oder der Wirklichkeit zu helfen, ohne dass sie den Mut verlieren. Hier geht es nicht nur um Äußerliches. Es spielt sich auch auf einer subtilen Ebene ab, die schwerer zu erkennen ist. Wenn Sie anderen helfen, ihre Situation, so wie sie ist, zu akzeptieren, wie sie sich vielleicht entwickeln müssen und welche Weisheit sie schon besitzen, um damit klarzukommen, dann sind Sie großzügig. Sie geben, was andere brauchen, nehmen ihnen ihre Angst und zeigen ihnen die Wahrheit.

Niemand von uns kann einfach so in eine Führungsposition springen, Gutes tun und von Nutzen sein. Das gibt es nur selten. Stattdessen muss man daran arbeiten, die Ursachen, Bedingungen und Umstände zu schaffen, durch die sich etwas Nützliches ergibt. Das fängt mit Frieden und Harmonie in einem selbst an, damit man fähig ist, die Dinge zu sehen, wie sie sind. Dann kann man den Blick heben, sich umschauen und den Mut zur Hilfe aufbringen.

Man muss sich nicht ins tiefe Wasser stürzen, um eine echte Führungsperson zu sein und von Nutzen für andere. Aber man muss die Feinheiten des Lebens mit einbeziehen. Man muss die Vielfalt des Lebens anerkennen. In Hülle und Fülle gibt es Vielfalt, Zielbewusstsein und Führungsqualitäten in anderen, und man kann mithelfen, sie zutage zu fördern. Diese Arbeit ist wie das Öffnen eines Fächers mit seinen vielen Facetten. Jede Facette stellt eine Stärke dar, die die Führung übernimmt, aber es ist der Fächer als Ganzes, der schön ist, und der Fächer als Ganzes, der eine Brise erzeugt. Wir sitzen alle zusammen in diesem Boot, ohne Ausnahme, wir alle.

20

Die Reihe ist an uns

Grundlage: Eine gute Gesellschaft ist möglich.
Weg: Wenn wir als Einzelne mutig sind, helfen wir der Gesellschaft, umzuschwenken.
Ergebnis: Auf diese Weise können wir der Welt helfen – die Reihe ist an uns.

Dies ist eine Geschichte über kleine Frösche. In dieser Geschichte gibt es viele kleine Teiche und viele kleine Frösche in jedem kleinen Teich. All die kleinen Frösche in all den Teichen wissen, dass ihr Dasein als simpler Frosch in einem Teich Würde, Tiefe und Wahrheit besitzt. Ein Frosch in einem der Teiche weiß es. Sie sind ein Frosch in einem anderen Teich, und auch Sie wissen es. Und Sie wissen, dass der Nachbarfrosch es weiß, und Sie wissen, dass er weiß, dass Sie es wissen. Die Fröschin im Nachbarteich zur anderen Seite weiß es auch. Sie weiß, dass Sie wissen, dass er weiß, dass Sie wissen, dass er es weiß, und Sie wissen ebenfalls, dass sie es weiß. All die Frösche in all den Teichen wissen, dass Sie wissen, dass sie wissen, dass Sie es wissen! Aber niemand spricht es aus. Irgendwie hat die Frosch-Kultur aus den Augen verloren, was Frösche eigentlich sind. Dadurch sind die Frösche ein bisschen übergeschnappt, aber es ist unhöflich, das auszusprechen. Die Frosch-Kultur scheint sich ja reibungslos und nach einem durchdachten Plan zu entwickeln. Manche Frösche verkünden, sie hätten die Verantwortung, und sie geben vor, was die anderen Frösche denken sollen. Im Laufe der Zeit ist es für die kleinen Frösche zu riskant, zu peinlich geworden, Frosch-Würde für sich in Anspruch zu nehmen. Was, wenn sie sich irren würden? Dann, eines Tages, passiert in einem der Teiche etwas Kleines, aber Wichtiges. Einer der kleinen Frösche nimmt auf ganz simple Weise Frosch-Würde für sich in

Anspruch. Nun ist es für jeden kleinen Frosch möglich, mutig und würdevoll zu sein. Es ist früher schon passiert, und deshalb kann es jeder kleine Frosch auch. Jeder kleine Frosch kann eine wahre Führungsfigur sein. Jetzt steht der Frosch-Gesellschaft die Zukunft offen.

Ich glaube, wir sind wie die kleinen Frösche in den Teichen. Der Bann unserer Kultur und unserer Gewohnheitsmuster ist sehr mächtig. Trotzdem ist eine Gesellschaft, die auf Tiefe, Würde und Wahrheit beruht, nicht einfach eine verrückte Idee oder eine Phantasie. Überall wollen die Menschen von sich aus eine gute Gesellschaft und ein gutes Leben. In der Shambhala-Tradition ist diese Vision den Menschen angeboren – wir müssen nur mutig sein und sie zutage fördern, so wie die kleinen Frösche. Die Macht des Lebens liegt im individuellen Leben eines jeden von uns. Sie fahren vielleicht Taxi, waschen das Geschirr, reden mit Ihrer Familie oder mit der Presse. Ihre praktische Übung muss sein, Ihre Stärke und Ihren Mut in den Situationen zum Vorschein zu bringen, in denen Sie stehen, und meine praktische Übung muss sein, meine Stärke und meinen Mut in den Situationen zum Vorschein zu bringen, in denen ich stehe. Etwas anderes gibt es nicht. Jeder von uns schafft jeden Tag aktiv die Gesellschaft.

Die buddhistische Tradition kennt vierundachtzig Menschen, die vor vielen Jahrhunderten in Indien lebten und *Mahasiddhas* genannt werden. In Sanskrit heißt *maha* „groß", und ein *siddha* ist eine gereifte Person. Diese Leute waren also große Meditierende mit großer Erkenntnis. Einer dieser Siddhas war eine Prostituierte, einer war Waffenschmied, einer war Zuhälter, einer war König, einer war ein Obdachloser, der zwölf Jahre lang an einer belebten Kreuzung in Delhi schlief. Unter den tibetischen Mahasiddhas gab es den reuigen Mörder Milarepa, den übellaunigen Bauern Marpa, die kluge Prinzessin Yeshe Tsogyal, den legendären mutigen Krieger Gesar von Ling und den Arzt Gampopa, der Mönch wurde. Jede dieser Geschichten macht mir Mut. Man kann ein Shambhala-Mensch und gleichzeitig eine Prostituierte sein,

ein Waffenschmied, ein Zuhälter, ein König, ein Obdachloser, ein reuiger Mörder, ein reicher Großgrundbesitzer, eine Prinzessin, ein General, ein Arzt oder ein Mönch. Niemand ist ausgeschlossen, und keine Erfahrung ist ausgeschlossen. Jeder von uns kann mit seiner jeweiligen Situation arbeiten. *Wie* wir machen, was wir machen, ist eine Hilfe für die Welt, und die braucht unsere Hilfe.

Die *Gesellschaft* besteht aus Beziehungen oder der Energie zwischen den Dingen. Im Buddhismus wird das *Mandala* genannt, ein Sanskrit-Wort für kollektive Erfahrungen, die in erleuchteter oder nichterleuchteter Weise eine Gesamtheit bilden. Shambhala nennt das einfach eine Gesellschaft. Die grundlegende Idee dabei ist, dass alles in unserer Welt voneinander abhängig und gegenseitig miteinander verbunden ist. Nichts ist ausgeschlossen – Bäume, Waldbrände, Pipelines, Wasserstraßen, das Verhalten von Tieren, das Verhalten von Menschen, die Sonne, der Himmel, Tankstellen, Lastwagen, Wälder, das Wetter, Spinnen, Erfrischungsgetränke und die Energie zwischen all diesen Dingen ist die Gesellschaft. In unserem Körper gibt es zahlreiche Gesellschaften. Der Begriff „Gesellschaft" beinhaltet, wie zahllose Zellen, Bakterien und Weltensysteme in Beziehung miteinander existieren. Die Gesellschaft umfasst sogar die Mikroorganismen in der Wohnzimmercouch, auf einem Blatt vor dem Fenster oder in einem Klumpen Erde im Garten. Gesellschaft ist dieser ganze Komplex von Beziehungen und Energien zwischen Belebtem und Unbelebtem, Greifbarem und Ungreifbarem, Sichtbarem und Unsichtbarem. Die Energie zwischen allem ist Gesellschaft. Von diesem Standpunkt aus ist Gesellschaft etwas Natürliches und Fundamentales. Es bezieht sich nicht allein auf die menschliche Gesellschaft.

Shambhala fasst jedoch den Menschen ins Auge. Der kreative Antrieb von Shambhala ist, eine anständige oder erleuchtete *menschliche* Gesellschaft auf dieser Erde zu schaffen, in der die Beziehungen zwischen einem selbst und der Umgebung auf grundlegendem Gutsein beruhen und einer visionären Perspektive, die das Leben als gut ansieht und fördert. *Erleuchtet* heißt, dass eine strahlende und wache Qualität zu Tage treten kann. Die soziale Vision von Shambhala ist, alle Beziehungen auf der Grundlage des alles durchdringenden grundlegenden Gutseins zu organisieren, so dass die Kommunikationskanäle immer offen sind. Das größte Hindernis für eine gute Gesellschaft ist deshalb Aggression. Aggression ist nicht dasselbe wie Zorn, der Teil der Energien des Lebens ist. Zorn gehört zu unserer guten, praktikablen Ausstattung als Menschen. Aber Aggression ist etwas anderes. Das Ziel von Aggression ist, Kommunikation zu unterbinden und Beziehungen zu zerstören. Ob die Aggression sich nun gegen unsere Umwelt, gegen andere oder gegen uns selbst richtet, ihre Funktion ist es, die Energie der Gesellschaft zu töten. Also muss man die Agression herausnehmen, bevor eine anständige Gesellschaft florieren kann. Diese Verantwortung beginnt bei uns selbst.

Normalerweise denken wir, dass jemand anders vorangeht und die Verantwortung übernimmt. „Dieser Mensch hat die Macht, um andere zu beeinflussen. Ich bin doch ein Niemand!" Aber in Ihrer Welt gehen Sie voran. Ein einziger Moment des Echtseins von Ihrer Seite kann enorme Wirkung haben. Irgendetwas Exzellentes und Würdevolles in Ihrer Aktivität sagt: „Psst, psst, psst" zu Ihren Nachbarn, und jemand in der Nachbarschaft flüstert: „Habt ihr das gesehen?", und die Welt sagt: „Psst, psst, psst" und sagt es weiter. Wie ein Frosch in einem der Teiche beeinflusst man die Dinge auf diese Weise. Sie kennen vielleicht die Wirkung nicht, die Sie hatten, und vielleicht ist sie auch nicht so, wie Sie dachten. Aber was Sie tun und wie Sie es tun, ist ansteckend; es hat eine Wirkung. Deshalb ist das Wichtigste, was man tun kann, grundlegendes Gutsein zu seiner Sichtweise zu machen und das in jedem Gedanken und in jeder Handlung zu verkörpern.

Wir haben eine gute Welt, aber sie ist auch in einem schrecklichen Zustand. Es gibt Kriege, Hunger, Mord, neue Seuchen, massiven Waffenhandel, vernachlässigte Kinder, Korruption und auf der individuellen Ebene endloses Leiden.

Es ist eine Katastrophe. Trotzdem ist es keine hoffnungslose Situation. Grundlegendes Gutsein ist in Ihnen, in anderen und in der Umgebung. Es durchdringt alles. Grundlegendes Gutsein ist keine Garantie, aber es erlaubt uns, eine gute oder auch eine verkommene Gesellschaft zu schaffen. Das ist die grundlegende Aussage. Man braucht nicht einer Meinung zu sein, wie man beim Essen das Messer hält, welche Partei in einem Konflikt gewinnen oder welche Gedanken man denken soll. Aber man kann einer Meinung darüber sein, dass ausnahmslos jeder Mensch grundlegend gut und brauchbar ist. Die Grundidee ist, dass jeder von uns es sich leisten kann, nachgiebiger zu werden, sanfter, menschlicher, und damit jemand anderem zu helfen.

Eine Freundin von mir ist Psychotherapeutin in einer Großstadt. Sie beschreibt ihren Tag folgendermaßen: „Ich muss sagen, in dieser Welt da draußen gibt es nicht viele Leute, die glücklich sind. Der Einzige, den ich kenne, ist sechzig Jahre alt und geistig zurückgeblieben. Er macht Erledigungen für die Leute in der Nachbarschaft, arbeitet in einem Lebensmittelgeschäft und bekommt eine Waisenrente von seinem verstorbenen Vater. Er hat schon Probleme. Er ist schizophren und hört Stimmen, aber er ist glücklich. Die anderen? Verheiratet und unzufrieden. Unverheiratet und unzufrieden. Haben Kinder und sind unzufrieden. Haben keine Kinder und sind unzufrieden. Arm und unzufrieden. Reich und unzufrieden. Sie sind nicht fähig, zu würdigen, was sie haben. Aber was komisch ist: Er bejaht sein Leben. Er sagt: ‚Ich bin froh, weil Frühling ist und der Sommer kommt.‘ Objektiv gesehen ist er der bedauernswerteste Mensch, den ich kenne. Die Leute auf der Straße machen sich lustig über ihn. Sie schauen ihn an und denken: ‚Pfui, so möchte ich nicht sein.‘ Aber er bejaht sein Leben wirklich! Sie sind jung, sehen gut aus, haben eine Stelle, haben eine Freundin oder einen Freund, und sie wollen Medikamente, weil es ihnen dreckig geht. Und ich fühle mich auch elend, wenn ich aufwache. Was mein Ziel ist? Geben und nicht ausgesaugt werden!“

Ich habe einmal ein Video über Mutter Teresas Leben gesehen. Der Film zeigte, wie sie im Libanon in ein Waisenhaus ging, das nach einem gebrochenen Waffenstillstand mit Israel beschossen wurde. Er zeigte, wie sie sich in Kalkutta um Leprakranke kümmerte. Er zeigte, wie sie junge Novizinnen ausbildete und sagte, dass nur fröhliche Frauen für ihren Orden in Frage kämen. Verschiedene Fotografen aus dem Westen folgten dem Filmteam auf seinem Weg. Einmal war ein Fotograf so bewegt, dass er aus seiner Gruppe hervortrat und fragte: „Mutter, wie kann ich *helfen*?" Mein Kopf sagte sofort: „Geld! Sie braucht Geld für neue Heime!" Aber Mutter Teresa sagte etwas anderes. Sie sagte: „Würdigen. Würdigen." Mutter Teresa und der Klient meiner Freundin lehren uns dasselbe. Alles ist da, um anerkannt zu werden, alles.

Eine gute Gesellschaft zu schaffen scheint vielleicht eine riesige Aufgabe zu sein, aber Gesellschaft besteht aus Beziehungen, also fängt es ganz klein an. Ein kleiner Frosch schwenkt um, und der Teich um ihn herum heitert sich auf. Es gibt eigentlich kein Rezept, wie man seine Welt aufweckt, außer dass man angesichts der alltäglichen Herausforderungen so offen und mitfühlend ist, wie es nur geht. Der Schwenk passiert in einem alltäglichen Moment. Vielleicht verhelfen Sie einem in der Badewanne festhängenden Insekt zur Freiheit, stehen im Supermarkt in der Schlange an der Kasse, suchen sich eine Krawatte aus, kochen das Abendessen, führen Ihr Geschäft oder organisieren etwas in Ihrer Wohngegend. Sie können versuchen, in allem, was Sie tun, das Fließen des grundlegendes Gutseins zu spüren. In jeder Situation, ohne Ausnahme, gibt es diese Möglichkeit. Khandro Rinpoche, eine junge buddhistische Meditationslehrerin, sagte einmal zu einer Gruppe ihrer Schüler: „Erleuchtung ist nicht so schwierig! Verändert einfach eure Muster! Dazu braucht man nur Mut!"

Wenn ich darüber nachdenke, dann sehe ich, dass andere Menschen genauso sind wie ich, mit denselben Problemen und mit demselben Potential. Jeder macht dieselben Dinge durch. Millionen und Milliarden von Menschen haben dieselben Konflikte und Ängste. Die erleuchtete Gesellschaft von Shambhala ist kein Paradies. Es ist kein Schlaraffenland, wo alles herrlich ist und es keine Probleme gibt. Eine gute Gesellschaft besteht nicht darin, dass jeder dieselbe Sprache spricht, gut Bescheid weiß über die Welt, ein Haus mit Garten hat, einen funktionierenden Rasenmäher, ein Auto in der Garage, 2,5 Kinder, nette Nachbarn und ein Huhn im Topf. Sie besteht aus einem Netz verschiedener Beziehungen, die fair sind, aufrichtig und uns miteinander verbinden. Eine gute menschliche Gesellschaft findet in *dieser* Welt statt, der Welt, die wir haben, *dieser* Welt, die persönlich und real ist. Sie schließt alles ein – Konflikte, Armut, Reichtum, die natürlichen Prozesse von Geburt, Alter, Krankheit und Tod, Zorn, Leidenschaft, Richter und Gefängnisse. Der Unterschied ist nur, dass ihr Potential weit über das hinausgeht, was Sie oder ich ermessen können – eine gesunde Gesellschaft, in der Probleme nicht als hoffnungslos gelten, wo Fürsorge und Respekt füreinander und die Umwelt die Grundlage sind und wo jeder Mensch als jemand angesehen wird, der sich auf einem Entwicklungsweg hin zu persönlicher Tapferkeit befindet. Das heißt nicht, dass man es nur noch mit lauter guten Menschen zu tun hat, sondern dass das eigene Handeln auf der Überzeugung beruht, dass jeder ein weiches Herz hat.

Eine erleuchtete Gesellschaft entsteht aus Einzelnen, wie bei den Fröschen im Teich. Sie schwenken um. Ich schwenke um. Mein Nachbar schwenkt um. Jemand in Angola schwenkt um. Ein Mensch in Russland schwenkt um, jemand auf den Philippinen schwenkt um. Ein Mitglied einer Gang schwenkt um. Ein Parlamentarier schwenkt um. Eine Mutter schwenkt um. Ein Kind schwenkt um. Ein Kommentator in den Nachrichten schwenkt um. Ein Gefängnisinsasse schwenkt um. Ein Gefängniswärter schwenkt um. Ein Obdachloser schwenkt um. Wenn man das einmal erkennt, werden Friedfertigkeit und ein tiefer Respekt vor menschlichen Wesen ganz natürlich. Die Hilfe, die wir brauchen, besteht darin, jedem Menschen bei diesem Schwenk zu helfen, und wenn sie umschwenken, helfen sie uns anderen auch dabei. Es gibt eigentlich kein Rezept außer dem, dass wir versuchen, auf der Basis von grundlegendem Gutsein, von Mitgefühl und Mut mit dem zu arbeiten, was die Welt bietet. Der Schlüssel dazu ist, niemals zwischen der spirituellen Praxis und dem Alltagsleben zu trennen.

Letztendlich ist die Welt keine politische Welt, keine wirtschaftliche Welt, keine Erste Welt, keine Dritte Welt, keine häusliche Welt, keine Arbeitswelt, keine Welt der Natur, keine internationale Welt, keine gebeutelte Welt, keine schöne Welt. Sie ist *all das* und alle anderen Möglichkeiten dazu. Das ist mehr als die Botschaft des grundlegenden Gutseins. Es ist die Botschaft einer visionären Perspektive. Eine erleuchtete Gesellschaft zu schaffen ist nicht einfach, sonst wäre jeder schon lange dabei. Dazu braucht es einen wachen Geist und ein offenes Herz. Es braucht Mut und Würde. So, wie ich diesen Entwicklungsweg kennen gelernt habe, geht es bei dieser Art von Übungspraxis nicht um ein möglichst angenehm temperiertes Leben: „Ja ja, Gegenwart, visionäre Perspektive, Mut, Würde, alles klar." Sie lassen die Sonne des grundlegenden Gutseins frei in Ihr Leben scheinen, und sie wärmt die Welt. Es scheint vielleicht, als hätte Ihre alltägliche Aktivität nichts mit der Lösung der großen gesellschaftlichen Probleme zu tun, dem ist aber nicht so. Ich sagte einmal zu einem Freund: „Ich frage mich, was ich tun würde, wenn ich von dem Krieg im Nahen Osten betroffen wäre." Und er sagte: „Es ist zwecklos, sich das zu fragen. Es ist nicht real. Du müsstest dir die Situation künstlich ausdenken und dann eine künstliche Reaktion darauf. Schließlich würdest du dann zu einer künstlich ausgedachten Position kommen. Das bringt nichts." Ich dachte: Er hat Recht. Was ich tun kann, muss ich mit dem tun, was vor mir liegt. Die Beziehung, die etwas verändert, ist persönlich.

Einer meiner Lehrer, Sakyong Mipham Rinpoche, hat das ungefähr folgendermaßen ausgedrückt: Die Welt hat keine Vorurteile. Sie ist einfach, wie sie ist. Wir versuchen, sie als gut zu interpretieren, als schlecht, rassitisch, nicht rassistisch, reich, arm, männlich, weiblich, gerecht, ungerecht, kapitalistisch, sozialistisch, profitorientiert, nicht profitorientiert, freundlich, grausam, langweilig, aufregend – aber im Grunde ist sie einfach, was sie ist. Die Formen, in denen Lehren über das Leben auftreten, kommen und gehen. Aber die nicht endende Macht des Lebens ist, dass das Gute, die Energie und die Heiligkeit des Lebens immer für einen da sind. Schließlich wird die eigene individuelle Sanftheit und Tapferkeit wirklich und wahrhaftig der Weg, ein ganz und gar menschliches Wesen zu sein. Je mehr Sie davon überzeugt sind, desto mehr werden Ihr Mut und Ihre Würde in Ihrer alltäglichen Welt bewirken.

Die Ideen des wachen Geistes und offenen Herzens sind nicht neu. Sie sind zum größten Teil gesunder Menschenverstand. Sie sind Teil der natürlichen Weisheit, die die Menschen immer schon gehabt haben. Jeder von uns kann in sich einen Schimmer von grundlegendem Gutsein erleben, von *Windpferd*-Energie und der bescheidenen, munteren, unerhörten und unergründlichen Würde, wenn er oder sie sanft, neugierig und aufnahmewillig ist. Es ist, als spielte sich unter der Oberfläche unseres Alltagsbewusstseins eine erleuchtete Dynamik ab. Je mehr wir uns davon überzeugen, desto mehr hilft es. Nötig sind allein Wertschätzung und Mut.

Es gibt eine Geschichte über eine Kollektion von Picasso-Gemälden, die Picasso für sich selbst zurückhielt. Eines davon ist sehr klein, nur 18 mal 14 Zentimeter. Es ist ein sehr dunkles Ölgemälde mit der Gestalt eines Mannes in einer Ecke, der einen dunklen Hut und einen Mantel trägt. Als er dazu befragt wurde, sagte Picasso, das Gemälde sei einmal groß gewesen, „wirklich groß, monumental", und machte eine weit ausladende Geste. Dann sagte er: „Aber das ist lange her. Ich habe es später oft mit anderen Motiven übermalt, es zerschnitten und wieder übermalt. Das hier ist alles, was übrig ist. Es ist mein Vater." Ich finde immer mehr, dass die Suche, wie man sein Leben sinnvoll leben kann, wie diese Geschichte von Picassos Gemälde ist. Die eigene Vision wird nicht weniger, sondern vertieft sich mit der Zeit, und der Prozess, in dem wir den Sinn unseres Lebens erkennen, ist nicht linear. Ich habe das Gefühl, dass das für alle Menschen so ist. Jeder von uns lebt seine Bewusstheit von ständig wechselnden Standpunkten aus. Wie im Fall von Picassos Gemälde verändert man seine Perspektive auf das Leben, wechselt die Farben, wechselt das Motiv, schneidet das Ganze in Stücke und fängt von vorn an. Nichts ist definitiv. Von einem Standpunkt aus erscheint das eigene Leben wie eine Kette ständiger Fehler! Aber die harte Arbeit des eigenen Herzens, den Sinn des Lebens in den Mittelpunkt zu rücken, macht den entscheidenden Unterschied. Wenn im Sinn Ihres Lebens Ihr Herzblut fließt, hat Ihr Leben Format. Dann wachsen, während Sie Ihrer alltäglichen Aktivität nachgehen, die Macht und der Wert Ihres Handelns immens.

Es gibt viele Übungspraktiken, um diese Entwicklungsreise zu unterstützen. Meditation im Sitzen ermöglicht es einem, Pausen zu erleben, in denen man sein weiches Herz spürt. Sie bringt einen klaren Blick, so dass Sie differenzieren können, was geschieht, worin Ihre Menschlichkeit besteht und wie Ihre Welt funktioniert. Ist Ihr Wohlwollen einmal entfacht, dann weitet es sich ganz natürlich zur aktiven Meditation aus. Dann wird das Wachrufen des *Windpferdes* Ihnen die nötige Energie geben, dass Sie Ihr Leben mit einer gewissen Zielstrebigkeit und einer visionären Perspektive leben können. Praktizieren Sie Meditation. Lernen Sie, sich mit der Angst anzufreunden. Rufen Sie *Windpferd* einmal, zweimal, zehnmal, hundertmal am Tag wach. Betrachten Sie Veränderung und Transformation als persönliche Angelegenheit. Gehen Sie einen authentischen inneren Entwicklungsweg. Es gibt viele, viele Arten der spirituellen Praxis. Spirituelle Praxis ist wie das Leben. Je mehr man praktiziert, desto mehr lernt man. Eine Freundin von mir fragte eine Zen-Praktizierende, die ein sehr aktives Leben führt: „Wann praktizierst du?“ Sie antwortete: „Ich praktiziere die ganze Zeit.“

Die wichtigste Übungspraxis ist Kontinuität – grundlegendes Gutsein erkennen, das Herz öffnen und mutig sein. Wenn man erkennt, dass das eigene Leben erleuchtete Qualitäten hat, kann man darangehen, erleuchtete Beziehungen zu schaffen. Es gibt eigentlich keine Alternative zu einer erleuchteten Gesellschaft. Die Welt wartet darauf, dass Sie in sich eine größere Perspektive entdecken, sich daran freuen und sie in die Tat umsetzen. Shibata Sensei, mein Lehrer im japanischen Bogenschießen, sagte über meinen Bogen einmal: „Bete ihn nicht an wie eine Ikone! Benutze ihn, benutze ihn!“ So ist es auch mit dem Sinn unseres Lebens und unserer Vision. Wir müssen sie nutzen. Die Welt braucht diese Hilfe jetzt – die Reihe ist an uns.

Anhang

Es folgt in einer Zusammenfassung noch einmal die dreistufige Logik jedes Kapitels.

Grundlage: Die erste Zeile jedes der folgenden Abschnitte stellt eine Grundlage oder Grundannahme dar, auf der der Inhalt des Kapitels beruht. Beispielsweise beginnt das zweite Motto, das das erste Kapitel einleitet, mit dem Satz: „Die soziale Vision von Shambhala hat viele Bedeutungen, und eine davon ist persönlich."

Weg: Die zweite Zeile zeigt den Weg oder die Methode, mit der vorgegangen wird: „Wenn wir ihre Bedeutung in unserer Erfahrung finden, ..."

Ergebnis: Die dritte Zeile beschreibt ein Resultat oder einen Kulminationspunkt: „... können wir uns und die Gesellschaft zu Höherem inspirieren."

Einleitung

Grundlage: Die buddhistischen und die Shambhala-Lehren sind sehr tiefgründig.

Weg: Wenn wir sie uns zu Herzen nehmen, ...

Ergebnis: ... gewinnen wir an Mut und Stolz, unabhängig von äußeren Umständen.

Die Bedeutung von Shambhala

Grundlage: Die soziale Vision von Shambhala hat viele Bedeutungen, und eine davon ist persönlich.
Weg: Wenn wir ihre Bedeutung in unserer Erfahrung finden, ...
Ergebnis: ... können wir uns und die Gesellschaft zu Höherem inspirieren.

Grundlegendes Gutsein

Grundlage: Es gibt etwas bedingungslos Gutes in uns.
Weg: Wenn wir unser weiches Herz fühlen, ahnen wir eine größere Welt.
Ergebnis: Diese Ahnungen können wir nutzen, um einen Weg des Mutes zu entdecken.

Echt und wahrhaftig sein

Grundlage: Wenn wir zu uns selbst freundlich sind,...
Weg: ... sind wir echt und wahrhaftig.
Ergebnis: Dadurch strahlen wir Harmonie aus.

Ein fröhliches und trauriges Herz

Grundlage: Wenn wir unsere Erfahrung voll annehmen, ...
Weg: ... ist unser Herz fröhlich und traurig.
Ergebnis: Wir kommen zu der Überzeugung, dass ein fröhlich-trauriges Herz natürlich und gut ist.

Bei sich selbst zu Hause sein

Grundlage: Alle Wesen haben die Fähigkeit, so wie sie sind, *einfach da zu sein.*
Weg: Auf diese Weise zu meditieren.
Ergebnis: Wir wissen uns besser zu helfen und sind stärker.

Erwachter Geist

Grundlage: Achtsamkeit und Bewusstheit gehören zu menschlichen Wesen.
Weg: Indem wir Achtsamkeit und Klarsicht üben ...
Ergebnis: ... entfaltet sich angeborene Achtsamkeit-Bewusstheit als Weisheit in unserem Leben.

Wie man meditiert

Grundlage: Eine Haltung der Würde einnehmen.
Weg: Wir üben Körper, Sprache und Geist in Einfachheit.
Ergebnis: Das schafft ein gutes Fundament für die Entfaltung unserer Menschlichkeit.

Der Kommentator und der Kokon

Grundlage: Den Kommentator und den Kokon einfach nur zu sehen, ...
Weg: ... beginnt ihre Strategie zu unterminieren ...
Ergebnis: ... und Sympathie für uns und andere zu erzeugen.

Keime der Furchtlosigkeit pflanzen

Grundlage: Angst ist in unserem Leben scheinbar allgegenwärtig.
Weg: Den Mut haben, die eigene Angst kennen zu lernen.
Ergebnis: Wir entdecken eine Zartheit, die nützlich, realistisch und mutig ist.

Mut im Alltag

Grundlage: Unmittelbare Bewusstheit ist unsere Natur.
Weg: Indem wir unserem Geisteszustand bedingungslos und unmittelbar vertrauen, ...
Ergebnis: ... haben wir im Alltagsleben mehr Reserven und werden mutiger.

Eine visionäre Perspektive entdecken

Grundlage: Menschliche Wesen sind von Natur aus visionär.
Weg: Indem wir Offenheit, Wachheit und eine vorwärts orientierte Disziplin kultivieren, ...
Ergebnis: ... entwickeln wir die Fähigkeit, auf unsere eigene Weisheit zu hören und sie anderen zu vermitteln.

Das magische *Windpferd*

Grundlage: *Windpferd* ist angeborene Lebenskraft oder Vitalität.
Weg: Indem wir unsere Verbindung zu dieser universellen Energie stärken, ...

Ergebnis: ... werden wir fähig, mit Herausforderungen und Zufällen kraftvoll umzugehen.

Würde gewinnen

Grundlage: Etwas gemeistert zu haben, erzeugt Charisma oder Präsenz.
Weg: Indem wir mit unserer inneren Reise ohne Zweifel fortfahren, ...
Ergebnis: ... strahlen wir eine Atmosphäre der Echtheit und Würde aus.

Das *Windpferd* wachrufen

Grundlage: *Windpferd* schafft ein Gefühl, zu leben.
Weg: Indem wir seine Energie gezielt steigern, ...
Ergebnis: ... bestärken wir uns in unserer Bestimmung und Vision.

Die Welt als Freund

Grundlage: Die Welt fungiert als Lehrer.
Weg: Indem wir uns weiter öffnen und unseren Horizont erweitern, ...
Ergebnis: ... entdecken wir, dass unser gesamtes Leben praktikabel und unser Freund ist.

Vier Arten von Würde

Grundlage: Wir haben verschiedene Stile, mit der Welt umzugehen.

Weg: Indem wir auf bescheidene, muntere, unerhörte und unergründliche Weise würdevoll sind, ...

Ergebnis: ... erreichen wir den Gipfelpunkt eines voll entwickelten menschlichen Wesens.

Eine Tradition der Tapferkeit

Grundlage: Wenn wir Philosophien über unsere Menschlichkeit hören, ...

Weg: ... prüfen, was wir hören, und uns das, was wichtig ist, zu Herzen nehmen, ...

Ergebnis: ... erkennen wir, dass immer eine Tradition der Tapferkeit existiert hat, um uns zu helfen.

Veränderung und Transformation

Grundlage: Wenn wir uns mit den Themen von Sinnfindung und Veränderung auseinander setzen, ...

Weg: ... sehen wir, dass Veränderung bei uns selbst anfängt.

Ergebnis: Wenn Veränderung persönlich und transformierend ist, hat sie größere und hilfreichere Wirkung.

Wahre Führung

Grundlage: Indem wir wahre Führungseigenschaften in uns und anderen zum Vorschein bringen, ...

Weg: ... wird unsere Aktivität zu einem frei verfügbaren Geschenk.

Ergebnis: Mitfühlende Aktivität entsteht – wir sind fähig, zu helfen.

Die Reihe ist an uns

Grundlage: Eine gute Gesellschaft ist möglich.
Weg: Wenn wir als Einzelne mutig sind, helfen wir der Gesellschaft, umzuschwenken.
Ergebnis: Auf diese Weise können wir der Welt helfen – die Reihe ist an uns.

Literatur in deutscher Sprache

Suzuki, Shunryu, *Seid wie reine Seide und scharfer Stahl. Das geistige Vermächtnis des großen Zen-Meisters,* München: Lotos 2003

–, *Zen-Geist, Anfänger-Geist,* Berlin: Theseus, 2002

Trungpa, Chögyam, *Große Östliche Sonne,* Freiamt: Arbor (erscheint Juli 2004)

–, *Weltliche Erleuchtung. Die Weisheit Tibets für den Westen,* Freiamt: Arbor, 2002

–, *Das Buch vom meditativen Leben. Die Shambala-Lehren vom Pfad des Kriegers zur Selbstverwirklichung im täglichen Leben,* Reinbek bei Hamburg: Rowohlt, 2000

–, *Erziehung des Herzens. Buddhistisches Geistestraining als Weg zu Liebe und Mitgefühl,* Freiamt: Arbor, 2000

–, *Spirituellen Materialismus durchschneiden,* Berlin: Theseus, 1999

–, *Die Insel des Jetzt im Strom der Zeit. Bardo-Erfahrungen im Buddhismus,* Frankfurt am Main: Fischer, 1998

–, *Der Mythos Freiheit und der Weg der Meditation,* Berlin: Theseus, 1996

– , **und Francesca Fremantle (Hrsg.)**, *Das Totenbuch der Tibeter,* München: Hugendubel, 1995

Kontaktadressen

Cynthia Kneen
cynthiakneen@yahoo.com
www.cynthiakneen.com

Shambhala Europa
Annostraße 27– 33, D-50678 Köln
Telefon 0049-(0)221-310240, Fax 3102450
europe@shambhala.org

Shambhala International und Shambhala Training® International
1084 Tower Road, Halifax, Nova Scotia,
Canada B3H 2Y5
Telefon 001-(902)-4254275, Fax 4232750
info@shambhala.org
www.shambhala.org

Praxiszentrum Dechen Chöling
Le Mas Marvent, St.-Yrieix-sous-Aixe,
F-87700 France
Telefon: 0033-(0)555035552, Fax (0)555039174
dechencholing@dechencholing.org
www.dechencholing.org

Rocky Mountain Shambhala Center
4921 County Road 68C, Red Feather Lakes,
Colorado 80545, U.S.A.
www.shambhalamountain.org

Magazin „Shambhala Sun" (erscheint zweimonatlich)
1585 Barrington Street, Suite 300, Halifax, Nova Scotia,
Canada B3J 128
www.shambhalasun.com

Naropa University
2130 Arapahoe Avenue, Boulder,
Colorado, 80302, U.S.A.
www.naropa.edu

Dank

Dieses Buch zu schreiben war, wie ein langes Gespräch zu führen, das auf etwas ganz Einfaches hinausläuft. Unterwegs haben mir ein paar Menschen immens geholfen. Insbesondere möchte ich Chögyam Trungpa Rinpoche danken, meinem Wurzel-Lehrmeister, dessen Mitgefühl mein Leben verändert hat. Diese Lehren stammen von Chögyam Trungpa, und viele Redewendungen und Metaphern, die ich benutzt habe, stammen ebenfalls von ihm. Wenn ich nur ein Gramm seiner Freundlichkeit zurückgeben kann, werde ich ein anständiges Leben haben. Ich möchte auch die zentrale Rolle von Sakyong Mipham Rinpoche anerkennen, dem jetzigen Träger der Shambhala-Traditionslinie, dessen Einsicht und dichterische Brillanz mich aufweckten und dem ich außerordentliche Dankbarkeit und Loyalität entgegenbringe. Außerdem möchte ich Shunryu Suzuki Roshi danken, der mich auf diesen Weg gebracht hat; Kanjuro Shibata XX Sensei, dessen Kompromisslosigkeit ein wenig beunruhigend ist und der, wie alle meine Lehrer, sehr großzügig war; die Ehrwürdige Khandro Rinpoche, deren mitfühlende Freundschaft das Herz berührt und die mir Mut gemacht hat; Jakusho Kwong Roshi, der eine freundschaftliche Hand ausstreckte, als ich darum bat; meinem Verleger, Matthew Lore, ohne dessen fröhliche Neckereien, Freundlichkeit und rasche Auffassungsgabe dieses Buch nie so ehrlich geworden wäre; David Schneider, dem Autor von *In Tau gekleidet*, einem lieben Freund, den ich respektiere, liebe und bewundere; meinem Vater, der seine Kinder großzügig beschenkte, ohne eine Gegenleistung zu verlangen; meiner Mutter, deren sanftes und sorgfältiges Abwägen mir ein Vorbild ist; Christie Cashman, Executive Director von Shambhala Training, die das Projekt ganz früh ermutigte; vielen meiner Freunde, insbesondere Johanna Alper, Barbara Blouin, Jenny Bondurant, Gregg Eller, Eric Kotila, Adri Magnuson, Bernice Moore, Bob Morehouse,

Oona O'Connell und Alan Rabold; und schließlich zwei begabten Autorinnen: Lola Wilcox, die sehr treffende und wertvolle Vorschläge machte, und Ann Poe, einem erstklassigen Profi, was den Schreibprozess selber angeht.

Möge das Resultat von Nutzen sein.

Arbor Verlag • D-79348 Freiamt
Tel: 0761.401 409 30 • info@arbor-verlag.de

arbor